华交法学文库

华东交通大学教材（专著）出版基金资助项目

SHUZI BANQUANFA
YUANLI YU ANLI

数字版权法
原理与案例

宋婷　张祥志 ◎ 著

中国政法大学出版社

2024·北京

声　明　1. 版权所有，侵权必究。

　　　　2. 如有缺页、倒装问题，由出版社负责退换。

图书在版编目（CIP）数据

数字版权法：原理与案例 / 宋婷，张祥志著. -- 北京：中国政法大学出版社，2024.8.
ISBN 978-7-5764-1701-2
Ⅰ. D923.414
中国国家版本馆CIP数据核字第2024V2J007号

出　版　者	中国政法大学出版社
地　　　址	北京市海淀区西土城路25号
邮　　　箱	fadapress@163.com
网　　　址	http://www.cuplpress.com（网络实名：中国政法大学出版社）
电　　　话	010-58908435(第一编辑部) 58908334(邮购部)
承　　　印	北京鑫海金澳胶印有限公司
开　　　本	720mm×960mm　1/16
印　　　张	19.25
字　　　数	314千字
版　　　次	2024年8月第1版
印　　　次	2024年8月第1次印刷
定　　　价	79.00元

作者简介

  宋婷 女，1986年生，讲师，中国政法大学法学学士、国际法硕士和国际法博士。现任华东交通大学人文社会科学学院（江西省知识产权学院）专任老师，知识产权法和经济法硕士研究生导师。

  主持江西省高校人文社科重点研究基地项目《国际贸易中知识产权保护研究》和横向课题《尼泊尔投资环境研究》；参与多项国家社科基金项目、参与《关于加强知识产权强省建设的行动方案（2022-2035年）》《南昌市知识产权强市建设纲要（2021-2035年）》《国家知识产权试点城市验收（抚州市）》等课题，发表学术论文10余篇。

  主要研究方向：版权法、国际经济法。

  负责本书第一、二、三、四章的编写。

  张祥志 男，1987年生，博士、教授，现任华东交通大学人文社会科学学院（知识产权学院）党委书记，国家知识产权培训（江西）基地主任；现为学院法学系专任教师、知识产权法和民商法硕士研究生导师。兼任中国科学学与科技政策研究会知识产权政策与管理专委会委员、江西省法学会常务理事、江西省法学会知识产权法学研究会副会长、江西省"八五"普法讲师团成员等职。曾获得江西省"双千计划"人才、全国专利信息实务人才、全国知识产权系统人才工作先进个人、江西省"七五"普法先进个人、江西省优秀志愿服务个人等称号或荣誉。

主持国家社科基金项目2项（青年项目和一般项目各1项），主持国家知识产权局专项、中国版权保护中心版权研究课题、省社科规划项目、省科技规划项目、省自科基金管理科学项目、省专利转移转化专项等纵向课题10余项，受政府机关委托主持（协助编撰或完成）《世界知识产权组织（WIPO）版权保护优秀案例示范点建设（景德镇）》《全国版权示范城市创建（景德镇）》《关于加强知识产权强省建设的行动方案（2022-2035年）》《南昌市知识产权"十四五"发展规划》《南昌市知识产权强市建设纲要（2021-2035年）》《国家知识产权强市建设示范城市申报（南昌市）》《国家知识产权试点城市验收（抚州市）》等课题，参与知识产权强国建设纲要制定子课题"知识产权文化建设研究"；出版《知识产权视阈下的文化产业创造力研究》《强企支撑强省——知识产权入园强企的理论架构与江西实践》等专、编著3部，发表学术论文近30篇（其中CSSCI期刊约20篇）。

指导学生团队获得第十七届"挑战杯"课外学术作品竞赛全国特等奖、全国累进创新奖、全国二等奖，第十六届"挑战杯"课外学术作品竞赛全国一等奖，第十二届"挑战杯"创业计划大赛全国铜奖，第八届"互联网+"创新创业竞赛全国铜奖，第六届、第七届、第八届"互联网+"创新创业大赛江西省银奖，带领师生团队创建"知产童蒙（IP SPARK）"公益组织开展系列知识产权宣传普及教育公益活动，获得全省优秀志愿服务重点扶持项目，并带领团队获得江西省首批（共计10个）"江西省普法依法治理创新案例"荣誉。

主要研究方向：版权法、专利管理、新闻传播法治。

负责本书第五、六、七章的编写。

前 言

　　当前是数字时代,数字已经影响到了我们生活的方方面面。数字版权是传统版权在数字领域的扩张,数字版权并不是一个法律概念,而是在业界不断使用后约定俗成的一个概括性称谓,因此,数字版权法不是另起炉灶。随着数字经济的产生和蓬勃发展,版权法的内涵和外延必然产生一些变化,传统著作权客体、主体以及权利内容的含义需要进一步厘清。本书分为八章内容,分别是导论、数字阅读版权、数字音乐版权、网络视听版权、网络新闻版权、网络动漫版权以及网络游戏版权。很明显,是按照行业来区分的。之所以分出这几章内容,主要是参考了中国人民大学国家版权贸易基地编的《中国数字版权保护与发展报告2022》的相关内容,在这本书的行业篇中介绍了这六个数字版权行业,国家版权局发布的《中国网络版权发展报告(2020)》中的九个细分行业也基本能被放入这六个大行业中。

　　与合同法、刑法、消费者保护法等法律相比,很多人认为:著作权法离现实生活很远,读著作权法的书无趣无味、特别枯燥……其实不然。著作权与我们生活密切相关,每一个人都可能成为著作权人,当然,每个人也可能成为侵权人。著作权法律规则也是活生生的,可以通过一个个案例来分析和讲解。与著作权法的其他著作相比,本书的内容尽可能深入浅出,内容力求新颖,以反映数字版权法的新变化。

　　数字版权法律问题纷繁复杂,要在一本著作中里进行全面剖析是不可能的,所以本书集中针对狭义数字版权客体、主体以及侵权形式展开,不求面面俱到,对于著作邻接权的内容基本不涉及。本书撰写过程中的一个重要难题就是司法案例的查找，很多版权纠纷存在，但难以找到司法判决，这与当前大家版权意识薄弱也有很大关系，缺少可以运用著作权法来维护自身权益的意识。

宋婷、张祥志
2023 年 12 月 23 日南昌

目 录

CONTENTS

第一章　导　论 ……………………………………………………………… 1
  第一节　技术与版权 …………………………………………………… 1
  第二节　中国数字版权产业发展概况 ………………………………… 4
  第三节　数字版权法理论 ……………………………………………… 8

第二章　数字阅读版权 …………………………………………………… 22
  本章导读 ……………………………………………………………… 22
  第一节　数字阅读版权客体 …………………………………………… 23
  第二节　数字阅读版权主体 …………………………………………… 32
  第三节　数字阅读版权侵权及救济 …………………………………… 40
  问题与思考 …………………………………………………………… 63

第三章　数字音乐版权 …………………………………………………… 65
  本章导读 ……………………………………………………………… 65
  第一节　数字音乐作品版权客体 ……………………………………… 66
  第二节　数字音乐作品版权主体 ……………………………………… 78
  第三节　数字音乐作品版权侵权及救济 ……………………………… 87
  问题与思考 …………………………………………………………… 106

第四章　网络视听版权 …………………………………………………… 108
  本章导读 ……………………………………………………………… 108

第一节　网络视听作品版权客体　　109
第二节　网络视听作品版权主体　　124
第三节　网络视听作品版权侵权及救济　　132
问题与思考　　150

第五章　网络新闻版权　　154

本章导读　　154
第一节　网络新闻版权客体　　154
第二节　网络新闻版权主体　　170
第三节　网络新闻版权侵权及救济　　177
问题与思考　　198

第六章　网络动漫版权　　200

本章导读　　200
第一节　网络动漫版权客体　　200
第二节　网络动漫版权主体　　210
第三节　网络动漫版权侵权及救济　　217
问题与思考　　236

第七章　网络游戏版权　　238

本章导读　　238
第一节　网络游戏版权客体　　239
第二节　网络游戏作品版权主体　　254
第三节　网络游戏中的其他主体　　257
第四节　网络游戏版权侵权及救济　　260
问题与思考　　282

参考文献　　284

后　记　　295

第一章 导 论

第一节 技术与版权

版权,也称为著作权。从历史的角度来说,版权是先于著作权出现的。版权起源于1518年英国国王颁布的第一份皇家印刷特权令,侧重于财产权利的保护,并且从词根分析可知,版权是保护复制权。著作权一词首先形成于日本,日本1899年在学习德国的有关法律的基础上制定了保护作者权利的法律,并冠名为《著作权法》,1910年《大清著作权律》被认为是中国最早的一部著作权法。[1]中国的立法和知识产权法学者,更倾向于称之为著作权。但是作为一个产业,多用版权产业,本书在使用中,结合具体语境将两者混着用。版权(著作权)的核心是在文学、艺术和学科领域内具有独创性的作品。

著作权,是指自然人、法人或者其他组织对文学、艺术和科学作品享有的财产权利和精神权利的总称。版权与专利权同属知识产权,但是与专利权保护具有独创性的发明创造不同,版权保护的是一种具有独创性的美的表达。版权乍一看,与技术无关,但从历史上看,版权制度从一开始便是在不断地迎接新技术的挑战过程中发展过来的,有学者将技术的发展对版权制度的影响分成了三个飞跃性的阶段:一是现代印刷技术的出现,这直接催生了版权法制度;二是广播技术的发展使得可以远距离向大众提供作品,为作品的使用提供了新的市场;三是数字技术,数字技术给版权制度带来了深刻的影响。[2]这也是本书撰写的背景。或许,下一个时代—人工智能时代(后人类时代),技术将对版权法进行颠覆性的挑战。比如,纯人工智能创造物是不是作品这个问题,可能

---

[1] 赵为学、尤杰、郑涵主编:《数字传媒时代欧美版权体系重构》,上海交通大学出版社2015年版,第396~397页。
[2] 吴伟光:《数字技术环境下的版权法——危机与对策》,中国社会科学院2008年博士学位论文。

就有完全相反的结论了。

一、版权法的产生——从谷登堡印刷术到《安娜女王法》

版权制度源于印刷技术的出现，同时，文艺复兴以及宗教改革导致公众对书籍的需求急剧增加，印刷出版业欣欣向荣。英国政府通过授予印刷专利的方式对书籍的生产者进行控制。印刷专利的垄断压缩了那些刚刚起步的印刷商和出版商的发展空间，1580年，受到垄断压迫的印刷商发起了一场针对印刷专利的争端。当时的主管部门通常是在维持现有垄断局面的基础上作出回应，反印刷专利之争进入了下一阶段：地下印刷和出版。盗版一词在此时开始使用。印刷专利人认为地下印刷是一种被鄙视的盗窃行为，而盗版者认为印刷专利是不合理的垄断，地下出版是自由和正义的行为。王室以维持书籍贸易秩序的目的，维持了印刷专利制度。随着书股制度的产生，迫于社会的压力，伊丽莎白一世颁布了废除垄断的法令。以伦敦书商公会的书商版权取代了印刷专利制度。在书商版权制度中，现代版权制度的核心主题作者并不是书商公会的成员，作者仅有获得报酬的权利。由于英国立法的变化，书商公会陷入了人既无王权庇护又无法律保障的混乱时期，腹背受敌。1707年，13名书商共同请愿，放弃强调言论控制和出版审查的重要性，将焦点集中到盗版行为侵犯了他们的财产权，因为书籍的创作、印刷和销售需要耗费大量的时间和精力。书商希望借由作者这一并不独立的群体继续维持书商传统的垄断权。

英国议会于1710年开始讨论关于书籍出版的立法，其核心内容：从1710年4月10日起算，书籍仍属于其所有者21年；所有新书作者将受到14年的保护，[1]期满作者未去世可再延长14年。对侵犯这些权利的人处以罚款。《安娜女王法》首次将版权保护主体从书商转移到作者身上，并且赋予了作者对其作品的复制权和发行权，这标志着版权法的诞生。

二、录音录像技术以及卫星传播技术对版权的推动

技术推动版权制度的关系还可以从《伯尔尼公约》的历次修订中体现出现，《伯尔尼公约》于1886年签订，彼时正处在印刷技术环境下，版权权利内容主要是复制权，在纸制品上印刷，并通过纸制品的发行是传播作品最重要的手段。复

---

[1] 文博：《论英国现代版权制度的形成》，华东政法大学2019年硕士学位论文。

制权在当时的重要性可以从《伯尔尼公约》的文本中体现，文本中并没有赋予作者复制权的条款，这是因为复制权在当时是作者理所当然的权利。《伯尔尼公约》此后大约每二十年修订一次，每次都与新技术的产生有关。1908年，《伯尔尼公约》中增加了音乐作品的录制权，以应对录音技术的发展；规定作曲者的所谓机械权，以应对1898年开始大量使用的代替人来演奏的钢琴乐曲的技术。1928年《伯尔尼公约》增加了广播权，为了适应广播技术的发展，但当时这一条款还有些含混，如同广播技术一样不成熟，1948年修订进行了更为充分的讨论，广播权也被分解成几个分支权利，以便考虑利用这一权利的各种途径和技术（有线、无线、扩音器等）。《伯尔尼公约》1967年修订增加了电影摄制权[1]，以应对摄像技术的发展。

三、数字技术给版权带来的危机

进入数字经济时代，距离1971年《伯尔尼公约》修订又过了两年多，这次面临的技术是数字技术和网络技术，数字技术给版权制度带来了深刻的影响，现代技术渗透到了文化作品创作和传播的各个环节，催生出了一批新的文化产业形态，比如数字阅读产业、网络新闻产业、网络视听产业等。数字经济对著作权法的最大挑战和冲击在于它彻底改变了作品的复制和传播方式，甚至有学者称，数字技术使得作品复制和传播的边际成本急剧降低，甚至可以说到了微乎其微的程度[2]，数字时代盗版猖獗。现代信息数字技术和网络技术使得当今文化传媒产业的版权秩序处在可能崩溃的边缘。[3]这次《伯尔尼公约》没办法再简单进行修改，而是面临着颠覆性的变革。因此世界知识产权组织（World Intellectual Property Organization，以下简称WIPO）制定了《世界知识产权版权公约》（WIPO Copyright Treaty，以下简称WCT）和《世界知识产权表演和录音制品条约》（WIPO Performances and Phonograms Treaty，以下简称WPPT）。WCT主要为解决互联网环境下应用数字技术而产生的版权保护新问题。该条约是《伯尔尼公约》第20条意义下的专门协定，是对《伯尔尼公约》《与贸易

---

[1] 吴伟光：《数字技术环境下的版权法——危机与对策》，中国社会科学院2008年博士学位论文。
[2] 吴伟光：《数字技术环境下的版权法——危机与对策》，中国社会科学院2008年博士学位论文。
[3] 赵为学、尤杰、郑涵主编：《数字传媒时代欧美版权体系重构》，上海交通大学出版社2015年版，第2页。

有关的知识产权协定》的发展与补充。其版权保护客体主要是计算机软件和数据（数据库）编程。WIPO 新增了信息网络传播权、技术措施以及权利管理信息的规定。WPPT 公约在序言中明确指出，承认信息和通讯技术的发展和交汇对表演和录音制品的制作和使用的深刻影响。

由于著作权的扩张，社会公众合理使用作品、进行后续学习和创作难以在数字网络环境下进行，作品公共领域不断被挤压，人们发起了各种反对著作权强化保护的运动，甚至成立了反对著作权保护的"盗版党"，在数字技术冲击下，著作权"生态环境"陷入矛盾之中，使著作权难以发挥其调整功能。[1]

第二节 中国数字版权产业发展概况

一、中国数字版权产业发展成果喜人

21 世纪以来，互联网以及信息技术深刻改变了版权产业的面貌，数字版权产业应运而生。中国数字版权产业七年来市场规模年复合增速为 27.5%，推动我国数字经济结构向着更多元化的方向发展。自从腾讯副总裁程武于 2011 年提出"泛娱乐"这个概念后，各大文化公司纷纷构建其数字阅读、数字音乐、数字动漫、数字游戏等多种文创领域的娱乐王国，实现各产业之间融合发展。中国数字版权产业出海取得了不错的成绩（动漫《超能立方》登上日本 Piccoma 平台新作榜第一；《一代灵后》登上英语圈 Tapas 平台付费版第一[2]），正在逐步得到国际市场的认可，未来也将成为传承和向世界展示中国文化的中坚力量。

国家版权局发布的《中国网络版权发展报告（2020）》显示，2020 年中国网络版权市场规模首次突破一万亿元，较 2019 年增长 23.6%。2020 年，中国网络版权九大细分业态各具有亮点：

（1）网络文学用户规模达 4.6 亿，免费阅读应用的快速发展有效带动用户增长。广告收入在市场营收结构中的占比提升，推动市场规模增长至 268.1 亿元。

---

[1] 姚鹤徽：《数字网络时代著作权保护模式研究》，中国人民大学出版社 2018 年版，第 6 页。
[2] 中国人民大学国家版权贸易基地编，白连永主编：《中国数字版权保护与发展报告 2022》，知识产权出版社 2022 年版，第 117 页。

（2）网络长视频用户规模达8.72亿，市场规模达1197.2亿元，精品内容拉动市场稳定增长，并成为提升会员付费水平的有力杠杆。

（3）网络动漫用户规模达2.97亿，国产动画高口碑作品涌现，推动网络动漫的文化影响力进一步提升，市场规模增至238.7亿元。

（4）网络游戏产业用户规模达5.18亿，同比略有下降。市场规模达2401.9亿元，部分网游精品名列海外游戏收入排行榜前茅，内容出海成绩斐然。

（5）网络音乐用户规模持续扩大至6.58亿，音乐平台向多业态融合发展，用户付费意愿持续增长，助推市场规模达333亿元。

（6）网络新闻用户规模稳步增长至7.43亿，新增用户主要由手机新闻应用带动。网络新闻市场规模达645.7亿元，网络新闻视频化创新加速。

（7）网络直播广泛连接社会各行业，商业空间得到更大拓展，推动产业用户规模增至6.17亿，市场规模增至865.3亿元，后者相比2016年接近翻两番。

（8）短视频用户规模达8.73亿人，网民使用率为88.3%。直播带货成为短视频平台的普遍功能，推动短视频市场规模增至1506亿元，同比增长近50%。

（9）借助现象级VR游戏作品的拉动，中国VR/AR产业消费级内容市场规模达128.4亿元，同比增长154%。VR消费级应用数量大增，产业生态加速成型。

2020年，网络版权产业历经疫情的考验与洗礼，拥抱不断升级的消费需求、业态创新、技术演进，以强大的发展韧性为就业和消费注入活力，以广泛的连接能力赋能知识与文化的普惠传播，以饱满的精神力量为社会传递勇气与信心。2021年是我国"十四五"规划的开局之年，也是我国数字版权产业稳步发展之年。相信，中国数字版权产业将继续乘风破浪，把握国内外环境变化，实现新时代的内容表达和文化构建。

二、中国数字版权保护和发展存在的问题

（一）未能实现全行业泛娱乐的商业模式

我国数字版权领域内容运营尚不成熟，跨媒介运营能力不足，尽管泛娱乐的提出推动了数字版权行业的融合发展，但目前仅在数字阅读领域的IP融合运营能力较强，比如数字阅读领头羊阅文集团2021年与腾讯影业、新丽传媒将网络文学作品拍摄了网剧《赘婿》等多个作品；在动漫领域，其IP改编了100

多部作品；在音频领域，其投资了喜马拉雅 FM；相对而言，对短视频、数字音乐作品较少进行跨界融合运营，没有真正实现全行业泛娱乐化。《2020 中国 IP 泛娱乐开发报告》中指出，跨界改编和系列化开发是好莱坞公司的核心战略之一，据 The Numbers 网站公布的统计数据，1995 年到 2014 年 5 月 15 日，好莱坞共公映了 10615 部电影，其中原创剧本电影 6842 部，占 49.5% 的票房市场份额，改编自其他来源的电影共 5703 部，占据 50.5% 的票房市场份额。改编的来源也非常多元化。The Numbers 网站列出了多达 20 类曾被改编为电影的作品来源。小说、漫画、电视作品、芭蕾舞作品、唱片、宗教出版物、玩偶等，都曾为好莱坞所使用，这也是跨界改编和系列化开发的主要内容。[1] 日本作为动漫大国，也非常重视动漫衍生品的开发，独创了 ACG 的开发模式［即动画（animation）、漫画（comic）以及游戏（game）］。

（二）缺乏系统的版权开发、数字版权领域衍生收入较低

虽然数字音乐、数字阅读、短视频等平台不断探索多元化的盈利模式，但从其收入来看，广告、用户订阅仍然是其核心收入，而非围绕版权产生的衍生收入。比如，在长视频领域，2021 年爱奇艺会员收入 167.1 亿元，占比 54.7%，广告收入 70.7 亿元，占比 23.1%；相比而言，将自制内容、独家版权内容售卖给其他平台、获取的内容分发收入为 28.6 亿元，占比仅为 9.3%。相较于海外影视剧衍生品发展，国内可运作衍生品的剧集数量较少，且衍生品类型较少，质量有待提高。[2]《中国网络版权产业发展报告（2020）》显示，2020 年中国网络版权盈利模式主要包括用户付费、版权运营和广告收入三类，其中，广告及其他收入为 6079.0 亿元，占比 51.3%；用户付费收入为 5659.2 亿元，占比 47.8%；版权运营收入为 109.1 亿元，占比 0.9%。

（三）授权机制不完善，细分行业相互侵权频繁

一方面，数字版权主体多元，且在不同的细分市场存在角色的交叉，这导致版权使用方无法识别出真正的版权权利人。法律规定的不完善，也加剧了版权权利人识别的困难。当前，短视频大火，截至 2021 年 12 月，短视频用户规

---

[1]《2020 中国 IP 泛娱乐开发报告》，载 https://www.sohu.com/a/405266754_505774，最后访问日期：2023 年 10 月 27 日。

[2] 中国人民大学国家版权贸易基地编，白连永主编：《中国数字版权保护与发展报告 2022》，知识产权出版社 2022 年版，第 32 页。

模为9.34亿，占网民整体的90.5%。但是对于视听作品的著作权归属，我国法律规定并不清晰，其将会导致实践中引发众多问题。《著作权法》第17条规定，电影、电视剧以外的其他视听作品的著作权归属由当事人约定；没有约定或者约定不明确的，由制作者享有。约定具有相对性，也没有规定登记公告程序，那么一个短视频的著作权人到底是谁，外人是无从得知的。而如果经查实，短视频的创作者约定短视频为合作作品，表演者权约定归属于所有表演者，那么，要使用短视频的人就必须找到所有的合作作者和表演者，并且获得许可。这个工作量是非常巨大的，可能导致其他主体铤而走险去侵权。以短视频和数字音乐为例，个人用户既是数字音乐的使用者，同时也是短视频的创作者，由于部分创作者缺乏版权意识，或者不知道数字音乐作品的著作权归属，其创作的短视频就可能侵权。中国音乐著作权协会委托12426版权监测中心对快手APP侵犯其管理的音乐版权行为进行监测，发现快手平台上涉嫌侵权的北京音乐素材高达1.55亿个。[1]

另一方面，细分市场间存在授权壁垒，比如，抖音APP中有大量的短视频是电影、电视剧的剪辑配音解读内容，这无疑侵害了长视频的著作权。但其并没有一个简洁的授权途径存在。新途径的传播对于电影、电视剧的知名度的提高是很有作用的，比如，笔者就经常是在刷短视频的过程中发现一些很好的电影、电视剧，然后会去优酷、爱奇艺等平台付费观看。短视频和长视频的两类细分市场间如果有畅通的授权机制，那么对于二者可能就是双赢的，短视频获取流量，同时长视频也能获得更多的观众，收获经济和精神利益。

（四）侵权案件事实技术化，网络侵权行为难以治理

《上海市浦东新区人民法院文创版权司法保护新进展审判白皮书》中提到，浦东法院审理了一系列涉及新技术的知识产权纠纷，如涉及聚合平台、云存储空间分享、网络直播、游戏换皮、短视频侵权纠纷等。这些案件专业技术事实查明难度大，法律问题与技术问题相互交织。这对于法律从业人员来说是不小的挑战。

技术推动了数字版权产业的蓬勃发展，但也增加了侵权行为的治理难度。

---

[1] 中国人民大学国家版权贸易基地编，白连永主编：《中国数字版权保护与发展报告2022》，知识产权出版社2022年版，第33页。

数字版权侵权行为呈现出多样化、隐蔽化、低成本、高频率等特征，并形成了盗版侵权黑灰产业链。以体育赛事节目为例，在赛事转播费用愈加高涨的同时，盗链、盗播体育赛事节目的侵权行为愈加猖獗，短视频平台、三无网站（即没有获得电信与信息服务业务经营许可证，未取得信息网络传播视听节目许可证，未经工商注册登记的网站）成为侵权重灾区，不仅分流了正版授权平台的用户和流量，还通过充值、涉赌、链黄、分发广告等方式进行变现，危害国家信息安全。[1]

第三节　数字版权法理论

一、数字版权法概念及构成要件

数字版权法，是指调整数字版权法律关系的具有约束力的原则、规则和制度的总称。数字版权是传统版权在数字领域的扩张，数字版权并不是一个法律概念，而是在业界不断使用后约定俗成的一个概括性称谓。郝振省在《2008年中国数字版权保护研究报告》中提出，数字版权是从作品流转、传播环节的角度对其界定为在这一过程享有的保存、复制、发行的权利。周荣庭在《网络出版》中提出，数字版权是从客体作品类型、表现形式的角度将其界定为数字作品的版权。[2] 从著作权法的角度说，数字版权是指著作权人对其作品在数字化复制和传播方面所享有的精神权利和财产权利的总称。数字版权法作为著作权法的一个分支，对这个学科的了解和掌握，也要从法律关系的客体、法律关系的主体、著作权人权利和义务三个内容展开。

（一）数字版权法律关系客体

著作权法的客体是作品，数字版权法的客体是各种的以数字形态存在的作品，具体指以数字化方式生产、编辑、存储和传播的作品。数字版权作品要求必须是文学、艺术和科学领域内具有独创性并能以一定形式表现的智力成果。具体而言，可以是文字作品、美术作品等著作权法规定的任何一种作品。当然，

---

[1] 中国人民大学国家版权贸易基地编，白连永主编：《中国数字版权保护与发展报告2022》，知识产权出版社2022年版，第34~35页。

[2] 陈兴芜编：《互联网时代的数字版权保护研究》，人民交通出版社2020年版，第17~18页。

随着数字经济的发展,有可能会丰富现有的作品形式。我国著作权法也兜底规定了"符合作品特征的其他智力成果"。数字版权产业的各个领域的创造物,根据其具体表现形式,可以是文字作品、美术作品等作品类型的一种,也可能同时符合多种作品类型,比如,德国将电子游戏作品属性视作"分布式类型"(distributive classification),游戏中的每一种创造性元素都可以根据各自的性质分别获得保护,网络游戏的脚本、配乐、颜色组合、游戏画面都分别构成作品,受著作权法的保护。

对于数字版权法的客体,有人提出,客体还需要分类吗?传统的版权法是媒介偏向的版权法,不同媒介对应不同版权客体(美术作品、文字作品等)。但是随着数字技术的发展,所有的媒介都是以二进制的数字形式存在和传播,所有的媒介变成了一种。媒介分类的版权法对于版权的保护有重要意义,一些权利只给予一些特定的作品,一些对权利的限制也只适用于某些作品,比如发行权和首次销售原则。媒介合一的方式显然会让数字版权法更加简单,但这将根本颠覆传统版权法。

(二)数字版权法律关系主体

狭义的著作权法的主体就是著作权人,本书不论述邻接权。数字版权著作权人分为作者著作权人和非作者著作权人;也可以分为原始取得著作权的人和继受取得著作权的人。数字时代改变了作品的创作和传播途径,导致著作权主体在不同领域也发生了变化。比如,在音乐领域,以物质载体为音乐传播介质的时代,由于大批量制作及发行 CD 需要巨额的投资,只有唱片公司才能提供这样的先期投资,因此根据词曲作者(歌手)与唱片公司所签合同中"职务作品"之条款,作品的著作权人是唱片公司。但是在数字音乐时代,词曲创作者、歌手本身成为了音乐传播的中心环节,因此,版权更有可能为词曲作者或者在线音乐服务商所拥有。[1] 人工智能的产生,也开始引发人们对于其主体资格的探讨。

(三)数字版权权利内容

数字版权权利内容,我国著作权法规定了四项人身权(发表权、署名权、

---

〔1〕赵为学、尤杰、郑涵主编:《数字传媒时代欧美版权体系重构》,上海交通大学出版社 2015 年版,第 49 页。

修改权、保持作品完整权）和13项财产权（复制权、发行权、出租权、展览权、表演权、放映权、广播权、信息网络传播权、摄制权、改编权、翻译权、汇编权以及其他），数字经济对著作权法的最大挑战和冲击就体现在数字版权权利内容，尤其是对复制和传播的颠覆性影响，下文数字版权法与传统版权的区别将重点讲述。

二、数字版权的特点

知识产权又被称为智慧财产权，是指人们就其智力劳动成果所依法享有的专有权利，通常是国家赋予创造者对其智力成果在一定时期内享有的专有权或独占权。知识产权具有五大特点：法定性、无形性、地域性、时间性、专有性。数字版权是著作权的一个分支，数字版权当然也具备这五个特点，但其具体含义与其他知识产权又有细微的区别。

（一）法定性

知识产权的法定性是相对物权的自然属性而言的。从古至今，大家都有不能盗窃他人财产的朴素意识，都自觉地去尊重他人的物权。这就是对于有形财产的所有权概念。文学艺术领域的作品是传统的财产吗？显然不是。王迁教授在其《著作权法》教材中说到著作权的作品由于天然缺乏排他性和与之相关的可交易性，人民很难自发地形成作品是财产的观念。但是，如果不对作品著作权进行保护，就不能鼓励创作者进行创作，也就没有文化的繁荣。因此，国家通过立法创设了一种新的财产权—知识产权。数字版权的主体、客体、权利内容、侵权救济都是法律创设出来的，而不是一种天然的权利。

（二）强化的无形性

著作权是一种无形的智慧成果，保护的不是物。著作权的客体与固定该客体的载体是可以分离的。数字版权更加强化了其保护客体的无形性。在网络环境中，作品的创作、传播和使用都在虚拟的网络世界中完成，它的实体性比传统知识产权更加弱化。

（三）地域性淡化

知识产权的地域性是指知识产权只能依各国法律有效取得，其权利也只在该国地域范围内有效。网络时代的最大特点就是无国界。传统的根深蒂固的知识产权的地域性使得国际私法学者认为知识产权领域不存在法律冲突。但越来越多的国际私法学者认为，网络环境弱化了知识产权的地域性。郑成思教授在谈到互联网与知识产权地域性的问题时，他的回答是："地域性与网络信息传播无国界性冲突引发了知识产权保护中最新的程序问题。"互联网的无限复制性、广泛传播性、非集中管理性和变幻莫测的交互性，使得数字版权侵权后果往往有很多不确定性。人们很难认定侵权人的行为地，也很难向法院举证，法院的管辖也是不明确的。再比如，今天在美国上映的影片，可能半个月后才在中国大陆上映，但中国的网民已经从电影资源网上下载观看，甚至将资源在朋友圈、网盘、互联网进行分享，这就涉及到知识产权国际保护的问题了。高度发展的信息技术使知识产权的地域性正在迅速弱化。数字技术加剧了版权制度国际化进程，各个国家之间的版权法制度的相互影响越来越大。

（四）时间性和专有性

知识产权是一种一定时间的垄断性权利，知识产权权利人在保护期限内有权禁止他人未经许可使用其知识产权。著作权的专有性主要体现为一种禁止权，即未经权利人许可，他人不得使用该著作权。这与传统的产权有一些区别，传统的产权更多的是一种自用的权利，因为物权是具有排他性的；但是知识产权是可以多方同时使用的，这决定了知识产权权利人不需要过度关注自用权。在互联网时代，作品传播范围更广，似乎知识产权权利人的垄断性也更强，因此有学者主张缩短知识产权（尤其是著作权）的保护期限，鼓励内容创作。

三、数字版权法与传统版权法的区别

版权法的产生是为了应对传统纸媒经济，随着数字经济的产生和蓬勃发展，版权法的内涵和外延必然产生一些变化，传统著作权权利人的权利内容的含义需要进一步厘清。

（一）主体——作品创作的大众参与

数字技术打破了内容创作者和消费者之间的界限，在以"用户创造内容"为特征的数字网络环境下，网络用户集创作者、传播者与使用者于一身。从创作方式来看，创作者已经不再是一种职业身份，而是所有网络用户的共同特征，其既能轻易修改或者改变已有作品，也可以独立或协作在线创作新作品。通过一些数字音乐软件，普通人创作数字音乐就像使用Word处理文档一样轻松。著作权法在修改、改编作品中对事前许可的要求，已经无法适应网络用户之间

无意思联络的大规模创造性协同行为。[1]

（二）新的客体利用方式与以往的产权模式及其运作规则发生了矛盾

网络用户的创作和传播不再以经济利益最大化为目标，创作与传播的动机更加多元化，很多是作为一种参与社会生活的方式，更多的是一种自我表达和社会交往等非经济需求。那么，用户通过社交网络在"熟人"（好友）之间分享作品究竟是合理使用还是侵权行为呢？此外，网络版权经常采用"延迟收益"的手段实现效益最大化，权利人从衍生产品、后续服务中获取收益。[2]比如，一个网络主播，最初可能是通过免费的知识分享进行涨粉，等粉丝数量够了，可以挂购物车，或者接广告获取收益，那么之前的知识分享是以盈利为目的吗？

有的版权人创作作品的目的就不是为了版权利益。湖南农村妇女田嫂自己做导演拍摄了DV《千里寻母记》，现在抖音平台也有很多寻找被拐儿童的短视频，他们的创作初衷绝不是为了经济收益。例如田嫂曾经表示当看到她的作品被人复制、传播时，她很高兴，因为他们的传播才能让更多的留守儿童家长们看到。

（三）版权权利内容的变化

1. 数字版权法中的复制权

复制权，即以印刷、复印、拓印、录音、录像、翻录、数字化等方式将作品制成一份或多份的权利。我国著作权法中明确规定了数字化也是复制的一种方式，其解决了复制权的有形载体问题。但是互联网技术让侵权人复制变得越来越简单，动动手指就能做到。这对数字作品著作权人将造成无可弥补的损失。谷歌数字图书馆案在全球引起了如此大的争议，就是因为它真正揭开了笼罩在版权制度上的最后一层神秘面纱。有学者认为，该计划可能会成为法律史学家们区分版权制度发展的分水岭—谷歌数字图书馆之前的版权制度是以复制为核心，着力规制的是对作品的非法复制行为；谷歌数字图书馆之后的版权制度应以传播为核心，重点防范对于作品非法传播的行为。[3]

第一，数字版权时代私人复制的合法性问题。我国著作权法在著作权的限制中规定了私人复制的合法性。其理由主要是传统的私人复制数量并不大，也不会进行扩大传播，对著作权人不会造成大的影响和损失。金斯伯格（Jane

---

[1] 吴汉东：《网络版权的技术革命、产业变革与制度创新》，载《中国版权》2016年第6期。
[2] 吴汉东：《网络版权的技术革命、产业变革与制度创新》，载《中国版权》2016年第6期。
[3] 李晶晶：《数字环境下中美版权法律制度比较研究》，人民日报出版社2016年版，第29页。

Ginsberg)教授曾经说过:"传统上,版权人总是避免直接打击版权作品的最终用户。一方面是因为追究最终用户责任是高成本和不受欢迎的,但最根本的原因是终端用户并不复制版权保护的作品,即使复制,这种复制也是很少量的,也很少进行广泛的传播。"从世界范围来看,版权法产生后的两百年里,几乎没有针对私人复制提起的诉讼。[1]但是数字技术的出现使得复制可以完美、轻松、大批量的进行。网络空间不仅改变了复制的技术,更重要的是,它还改变了法律对非法复制的遏制效果。网络不仅实现了不需任何成本就能对数字化产品进行高品质的复制,而且使法律的实施成为了一项几乎无法完成的任务。[2]那么,著作权人要不要对民众开战?著作权法要采取哪些保护著作权人权利的方法?也有学者认为,数字经济时代没有了所谓的私人复制,因为任何复制行为都可能导致作品大规模的传播。

第二,数字版权时代临时复制的合法性问题。我们最常见的临时复制就是网页浏览。用户通过网络欣赏数字化作品时,那些数字化作品会被计算机自动调入内存,形成复制件,当用户关机时,复制件消失。这种复制区别于稳定的、长久的传统复制权。如果被浏览的作品是未经许可被置于互联网传播的作品,那么浏览行为肯定会给权利人带来一定的影响。如果网络用户可以随时在网络上浏览网络文学作品、看电影、听音乐,那么就不可能为欣赏作品支付费用了。

在 WCT 的制定过程中就曾对版权人是否有权限制间接的、临时的复制有过讨论,其草案关于临时复制权是这样描述的:"文学艺术作品享有的许可他人复制其作品的排他权应包括直接或间接复制他们作品的权利,不管是永久的还是临时的,以及以任何方式或形式。"但是,其第二款规定,对于是否应对临时复制权进行限制的问题,应由缔约国国内法来规定。这一草案遭到了包括中国在内的很多国家的反对,这些国家认为复制权仅指永久复制。因此这一条在最终 WCT 生效文本中并不存在。尽管有学者认为 WCT 议定声明将临时复制纳入了复制权,但笔者并不赞同。

《信息网络传播权保护条例》起草过程中,对临时复制也比较关注。草案

---

[1] 吴伟光:《数字技术环境下的版权法——危机与对策》,中国社会科学院 2008 年博士学位论文。
[2] 吴伟光:《数字技术环境下的版权法——危机与对策》,中国社会科学院 2008 年博士学位论文。

也曾经出现过保护临时复制权的条款，但最终文本仍然没有体现。相关负责人答记者问是这么说的："禁止临时复制的症结是禁止终端用户在线使用作品，而禁止终端用户非营业性地使用作品不具有可行性。"这个立场与我们上文"版权人总是避免直接打击版权作品的最终用户"的说法也是一致的，直接规制最终用户的浏览行为不具有可行性，而且执法成本会非常高。

因此，现阶段的结论是，临时复制不是复制行为，很多法学家也是支持的，临时复制仅仅是一种客观技术手段，而不是著作权法中的问题。

2. 数字版权法中的发行权和出租权

第一，网络空间的无形性让发行权和出租权无用武之地。发行权，即以出售或赠与方式向公众提供作品的原件或者复制件的权利；出租权，即有偿许可他人临时使用视听作品、计算机软件的原件或者复制件的权利。两个权利的共同点是交付作品的有形载体的所有权或临时使用权，这也是传统作品著作权人获得经济利益的最重要的途径。数字经济最大的特点就是无形，所有的行为都在互联网这个虚拟空间完成了。当然我们并不否认数字作品可以被记录在有形载体中，这也是数字作品的构成要件之一。但很显然，数字经济时代，数字作品不再需要以有形载体方式记录下来再进行传播和交易。因此，由于无利可图，自然侵权发生的概率也就比较低。因此，数字作品著作权人的财产权虽然有发行权和出租权，但跟传统著作权人相比，这两项权利就没那么重要了。

当然，又有人提出了数字发行权的概念，即是否应当在立法上允许用户将其合法下载的作品进行在线转移。这种数字首次销售原则能否建立，最终仍然要观察和评估网上数字化作品的"二手"市场对版权人的影响。[1]

第二，网络环境下发行权与信息网络传播权的关系。在 1993 年的 Playboy V. Frena 一案中，美国法院对于在 BBS 上将他人作品进行传播是侵犯版权人的发行权还是复制权并不清楚，因此也就不能确定是否使用首次销售原则。[2] 笔者曾经也有过这一想法，笔者花了 50 元在某一文库下载了知识产权保护白皮书后，能否上传到网络系统传播？事实是，根据我国相关法律规定，发行权不适用网络环境。在华夏电影公司诉湖南在线案中，华夏电影公司取得了《终结

---

[1] 王迁：《网络环境中的著作权保护研究》，法律出版社 2011 年版，第 110 页。

[2] 吴伟光：《数字技术环境下的版权法——危机与对策》，中国社会科学院 2008 年博士学位论文。

者3》中国地区的"影院独家发行权",华网汇通技术服务公司和湖南在线未经许可将《终结者3》上传至网站供用户有偿下载。华夏电影公司起诉到法院,主张两者侵犯了其独家发行权。法院驳回了华夏电影公司诉讼请求,认为原告仅有发行权,并没有信息网络传播权。[1]

3.数字版权法中的信息网络传播权

互联网传播方式带来的最大变化是,只要有网络,用户可以自己选择时间、地点、欣赏的内容,也就成为了交互式传播。信息网络传播权,即以有线或无线方式向公众提供,使公众可以在其选定的时间和地点获得作品的权利。我国2001年加入世界贸易组织,成为了 Trips 协议的缔约国。2001修订《中华人民共和国著作权法》是第一次引入信息网络传播权。信息网络传播权就是为了应对互联网挑战而产生的制度。因此,在数字版权法中,信息网络传播权是著作权人的核心权利。

(四)新的侵权认定规则、新的责任主体产生

在数字网络时代,侵权方式,由传统的直接侵权向直接侵权与间接侵权结合转变,网络服务商提供商承担连带责任。因此,对于间接侵权的类型,网络环境中如何认定"帮助侵权"、引诱侵权、避风港原则等都需要进行构建。

有的学者将网络服务提供商定义为互联网时代数字版权的新守门人。看门人不会直接侵权,但是没看住门,就可能构成间接侵权。由于各国立法的差异,网络服务提供商到底承担什么样的责任,互联网条约 WCT 和 WPPT 并没有详细规定,只提供了一些指导意见。各国根据指导思想,在本国建立了网络服务提供商的责任及责任限制,网络服务提供商要平衡好数字版权看门人和技术服务提供者的角色。

(五)技术为数字版权法提供了新的保护方式,即技术保护措施

我国《信息网络传播权保护条例》对技术保护措施的定义是"指用于防止、限制未经权利人许可浏览、欣赏作品、表演、录音录像制品或者通过信息网络向公众提供作品、表演、录音录像制品的有效技术、装置或者部件"。狭义的技术保护措施主要两类:保护权利人排他性权利的技术措施和控制接触的技术措施。前者主要是禁止(限制)复制。例如美国的系列复制管理系统(the

---

[1] 王迁:《网络环境中的著作权保护研究》,法律出版社2011年版,第84页。

Serial Copy Management System）是一种广泛用于视听录制设备上的技术保护措施，这种措施可以允许从原版载体上进行一次的数字化复制，但是却能阻止再次的复制。笔者曾经报名了某一培训学校的网课，登录账号下载的课件只能在本电脑观看学习，不能复制到其他同学的电脑。虽然不知道技术措施的名字，但是其工作原理与美国的 SCMS 似乎是一样的。接触控制的技术保护措施是控制对所保护信息和内容的接触，一方面是为了获得相应的费用，另一方面是为了保护版权。[1]这种技术措施我们经常接触到，比如，数字音乐付费才能听，平台的电影 VIP 才能看，还有很多需要登录会员账号才能获取知识的场合，都是因为施加了接触控制的技术措施。阿里巴巴还针对图片设计了"图片护盾"技术，防止淘宝卖家的原创图片被其他商家盗用。

还有一个更新的概念，即数字权利管理（Digital Rights Management，DRM），数字权利管理系统是一种基于加密、授权和追踪技术的数字版权保护和管理解决方案。它为创作者、出版商和数字版权所有者提供一套完整的工具和流程，以确保数字版权的安全和价值。其主要的功能有：其一，通过阻止未签名的软件和未购买许可证并签署用户协议的用户进行访问，防止软件篡改；其二，限制对音频文件的访问，许多音乐商店使用元数据来防止未经授权的用户访问音频文件并避免重复；其三，阻止未经授权的访问，数字出版商和其他机构经常使用 DRM 来防止非法复制和分发其材料，通常使用加密来确保授权网络平台的访问；其四，最大限度减少假冒，有很多在线平台未经授权销售产品和服务的仿制品，在这种情况下，可以用 DRM 技术来定位其产品的假冒产品并防止其传播。[2]

现在很多企业已经开始使用新兴技术进行版权维权，2017 年，阿里发布了"鲸观"全链路数字版权服务平台，该平台通过搭载达摩院 iDST 的人工智能技术，可实现对视频的智能剪辑，同时在音视频素材上抽取指纹，让其在全网范围内可追溯，解决盗版难题。冠勇科技发布了"易犬智能版权大数据平台"，截至 2019 年 11 月，累计监测影视、音乐等作品超 812 万件，监测盗版链接

---

[1] 吴伟光：《数字技术环境下的版权法——危机与对策》，中国社会科学院 2008 年博士学位论文。
[2] 作看云起时：《带你全面了解数字版权管理》，载 https://baijiahao.baidu.com/s?id=1780334916775107579&wfr=spider&for=pc，最后访问时间：2023 年 10 月 27 日。

4700万条，受权利人委托下线或屏蔽侵权链接3160万条。[1]

（六）版权权利人个人利益和公共利益失衡

在传统版权时代，著作权人可以通过控制作品的复制权和传播权来实现个人利益和公共利益的平衡，但在数字经济时代，权利人失去了对复制权的控制，版权盈利的模式开始改变，版权权利人、传播者和使用者之间的平衡被打破，同时合理使用和法定许可也面临着新问题。[2]技术措施同样加剧了个人利益和公共利益的冲突，技术措施都是从保护版权人的个人利益角度出发的，不利于作品扩大传播。

四、中国数字版权法的法律渊源

法律渊源，也被称为法的存在形式，司法机关能够据以解决数字版权纠纷案件的依据。这些法律渊源也是本书很多表述和理论论证的根据。

（一）《中华人民共和国民法典》（以下简称《民法典》）

从版权角度来说，《民法典》有四个亮点：其一，确认了知识产权是权利人依法对作品享有的专有权利；其二，规定了版权可以成为质押的权利客体；其三，引入了惩罚性赔偿制度；网络环境侵权更加容易，著作权人防不胜防，惩罚性赔偿制度能够震慑侵权人；其四，规定了网络侵权责任，明确了网络服务商的义务。[3]

（二）《中华人民共和国著作权法》（以下简称《著作权法》）

《著作权法》是调整著作权的基本法律规范，当然也是数字版权法第一位的法律渊源。2021年，新著作权法施行，其纳入了很多与数字版权直接相关的内容。其一，将网络直播纳入广播权范围，新著作权法出台之前，主播直播表演才艺、游戏等行为，审判实践中都只能认定为侵害了著作权人的其他权利，而新著作权法将网络直播纳入广播权范畴，为规制大热的网络直播中的著作权侵权行为提供了直接的法律根据；其二，作品类型方面，将"电影作品和以类似摄制电影的方法创作的作品"改为视听作品，将"体育赛事节目、网络

---

[1] 陈兴芜编：《互联网时代的数字版权保护研究》，人民交通出版社2020年版，第33页。
[2] 陈兴芜编：《互联网时代的数字版权保护研究》，人民交通出版社2020年版，第31页。
[3] 中国人民大学国家版权贸易基地编，白连永主编：《中国数字版权保护与发展报告2022》，知识产权出版社2022年版，第6~7页。

游戏直播画面、短视频等"纳入作品范畴,并且将兜底条款修改为"符合作品特征的其他智力成果",体现了立法的前瞻性;此外,将计算机程序改为计算机软件;其三,加入技术措施、权利管理信息相关条款;其四,对于著作权集体管理制度进行了修订,推动著作权集体管理组织在数字版权领域更好地发挥作用。[1]

(三)《中华人民共和国刑法修正案(十一)》(以下简称《刑法修正案(十一)》)

《刑法修正案(十一)》修改了关于著作权犯罪行为的条款。特别是针对网络环境中的著作权犯罪,增加了三种侵权行为构成侵害著作权罪。具体内容是:其一,明确了侵犯信息网络传播权的行为构成犯罪,[2]这个规定也实现了刑法与著作权法中关于发行权与信息网络传播权概念的统一;其二,将侵害表演者权的行为规定为犯罪,对于数字版权时代频繁通过网络直播、短视频等方式侵害表演者权利的行为进行打击;其三,规定故意规避或破坏技术措施的行为构成犯罪,更好地打击盗版小网站、各种聚合平台的侵权行为。[3]

(四)《信息网络传播权保护条例》

《信息网络传播权保护条例》是针对信息网络传播权的专门立法,为了保护著作权人、表演者、录音录像制作者的信息网络传播权而制定的。该条例主要从以下方面对于信息网络传播权进行保护:其一,引入了技术措施和权

---

[1] 中国人民大学国家版权贸易基地编,白连永主编:《中国数字版权保护与发展报告2022》,知识产权出版社2022年版,第8~9页。

[2] 《刑法修正案(十一)》将刑法第217条修改为:"以营利为目的,有下列侵犯著作权或者与著作权有关的权利的情形之一,违法所得数额较大或者有其他严重情节的,处三年以下有期徒刑,并处或者单处罚金;违法所得数额巨大或者有其他特别严重情节的,处三年以上十年以下有期徒刑,并处罚金:(一)未经著作权人许可,复制发行、通过信息网络向公众传播其文字作品、音乐、美术、视听作品、计算机软件及法律、行政法规规定的其他作品的;(二)出版他人享有专有出版权的图书的;(三)未经录音录像制作者许可,复制发行、通过信息网络向公众传播其制作的录音录像的;(四)未经表演者许可,复制发行录有其表演的录音录像制品,或者通过信息网络向公众传播其表演的;(五)制作、出售假冒他人署名的美术作品的;(六)未经著作权人或者与著作权有关的权利人许可,故意避开或者破坏权利人为其作品、录音录像制品等采取的保护著作权或者与著作权有关的权利的技术措施的。"

[3] 中国人民大学国家版权贸易基地编,白连永主编:《中国数字版权保护与发展报告2022》,知识产权出版社2022年版,第7页。

利管理信息及其保护措施;[1]其二,规定了数字图书馆网络传播合理使用的条件,严格限制在本馆馆舍内服务对象。此外,为陈列或保存需要以数字化作品也有严格适用条件—已经损毁或者濒临损毁、丢失或者失窃,或者其存储格式已经过时,最后,非营利目的;[2]其三,著作权的合理使用;其四,信息网络教育法定许可制度[3];其五,可以避开技术措施的情形[4];其六,网络服务商的义务;其七,提供涉嫌侵权的服务对象名称、"通知-删除"等义务及赔偿责任。

（五）国际条约

1.WCT

WCT是1996年由世界知识产权组织,有120多个国家代表参加的外交会议上缔结的,主要为解决互联网环境下应用数字技术而产生的版权保护新问题。该条约是《伯尔尼公约》第20条意义下的专门协定。《WIPO版权条约》是对《伯尔尼公约》《与贸易有关的知识产权协定》的发展与补充。其版权保护客体

---

[1] 技术措施,是指用于防止、限制未经权利人许可浏览、欣赏作品、表演、录音录像制品的或者通过信息网络向公众提供作品、表演、录音录像制品的有效技术、装置或者部件。权利管理电子信息,是指说明作品及其作者、表演及其表演者、录音录像制品及其制作者的信息,作品表演、录音录像制品权利人的信息和使用条件的信息,以及表示上述信息的数字或者代码。

[2]《信息网络传播权保护条例》第7条:"图书馆、档案馆、纪念馆、博物馆、美术馆等可以不经著作权人许可,通过信息网络向本馆馆舍内服务对象提供本馆收藏的合法出版的数字作品和依法为陈列或者保存版本的需要以数字化形式复制的作品,不向其支付报酬,但不得直接或间接获得经济利益。当事人另有约定的除外前款规定的为陈列或者保存版本需要以数字化形式复制的作品,应当是已经损毁或者濒临损毁、丢失或者失窃,或者其存储格式已经过时,并且在市场上无法购买或者只能以明显高于标定的价格购买的作品。"

[3]《信息网络传播权保护条例》第8条:"为通过信息网络实施九年制义务教育或者国家教育规划,可以不经著作权人许可,使用其已经发表作品的片断或者短小的文字作品、音乐作品或者单幅的美术作品、摄影作品制作课件,由制作课件或者依法取得课件的远程教育机构通过信息网络向注册学生提供,但应当向著作权人支付报酬。"

[4]《信息网络传播权保护条例》第12条:"属于下列情形的,可以避开技术措施,但不得向他人提供避开技术措施的技术、装置或者部件,不得侵犯权利人依法享有的其他权利:(一)为学校课堂教学或者科学研究,通过信息网络向少数教学、科研人员提供已经发表的作品、表演、录音录像制品,而该作品、表演、录音录像制品只能通过信息网络获取;(二)不以营利为目的,通过信息网络以盲人能够感知的独特方式向盲人提供已经发表的文字作品,而该作品只能通过信息网络获取;(三)国家机关依照行政、司法程序执行公务;(四)在信息网络上对计算机及其系统或者网络的安全性能进行测试。"

主要是计算机软件和数据（数据库）编程。WIPO新增了信息网络传播权、技术措施以及权利管理信息的规定。

2.WPPT

公约在序言中明确指出，承认信息和通讯技术的发展和交汇对表演和录音制品的制作和使用的深刻影响。其内容中明确规定了表演者和录音制品制作者有信息网络传播权。此外，对于技术措施和权利管理信息也有相应的规定。

3.《视听表演北京条约》（以下简称《北京条约》）

《北京条约》于2012年6月26日在京成功签署，2020年生效。《北京条约》是关于表演者权利保护的国际条约，该条约赋予了电影等作品的表演者，依法享有许可或禁止他人使用其在表演作品时的形象、动作、声音等一系列表演活动的权利。此后，词曲作者和歌手等声音表演者享有的复制、发行等权利，电影演员等视听作品的表演者也将享有。其序言承认信息与通信技术的发展和交汇对视听表演的制作与使用的深刻影响，规定了视听表演者信息网络传播权。但是，对于视听录制品中表演者权的归属，其12条[1]权利的转让几乎剥夺了视听录制品中表演者的表演者财产权，第12条第1款的规定概括为，表演者一旦同意将其表演录制于视听录制品中，除非表演者与视听录制者根据国内法有相反约定，表演者权（复制权、发行权、出租权、信息网络传播权、广播权）归视听录制品的制作者所有。

4.《关于为盲人、视力障碍者或其他印刷品阅读障碍者获得已出版作品提供便利的马拉喀什条约》（以下简称《马拉喀什条约》）

《马拉喀什条约》于2013年通过，是迄今为止唯一一部版权领域的人权条约。根据该条约，为盲人等视力障碍者或其他印刷品阅读障碍者制作、传播无障碍版本的书籍等，不构成对作者著作权的侵害，此外，该条约也为跨境交换、

---

[1]《北京条约》第12条："权利的转让① 缔约方可以在其国内法中规定，表演者一旦同意将其表演录制于视听录制品中，本条约第7条至第11条所规定的进行授权的专有权应归该视听录制品的制作者所有，或应由其行使，或应予转让，但表演者与视听录制品制作者之间按国内法的规定订立任何相反合同者除外。② 缔约方可以要求，对于依照其国内法的规定制作的视听录制品，此种同意或合同应采用书面形式，并应由合同当事人双方或由经其正式授权的代表签字。③ 不依赖于上述专有权转让规定，国内法或者具有个人性质、集体性质或其他性质的协议可以规定，表演者有权依照本条约的规定，包括第10条和第11条的规定，因表演的任何使用而获得使用费或合理报酬。"

进口无障碍格式版本作品的行为提供了免责事由。[1]

五、数字版权法与相关学科的关系

数字版权法是一种法律制度，主要用于保护数字内容创作者的权益，防止他们的作品被非法复制或传播。这个领域与许多其他学科有着密切的关系。

（一）数字版权法与法学

数字版权法是法学的一个分支学科，是著作权法、民法、刑法等学科的结合体。在数字化时代，著作权法面临了前所未有的挑战，尤其是对于复制和传播的影响，这给数字版权保护带来了困扰。数字版权保护的核心问题是如何平衡创作者的权益和公众的使用需求。法学界需要探究出一种新型的版权保护机制。

（二）数字版权法与计算机科学

数字版权法与计算机科学紧密相关，其一，计算机信息技术是推动数字版权发展的关键技术力量，没有计算机信息技术，就没有数字经济，也就没有数字版权法。数字版权的创作和传播都离不开信息技术。其二，涉及到如何使用技术手段保护数字内容。上文也多次强调了运用技术措施对数字版权进行保护。

---

[1] 中国人民大学国家版权贸易基地编，白连永主编：《中国数字版权保护与发展报告2022》，知识产权出版社2022年版，第10页。

第二章 数字阅读版权

本章导读

自国务院印发《"十四五"数字经济发展规划》以来,"加快数字化发展,共建数字化中国"就成为全社会的共识,各类数字化实践迅速展开。[1]数字阅读行业依然保持良好的发展态势,不仅通过技术化手段提高了大众的阅读体验,而且在全方位IP运营的推动下,已经形成生态化产业链,拉动了动漫、音乐、影视、游戏等下游产业的发展并释放出巨大产业价值,对数字经济发展贡献突出。作为数字阅读行业市场的主导力量,网络文学已成为数字阅读行业的重头,2021年我国网络文学市场规模达到358亿元,占数字阅读产业的86.12%左右。同时,网络文学的产品特性使其成为IP产业链的源头,根据腾讯研究院的综合测算,2017年,中国网络文学用户对网络文学改编为影视剧的付费意愿为68%,网络文学改编为网络动漫的付费意愿比例为50%[2]。在数字阅读产业蓬勃发展的盛况下,版权侵权现象频发,亟需著作权法为其保驾护航。

本章立足于数字阅读版权体系,并结合有关司法案例,阐述数字阅读版权的客体和主体,梳理并分析数字阅读版权存在的典型侵权现象。

通过本章学习,主要掌握:①如何判断数字阅读物的作品属性。②数字阅读物的著作归属问题。③目前在数字阅读版权领域主要存在哪些直接侵权和间接侵权现象。

---

[1] 中国人民大学国家版权贸易基地编,白连永主编:《中国数字版权保护与发展报告2022》,知识产权出版社2022年版,第43页。

[2] 孙那:《中美数字内容产业版权政策与法律制度比较》,知识产权出版社2018年版,第29页。

第一节　数字阅读版权客体

一、数字阅读概述

数字阅读主要是指数字化阅读行为，它具有两层含义：一是阅读对象数字化，即将阅读内容数字化形成数字化读物，例如电子书，网络文学读物和数字期刊等；二是阅读方式数字化，即阅读载体与终端不依赖传统纸张呈现而可以在电子屏幕上进行阅读，比如 PC 电脑阅读，移动手机阅读以及专门的阅读器等。

与传统纸质出版物相比，数字化读物具有大容量的存储、高效率的保存、检索精准便捷以及整体成本低廉等优点。在数字阅读领域，读书的轨迹可以被精准完整的记录，并可以进行实时和多维度的分析，此外，还可以实现作者和读者的思维交互，以及读者之间的同频交流和想法共振。数字化让阅读突破时空的限制，让书籍的获取和存储更加方便，从而助力全民阅读和书香中国建设。因此，本章以数字读物的内容呈现为分类标准，将数字读物划分为网络文学读物、数字学位论文、电子图书、数字期刊以及有声读物等。

（一）网络文学读物

网络文学读物的定义可以从多个角度综合认知：首先，网络文学读物是一种新的文学形态，它利用计算机网络来创作和传播。网络不仅仅是文学的媒介，还是文学作品传播和公众接收的方式。其次，网络文学读物应该是在互联网上首次发表的作品，而将印刷文学电子化只属于电子图书的范畴，不能被视为网络文学读物。据此，可以将网络文学读物定义为一种新的文学样式，由大众在电脑上创作，并通过互联网发布，供网络用户欣赏或参与，这种文学形式是随着现代计算机和数字化网络技术的发展而出现的。中国的网络文学已经经历二十余年的蓬勃发展，较为知名的如《斗破苍穹》《星辰变》等网络小说，其发表距今都超过十年。

相比纸媒文学读物，网络文学读物的特征如下：首先，创作和传播更趋于自由灵活。通过数字化媒介，创作作品的步骤得以简化，大众的表达更为自由，并且作品上传到网络，读者不必只依赖于纸质载体的阅读，使得作品的传播也更为灵活。其次，网络文学中的反馈和互动更加便捷。信息网络突破阅读的时空边界，使得读者一定程度上参与到创作。譬如，网络文学通常以连载的形式进行，作者对于剧情的设置和走向势必会考虑到读者的即时反馈，这也是与传统文学最显著的区别。最后，网络文学的商业化特征更为明显。作品在专业的网络文学网站发表，网络文学作品的付费阅读以及全版权运营的模式，使得作品的"变现"更为直观，文学作品商业化成为普遍现象。

（二）电子图书

起初电子图书主要是指数字化的文字内容，即印刷图书的电子化，随着电子阅读器 kindle 的出现，电子图书的概念一分为二，其不仅单指纸质书籍向数字化的载体转变，也指代专门阅读电子书的掌上阅读器，其可以下载和阅读数字化的书籍和杂志，是体积较小且方便携带的阅读设备。本章主要基于数字阅读版权体系进行研究，故"电子图书"的概念是指数字形式出版的图书或纸质图书以数字化形式呈现的作品。

（三）数字期刊

数字期刊又称电子期刊，是在数字时代新出现的一种期刊形式。其投稿、审稿、出版发行都依托于互联网，并且嵌入图片、文字和声音等相互动态结合来呈现给读者，可以进行立体化传播，所以被称为电子期刊。此外，还包括传统的期刊杂志经过数字化转换处理，并融合现代技术检索手段的数字化出版物。

（四）数字学位论文

数字学位论文主要是指学位论文的数字化行为。比较典型的是论文数据库，其是用来存储和管理学术研究论文的电子数据库，通常由大型学术出版机构、图书馆、研究机构、学术搜索引擎等机构维护。国内较常见的如知网、万方数据库等。

（五）有声读物

关于有声读物的概念，目前尚未有权威的界定。有声读物（Audio-books 或 Spokenwords）源自 20 世纪 60 年代的美国，美国有声读物协会对有声读物的定义是"其中包含不低于 51% 的文字内容，复制和包装成盒式磁带、高密度光盘或者单纯数字文件等形式进行销售的录音产品"。[1] 国内学界一般认为有声读物是指依托移动互联网、各式新媒体平台，通过智能手机、平板电脑、电

---

[1] 田莹:《新媒体时代有声读物的发展问题与对策分析》，河南大学 2013 年硕士学位论文。

子阅读器等阅读载体，把人们获取小说、百科知识、新闻资讯等内容的方式由"读"转变为"听"，以满足人们碎片化时间的收听需求。[1] 从生活实践来看，有声读物的主角仍是文字作品，它只是借助数字化技术实现原有文字形式与数字音频之间的转换，以"听觉"来获取内容的一种新的阅读方式。有声阅读更契合新时代读者的阅读习惯，并逐渐成为数字阅读的新一轮发展方向。譬如，喜马拉雅在2020年曾发布"有声图书馆计划"新项目，宣布与26家出版机构达成战略合作，协同开发有声出版物，由此，出版机构有机会吸引更多的读者流量，探索新的盈利方式，而喜马拉雅计划通过这一项目来加速其版权的布局，并推动文化IP的多样化开发。

二、数字阅读物的作品属性

（一）视觉数字阅读物的作品属性

视觉数字阅读物即网络文学读物、电子图书、数字期刊和论文等直接通过视觉获取内容的电子读物。视觉数字阅读物是否受著作权法保护，要依据著作权法"作品"的构成要件来考察，即作品需要满足以下要件：其一，作品须为人类的智力成果。其二，作品须是可被感知的外在表达。其三，作品须是文学、艺术或科学领域内的成果。其四，必须具有独创性。[2] 其中，是否具备独创性是认定作品的关键。

一般而言，视觉数字阅读物属于著作权法上的文字作品，即小说、诗词、散文、论文等以文字形式表现的作品。科技日新月异，数字阅读物创作方式和阅读途径在不断发展，新型的数字化读物是否构成作品以及属于何种作品需要结合具体实践进行个案判断。

【理论探讨】

ChatGPT写出来的论文是不是著作权法中的作品？

ChatGPT（全名：Chat Generative Pre-trained Transformer），是OpenAI研发的一款聊天机器人程序，于2022年11月30日发布。ChatGPT是人工

---

[1] 韩雨潇：《网络时代有声读物版权保护的新思路》，载《出版广角》2017年第15期。
[2] 王迁：《著作权法（第二版）》，中国人民大学出版社2023年版，第20~25页。

智能技术驱动的自然语言处理工具，它能够基于在预训练阶段所见的模式和统计规律，来生成回答，还能根据聊天的上下文进行互动，真正像人类一样来聊天交流，甚至能完成撰写邮件、视频脚本、文案、翻译、代码、论文等任务。[1]因为其强大的功能，一经开放便在网络爆火，世界各地的用户通过它检索资源、询问答案，学生使用ChatGPT帮助撰写论文、生成代码、完成作业更为普遍，那么，ChatGPT生成作品是否应当被赋予著作权？

目前学界尚未有定论，且存在较大分歧：其一，反对者认为，ChatGPT生成的作品并非人的创作成果，不可能受到版权法的激励，此类观点认为著作权法须为人类的智力成果，以ChatGPT为代表的生成式AI内容并非人的创造成果，故而不属于著作权法意义上的作品。不过现实中存在利用ChatGPT让学术论文锦上添花、得到"人机结合"的文章的现象，此类学术论文的作品属性如何界定？是否界定为学术造假和抄袭？ChatGPT又是否可以被列为合作作者？其二，赞成者认为，ChatGPT与过去传统人工智能的一个主要区别在于其接受了基于人类反馈的强化学习即RLHF（Reinforcement Learning from Human Feedback）训练。这使得ChatGPT生成的内容融合了人类的主观偏好，体现了人类智慧成果。[2]因此，可以将ChatGPT为代表的生成式AI内容视为著作权法意义上的作品。

当前，我国相关法律中尚无关于人工智能写作是否可以赋予著作权的说明，未来，以ChatGPT为代表的人工智能将会持续进化，其在文学艺术领域的生成物也将呈现井喷式增长，势必会对现行的著作权法带来冲击。目前实践中对AI生成内容是否构成作品给出了司法实务方面的答案：AI生成内容如若具备独创性，具有作品属性，便属于著作权法保护范围。但是人工智能并没有独属于其自身的思想意识，可以说是人类创造作品的辅助工具，因此，著作权人当然不是该人工智能，一般是将著作权归属于使用人工智能的主体。

---

[1]《ChatGPT》，载百度百科，https://baike.baidu.com/item/ChatGPT/62446358，最后访问日期：2023年10月29日。

[2] 丛立先、李泳霖：《生成式AI的作品认定与版权归属——以ChatGPT的作品应用场景为例》，载《山东大学学报（哲学社会科学版）》2023年第4期。

【典型案例】

深圳市腾讯计算机系统有限公司与上海盈讯科技有限公司著作权权属、侵权纠纷、商业贿赂不正当竞争纠纷[1]

时间：2020年
原告：深圳市腾讯计算机系统有限公司
被告：上海盈讯科技有限公司

2018年8月20日，原告在腾讯证券网首次发表标题为《午评：沪指小幅上涨0.11%报2671.93点通信运营、石油开采等板块领涨》的文章（以下简称"涉案文章"），涉案文章末尾注明：本文由腾讯机器人Dreamwriter自动撰写。被告在该文章发表当日复制涉案文章，未经授权许可通过其经营的"网贷之家"网站向公众传播。经比对，该文章与原告在本案中主张权利的涉案文章的标题和内容完全一致。

法院认为：本案为侵害著作权及不正当竞争纠纷，涉及的争议焦点之一便是涉案文章是否为文字作品。法院经审理认为：涉案文章为文字作品。从涉案文章的外在表现形式来看，涉案文章由原告主创团队人员运用Dreamwriter软件生成，其外在表现符合文字作品的形式要求，其表现的内容体现出对当日上午相关股市信息、数据的选择、分析、判断，文章结构合理、表达逻辑清晰，具有一定的独创性；从涉案文章的生成过程来分析，如果仅将Dreamwriter软件自动生成涉案文章的这两分钟时间视为创作过程，确实没有人的参与，仅仅是计算机软件运行既定的规则、算法和模板的结果，但Dreamwriter软件的自动运行并非无缘无故或具有自我意识，其自动运行的方式体现了原告的选择，该文章的表现形式是由原告主创团队相关人员个性化的安排与选择所决定的，其表现形式并非唯一，具有一定的独创性。因此，该文章的特定表现形式及其源于创作者个性化的选择与安排，并由Dreamwriter软件在技术上"生成"的创作过程均满足著作权法对文字作品的保护条件。

---

[1] 参见广东省深圳市南山区人民法院（2019）粤0305民初14010号民事判决书。

【理论探讨】

数据库是不是作品？

数据库可以被视为一种通过选择特定内容和设计特定结构，在计算机系统中存储和检索数据的信息集合，是存储数据的仓库，具有较大的信息承载能力。著作权法对汇编作品的认定是：汇编若干作品、作品的片段或者不构成作品的数据或者其他材料，对其内容的选择或者编排体现独创性的作品。[1]可见，数据库和汇编作品一定程度上都是信息集合体，但是如若将数据库归入汇编作品予以著作权保护，其首先必须符合著作权法关于作品的条件，有独创性的数据库则有可能构成汇编作品。

现实中存在一些专业性强且具有较大的实用价值和商业价值的非独创性数据库，不适用著作权法保护。非独创性数据库往往是按照时间、笔画或其他常见的顺序对数据进行排序所形成的。数据库生成过程中，数据库制作者并没有进行智力创新和展现个人特色，没有体现独创性。因此，不能通过著作权的方式对缺乏独创性的数据库进行保护。数字阅读领域中，典型的非独创性数据库即知网期刊论文数据库，其收纳繁多期刊发表的文章和硕博论文，通过数字化的再现供大众搜索下载，但是其对文章的选材和排列都没有独创性。同时，其分类方式与结构编排也都缺乏最基本的独创性，因此，知网等类数据库并不构成汇编作品。目前，国际社会上对非具有独创性的数据库保护模式，主要包含以下三种类型：一是以欧盟为代表的设置"特殊权利"保护模式，二是以美国为代表的通过"反不正当竞争法"保护模式，三是以德国为代表的利用"邻接权"制度保护模式。我国司法实践中，对非独创性数据库主要是运用反不正当竞争法予以保护，构成不正当竞争应予以惩戒。[2]

---

[1] 见《中华人民共和国著作权法》第15条。
[2] 刘昕凯：《非独创性数据库法律保护模式的国际比较及我国应对》，载《上海法学研究》集刊2023年第3卷。

【典型案例】

佛山鼎容软件科技有限公司、济南白兔信息有限公司著作权权属、侵权纠纷[1]

时间：2017 年
原告：济南白兔信息有限公司
被告：佛山鼎容软件科技有限公司

本案中，原告利用国家商标总局的商标公告资料，汇编整合了一个商标信息数据库，并设计了一个查询软件，提供有偿的用户查询服务，并销售查询系统给外部用户。原告称被告盗用了他们的数据库，并以盈利为目的进行使用，但被告辩称他们获取的数据库信息来源于商标总局公告，并且原告对该数据没有著作权。

法院认为本案的首要争议焦点即在于原告的数据库能否作为汇编作品受到著作权保护。对此，一审法院认为数据库所汇编的内容为国家商标总局《商标公告》所公告的信息，如果原告对这些信息进行了有独创性的选择或者编排，那么经过选择或者编排后所形成的作品作为一个整体可以作为汇编作品获得著作权法保护。根据庭审原告的演示，原告对商标总局每一期《商标公告》里面的每条公告信息，进行拆分和人工识别，按照商标公告期号、变动公告期号、商标注册号、商标中文、商标英文、商标拼音、商标字头、商标数字、申请日期、注册日期、申请人、申请人地址、代理机构等等 48 个项目顺序，人工编排、录入。使用者通过软件可以按照"注册号、注册人、注册地址、使用商品、代理组织、公告期号、备注信息、驰名商标、证明集体特殊"的分类方式或者"待审中、已初审、已注册、已驳回、已销户、在结果中搜索"这种分类进行查询，故一审法院认定原告开发的数据库中对商标信息的编排方式、分类方式具有一定的独创性。

因此，原告通过自己的整理收集，将商标公告信息加以汇编制作成商标信息数据库，具有独创性的选择和编排，制作而成的数据库符合汇编作品特性，属于具有独创性的数据库，可以被著作权法保护。

---

[1] 参见广东省佛山市中级人民法院（2016）粤 06 民终 9055 号二审民事判决书。

（二）有声读物的作品属性

有声读物的作品属性要根据实践中其具体生成方式来分析，目前主要存在"复制说""表演说"及"改编演绎说"三种观点。[1]在现实情况中，目前有声读物主要可以分为三种类型：

第一种是机器转换型。利用 TTS 阅读器等数字化技术将文字转化成音频，表现为在实际应用中，某些有声读物经营者因未获得文字作品著作权人的授权，而企图通过不展示文字，只利用 TTS 技术向用户提供有声读物服务以避免侵权。但是，该技术的前提需要将文字转化成按照文字顺序排列的音频，并植入到软件或服务器中。因此，这种行为所产生的有声读物只是文字的复制品，不是著作权法中具有独创性的作品。

第二种是通过人工朗读来实现。通过使用人声将文字作品朗读出来，然后将其录制成音频，且不对其进行任何添加。尽管用户体验可能与第一种情况相似，然而，由于人的参与，制作者的表演活动引发了显著的改变，可能存在一些创造性元素，但并不足以构成一部作品，因此可以被视为原作的录音制品，法律可以赋予录音制作者邻接权予以保护。

第三种是广播剧型的表现方式。其与前两种截然不同，主要是对于文本作品进行适度修改，并在进行表演性朗读时增加背景音乐等元素，然后将其录制为音频。在这种情况下，制作者融入了自己对文字作品的理解和创造力，赋予更多独特元素，从而修改原作并创作出新的剧本，这样的新剧本可以被视为改编作品。

三、数字阅读版权与纸媒阅读版权的区别

（一）版权权利内容关注点发生变化

第一，数字环境下复制权和信息网络传播权尤为重要。传统纸媒时代，文学作品著作权人的获利点在于通过销售书籍获得收入，作者一般可与出版社协商，单独或一并授予其发行权、复制权，故而发行权对于作者来说是非常重要的。进入数字阅读时代，譬如网络文学作品的发表，往往转变为由作者与平台签订协议，作品直接在平台上传发表。由于互联网时代所采用的复制技术有别

---

[1] 严永和、马若昀：《论有声读物的法律属性与侵权判定》，载《西部法学评论》2021年第2期。

于传统的机械复制，作品一经数据的形式进行传输、上传，复制行为和发行即为同时完成。作品产生和传播都是在网络进行，众多的盗版侵权也凭借网络肆虐，主要表现为侵犯著作权人的信息网络传播权。

第二，数字阅读作品的全版权运营使得著作权人的改编权、保持作品完整权如何有效保护成为重点工作。随着越来越多的网络文学作品被改编成影视剧，在热播的同时，电影票房、电视收视率、网络播放量和小说销量都创下了新的纪录。例如《步步惊心》《琅琊榜》《花千骨》等都是根据热门网络 IP 改编而成的影视作品。数字化技术打通了各种媒体界限，电视剧的火爆带动相关实体书籍、电影、游戏、动漫和有声读物的发展，构建了一个多层次、可循环的媒介生态系统。这种新的生产方式被称为全版权运营模式。全版权运营涉及众多文化产业，可以充分发挥作品资源的最大效益，在流转运营过程中如何更有效的保护著作权人的改编权和保护作品完整权也值得探索。

（二）版权治理环境面临新挑战

数字阅读时代，版权治理面临的挑战，一方面体现在著作权法原有的利益平衡被打破，另一方面体现在既有的著作权授权模式存有局限。

著作权法上的利益平衡指的是著作权人与使用人之间、个人与社会之间符合公平价值理念。具体而言，数字技术的革新使现有的著作权法所体现的利益平衡机制不断地受到冲击与挑战，传统的权利人与使用者之间以及权利人的利益与公共利益之间的利益失衡，使数字出版新业态兴起之后一直处于"失衡边缘"。[1]与纸媒阅读时代相比，数字阅读时代对于作者的创作和传播更趋于自由灵活，但是技术的革新一定程度上也削弱了著作权人防止侵权的能力，同样，对于作品的用户而言，获取信息的途径增多，但是技术措施的大范围适用，获取信息的成本也相应增高。居于中间地位的数字阅读平台因为其强势的地位，获取用户的利益和与著作权人"共享收益"，但却在承担风险时往往存在"责任缺位"。

著作权的授权主要包括著作权的许可和转让，传统纸媒阅读时代，往往采用自愿签订合同的方式，进入数字时代，如果对于他人数字阅读作品的使用需

---

[1] 孜里米拉·艾尼瓦尔：《聚焦"5G+智能"时代：数字出版著作权法治理困境及应对》，载《科技与法律（中英文）》2022 年第 2 期。

要一对一的授权,就明显效率不足。此外,相较于纸质阅读时代,数字阅读时代平台有更大的参与度,在地位上也不同于传统的出版商,譬如网络文学作品创作过程中,作者与平台之间的签约,平台一度成为作品的著作权人,签约协议也是属于著作权授权领域,其运行和规制也是数字阅读版权值得关注的。由此,目前亟需设计出更加便捷高效的著作权授权许可制度,一方面有利于数字环境下作品的分享、传播以丰富社会文化储备;另一方面有利于鼓励更多的社会公众进行内容创新。[1]

第二节　数字阅读版权主体

著作权的主体即著作权人,对作品享有著作权的人。数字化背景下,虽然阅读对象和阅读方式有了重大革新,但是"著作权主体"这一概念却是与传统纸媒时代一脉相承的。目前可以获得著作权人身份的途径主要有三种:一是通过创作作品;二是依据法律规定和合同约定原始取得;三是通过继承、遗赠或合同转让继受取得。对待数字阅读作品的著作权人,可以从以下角度认知:

一、作者

(一)自然人作者

我国《著作权法》第 11 条第 2 款规定:"创作作品的自然人是作者。"除了法律特别规定或合同特别约定的情形,创作作品的自然人就是作品的著作权人。在数字阅读领域,比较典型的如网络文学作品和数字学位论文的创作主体多是自然人。

首先,从年龄和行为能力的角度来看,无论是成年人还是未成年人,无论是完全具备行为能力的人还是行为能力受限的人,只要他们具备创作能力,并且有作品问世,他们都可以成为作者,并且他们有权依法拥有自己创作的作品的著作权。其次,只有进行创作才能成为作者。这里的"创作"是指实际从事了创作,如果是组织他人创作、提供物质条件或者承担资料收集和其他辅助工作的人都不是真正意义上的作者。比如,将书籍进行数字化行为的个人或者组

---

[1] 孜里米拉·艾尼瓦尔:《聚焦"5G+智能"时代:数字出版著作权法治理困境及应对》,载《科技与法律(中英文)》2022 年第 2 期。

织不是作者,数字化作品的著作权是仍由作品的作者享有,参与数字化过程的人仅是将机械地将自然语言转换为机器语言,不具有创造性,即不产生新作品,数字化行为还需要得到作者的授权,否则就构成侵权行为。

（二）法人作者

我国《著作权法》第11条第3款规定:"由法人或者非法人组织主持,代表法人或者非法人组织意志创作,并由法人或者非法人组织承担责任的作品,法人或者非法人组织视为作者。"以这种方式创作的作品被称为"法人作品",法人或者非法人组织既然被视为作者,享有作品的著作人身权和著作财产权。文字作品领域,如各级的政府工作报告,集中体现了国家机关的集体意志,由国家机关以其名义对外发布,并由国家机关承担作品发布使用的责任,应当认定为法人作品,典型的如《知识产权强国建设纲要》就是法人作品。

（三）署名推定原则

《著作权法》第12条规定:"在作品上署名的自然人、法人或者非法人组织为作者,且该作品上存在相应权利,但有相反证明的除外。"由此可知,一般情况下,署名作为初步证据以证明著作权归属,被控侵权人需要提出相反证据才能推翻主张,这一规则即著作权归属认定的基本规则。署名推定规则符合社会一般认知,因为创作行为本身并不具有公开性,署名推定规则和与之相应的反证规则的规定,使这一规则可以达到相对平衡。当然,署名推定规则首先强调的是对作者身份的推定,逻辑思路大致是:"署名—作者身份—权利归属",但是作者如已将著作权转让于他人,虽然该作品上署名的人仍然是该作者,但是作者并不当然享有著作权。[1]

【理论探讨】

数字环境下的署名推定规则的适用

立法中对于署名推定规则的规定存在差异,这导致法院在审判中对于法律适用的选择不一致,这是造成署名推定原则误读的根源。立法对于署名推定规则的划分主要可以分为两种情况:一种是将署名归属于作者,这一情况主要体现在现行的《著作权法》第11条第1款中;另一种是将署

---

[1] 李自柱:《著作权归属认定的一般规则》,载《中国出版》2020年第13期。

名归属于权利人,这一情况主要体现在与著作权相关的司法解释、法院制定的审理指南以及《中美第一阶段贸易协定》中。[1]因此实践中对署名推定原则的适用容易出现机械解读,从而容易被误读为以作品署名或者版权标注直接推定为著作权人,即造成了"署名—著作权"的认定模式,而实现了"署名—作者身份—著作权人"认定的逻辑跳跃。

在作者和著作权人是同一人的情况下,机械适用的署名推定规则并没有任何问题存在。但是在市场经济中,作者和著作权人的身份通常是分离的,时过境迁,数字化技术更加速了署名推定原则异化。因为传统纸媒时代,"冒充"、"篡改"他人署名需要高昂的成本。而数字化时代,网络技术可以使得侵权者收集海量的数字作品,任意批量添加、修改署名以进行所谓的"版权管理和运营",此时机械适用署名推定规则的直接结果便是权属证明的"虚无",为"版权蟑螂"提供了繁殖的土壤,导致"版权蟑螂"的恶意维权大行其道。[2]"版权蟑螂"是指权利人基于原始取得或继受取得的作品著作权,以侵权诉讼或诉讼相要挟的方式进行版权运营,以牟取不正当商业利益的行为。"版权蟑螂"看似合法行使著作权,实则与著作权设权目的相悖,侵蚀了公众接触空间,打破了利益平衡边界,构成了权利滥用。[3]

因此,在使用署名推定规则时,不能忽略对作者身份确认的步骤,必须首先明确是否存在表明作者身份的署名。在假设著作权是由原始取得而产生的情况下,强调作者拥有著作权的结果是默认作者并未转让权利,如果被控侵权人有异议,则需要提供证据证明作者让与了权利。在继受取得作品的情况下,只有通过合同才能获得权利,受让人的署名并不能证明其为作者,也不能假定其拥有权属。

---

[1] 《最高人民法院关于审理著作权民事纠纷案件适用法律若干问题的解释(2020修订)》第7条第2款:"在作品或者制品上署名的自然人、法人或者非法人组织视为著作权、与著作权有关权益的权利人,但有相反证明的除外。"《中美第一阶段经贸协议》第1.29条规定了在无相反证据的情况下,以通常方式署名显示作品的作者等人就是该作品的著作权人或相关权利人,且权利存在于上述作品中。

[2] 林威:《数字化时代著作权署名推定规则的误读与纠正》,载《出版发行研究》2022年第8期。

[3] 郭亮、崔蕊麟:《"版权蟑螂"的性质界定及著作权法规制》,载《中国政法大学学报》2023年第1期。

二、数字阅读平台

（一）数字阅读平台类别

目前数字阅读平台主要有以下划分：一是专业性文学网站、论坛等所创建的多边数字阅读平台。此类平台由一些发表文字的社区网站开端，如榕树下、晋江、起点、红袖添香等，是国内数字阅读行业内最早的运营者之一。二是由电商企业所创建的多边数字阅读平台。此类平台通常具备极强的交易性，是由电商企业在产业链中的延伸而开拓的平台运营模式，其依赖广泛的线上销售渠道，拥有较为充沛的互补品，例如亚马逊阅读平台 AmazonKindle 在线商店等。三是由互联网平台所创建的多边数字阅读平台。此类平台拥有巨大的网络流量，例如七猫小说、QQ阅读、掌阅、番茄小说等，依托腾讯、百度、字节跳动等互联网巨头的流量导入，用户流和口碑能在较短时间内迅速完成。四是由通信运营商创建的多边数字阅读平台。如咪咕阅读、天翼阅读等，具备一定程度的先发优势，能够整合电信运营商的技术优势和流量优势等相关资源。[1]

（二）数字阅读平台著作权授权合同

数字阅读平台通过与作者签订独家授权格式合同获取著作权。在互联网环境下，信息的复制和传播方式发生着巨大的变化。面对海量的作品和使用者，传统的协商授权许可、著作权集体管理组织授权许可等方式已不能满足网络作品授权需要。于是，版权许可格式合同顺势而生，它契合了互联网环境下版权市场主体变更的发展趋势，可以弥补集体管理组织版权许可方式的不足，提高版权授权效率，解决协同创作作品的传播问题。[2]

在数字时代背景下探讨数字阅读领域的著作权归属，可以最典型的网络文学平台和作者之间的关系为例，网文平台会与作者签订独家授权合同，合同的签订主要是通过互联网进行的，这就是与传统的版权授权合同明显不同的一点。网文平台与作者签订的协议可以具象为两种签约模式：一种是"签书"模式，比如阅文集团旗下的起点中文网，另一种是"签人"模式，比如

---

[1] 范文婷、张志强：《多边数字阅读平台：概念、分类与多维属性》，载《现代出版》2023年第2期。

[2] 贾引狮、林秀芹：《互联网环境下版权许可格式合同的兴起与应对》，载《大连理工大学学报（社会科学版）》2019年第6期。

晋江文学网。不同的签约方式会产生不同的权利义务关系。"签书"模式是指网文平台与作者的某一具体作品签约，内容上包括独家首发许可、专有许可以及版权转让；"签人"模式指网文平台与作者签约，主要包括代理合同与职务作品两类。从合同的主要内容来看，代理合同约定著作权人将其作品的部分著作财产权独家、排他授予网文平台独家代理与签约，因此具有代理的性质。总之，目前通过授权协议约定著作权归属是大多数网文平台采取的商业模式。[1] 但是该种商业模式也并非完美无瑕，因平台的优势地位，其会承担更多责任从而有利于打击盗版侵权行为，但是另一方面也造成了对作者权益的损害。进一步说，网络文学出版平台是连接上游作者和下游读者的"中介"，但近年来网络文学出版平台逐渐改变了其中立特性，出现"异化"现象，变成内容生产者（作者）的选拔平台。平台"异化"对整个产业链产生诸多不利影响，包括上游作者权益受损、中游平台IP运营价值泡沫化，以及下游市场读者审美幼稚化媚俗化。主要原因是网络文学市场的垄断与网络文学作者保护机制的缺失。[2]

【典型案例】

阅文集团著作权授权合同风波[3]

2020年5月5日，除了在阅文平台上，许多网络作家在微博、知乎等平台上发起了"55断更节"，以表达对阅文霸王合同的不满和抗议。起因系阅文集团2019年启用的与该平台签约的网文作家订立的《文学作品独家授权协议》引发了争议，有人称其形同于"卖身契"。之后，阅文集团发布声明并保证会修订不合理的条款。最终，在6月3日推出了"单本可选新合同"，对之前合同中不合适的地方进行了修改，明确了作者的人身权属于作者自身，财产权可以由作者自主选择，同时双方共享权责和利润。风波渐息，争议条款的冲突却未止，根据著作权法的规定，从著作权

---

[1] 王优：《网文平台独家授权格式合同的著作权法规制》，西北政法大学2021年硕士学位论文。
[2] 李明霞、段嘉乐：《平台经济视角下网络文学出版平台"异化"现象研究》，载《中国编辑》2020年第11期。
[3] 天津日报：《从"阅文事件"看著作权保护》，载中国经济网，http://www.ce.cn/culture/gd/202005/14/t20200514_34906839.shtml，最后访问日期：2023年10月29日。

法的角度来看，阅文原有合同条款是否违反相关法律规定。

首先，对阅文集团合同的性质进行分析。根据《文学作品独家授权协议》的标题可以推断该合同是一份著作权授权许可合同，主要涉及文学作品的独家授权事宜。再看相关条款，合同1.1条即约定了"根据《中华人民共和国著作权法》第10条第1款、第2款由乙方将协议作品不可撤销地独占许可给甲方自行使用或转许可第三方使用，而排除乙方自行或者再行许可、转让给任何第三方使用。"因此该合同属于著作权独占授权许可合同。

其次，对阅文集团合同的效力进行探讨。从现阶段网络曝光的合同条款来看，网文作者对阅文集团作出了极大的授权，包括用作者名义开设微博、无偿使用乙方肖像等，点击广告等代替付费购买模式等。对于作品的财产权，授权内容包括电子版权、翻译权、影视动画游戏改编权、同人作品改编权、衍生品开发权等，并且都是独家授权。授权期限是独家授权期限签署之日到协议作品著作财产权保护期满之日止。《著作权法》第10条的本质在于著作权人让渡一部分财产权利从而获得报酬。著作权人授权的部分权益应当是在双方自愿、平等协商的前提下，如著作权人认可，法律会尊重当事人的意思自治。但是实践中不能排除阅文集团利用自身优势，比如商业地位、对法律的理解等，形成显失公平的条款。

最后，着眼于合同条款中关于著作权人权利的保护。一方面，我国《著作权法》规定著作人身权，即发表权、署名权、修改权、保护作品完整权等人身权属于法定不可转让的权利。因此即便合同约定，上述依法不可转让的人身权关于转让的条款约定也是无效的。另一方面，对于著作权的保护期限，《著作权法》规定的为著作权人终生及其死亡后的五十年。阅文集团与网文作者签订的合同中约定"本协议独家授权期限自签署之日起至协议作品著作财产权保护期满之日止"，这也是网上颇受争议的一个条款，被网友斥责为"延续到死后五十年的卖身契"。

实际上，在我国目前还没有明确的法律规定内容平台方与创作者之间的著作权权益归属，通常情况下都是通过双方协商达成共识。著作权转让合同和许可使用合同在《著作权法》第三章里有明确的规定。第26条第2

款规定，许可使用合同包括下列主要内容：许可使用的权利种类；许可使用的权利是专有使用权或者非专有使用权；许可使用的地域范围、期间；付酬标准和办法；违约责任；双方认为需要约定的其他内容。第27条提到，著作权转让应当订立书面合同。权利转让合同包括下列主要内容：作品的名称；转让的权利种类、地域范围；转让价金；交付转让价金的日期和方式；违约责任；双方认为需要约定的其他内容。结合有关实践具体来看，《著作权法》关于著作权许可合同和转让合同的规定，稍显僵化，比较难以适应文化产业的实践需求。例如，《著作权法》关于许可使用合同的规定明显欠缺的内容包括：其一，许可使用作品的具体方式。同一项权利也可能包含不同的作品使用方式，例如发行权可能包含传统发行和网络发行。其二，著作人身权对被许可使用权利的限制范围。保护作品完整权和修改权侵权纠纷近年来陆续出现，凸显了在许可合同中提前作出相关约定的必要性。其三，非报酬形式对价的可行性。其四，衍生成果的权利归属和收益分配。[1]《著作权法》关于版权转让合同的规定也面临着以下问题：其一，在著作财产权转让后，作者的著作人身权可能会构成对受让人权利行使的不当限制。其二，没有明确可以采用非金钱形式的合同对价。其三，没有规定"一作多卖"情形下版权的善意取得和版权人的法律责任。其四，没有对未来作品的可转让性以及转让方完成作品的义务做出明确规定。[2]因此，为更好契合数字时代版权合同发展，应对法律和相关司法解释进行完善，有学者提出可以通过构建著作权合同公示制度对网络文学平台和著作权合同的相关内容进行监督，制定我国的版权终止与撤回制度使作者可以公平获得其作品后续递增的收益，重视对作品改编权的明确约定和作品完整性的保护，从而优化网络文学作品著作权合同。[3]同时，还可以鼓励著作权集体管理组织、行业协会和地方版权协会不断拟订和更新多

---

[1] 李宗辉:《网络时代版权合同关系的法律重构》，载《出版发行研究》2021年第8期。
[2] 冯晓青:《我国著作权合同制度及其完善研究——以我国〈著作权法〉第三次修改为视角》，载《法学杂志》2013年第8期。
[3] 杨非、吕自愉、刘超:《网络文学作品全版权运营中的合同优化研究》，载《科技与出版》2021年第10期。

种版权合同的范本，供版权交易主体参照应用。[1]网络文艺充满活力，发展潜力巨大，通过签订版权格式合同实现收益分配不仅发生在网络文学平台，还发生在视频直播等各种平台上。作品全版权运营大热的当下，清晰的版权归属和利益平衡是不可或缺的。

三、数字阅读作品版权登记制度

我国采取著作权自动取得制度，作品一经创作，著作权自动产生。同时我国也规定了版权登记制度，依据著作权法第12条第2款规定："作者等著作权人可以向著作权主管部门认定的登记机构办理作品登记。"登记只是作为版权归属的初步证明。目前数字化时代侵权泛滥的环境下，构建科学合理且有司法效力的版权登记制度，有利于数字阅读版权的治理，因此，数字版权登记值得推崇。

数字作品的版权信息可以通过在特定机构或平台上登记，以确保作品的版权得到保护和维护。通常情况下，数字版权登记是由权利人或其代理人主动向相关机构提出申请并办理完成的。在数字版权登记的过程中，版权人必须将作品进行数字化，并向相关机构提交身份证明、作品样本以及作品权属证明等文件。机构可以通过使用区块链技术来为作品生成独特且无法篡改的数字凭证，以标识和描述数字网络环境下著作权人和与著作权有关的权利人之间的版权归属关系，并与作品一一对应，并向登记人发放电子版作品登记证书，该证书由国家版权局统一监制并由省级版权局签章。

数字版权登记与传统版权登记的区别：其一，登记成本不同。传统的版权登记耗时周期长、流程繁琐，数字版权可以让申请者快速获得数字版权证书，从而帮助原创者在第一时间拿到权属证明。其二，登记流程不同。数字版权登记通常需要通过数字化的方式进行认证；而传统版权登记则通常通过实物存档方式进行认证。其三，登记效率不同。传统版权登记需要进行线下登记，无法对无效登记和重复登记进行有效筛查和管理；数字版权登记实现发布即存证，确权较快，还可以运用数字技术实现无效登记和重复登记的有

---

[1] 李宗辉：《网络时代版权合同关系的法律重构》，载《出版发行研究》2021年第8期。

效筛查和处理。

第三节 数字阅读版权侵权及救济

一、侵权类型

伴随着数字阅读产业的蓬勃发展，诸多版权纠纷也相应而生，盛况之下已然暗流涌动，在新技术冲击下衍生出更多新型版权保护问题。对于数字阅读的侵权类型仍可以从直接侵权和间接侵权两个角度探析。直接侵犯著作权指他人未经著作权人许可，以复制、发行、演绎、表演、展览等方式直接利用有关的作品。间接侵犯著作权则是指虽然没有直接侵犯他人的著作权，但由于协助了他人的侵权行为，或者由于与侵权人之间存在某种特殊的关系，应当来承担一定的侵权责任的行为。[1]长期以来，著作权法的关注焦点一直是直接侵权行为，但随着数字时代的到来，越来越多的匿名个人用户通过网络非法传播作品、表演和录音录像制品。在无法确定大量直接侵权者身份且难以追踪的情况下，可以考虑通过追究网络服务提供者的间接侵权责任，以促使他们与著作权人紧密合作，加强管理，从而减少和预防侵权行为的发生。例如，某作家发现有人在网站上未经授权上传了本人的著作权作品，他可以直接通知网站予以删除，如果网站没有及时处理该侵权文档，就可以追究网站的赔偿责任。从始至终这位作家都不必亲自找到上传此文档的始作俑者，这显然可以大大降低其维权难度——这就是著作权法在数字时代需要强调间接侵权责任的意义。[2]

（一）直接侵权

1. 直接搬运他人作品侵权

传统的作品复制依托于物理载体，有形物质载体的存在使得没收和销毁复制品成为可能。这些特点在一定程度上限制了复制行为的发生，但网络文学的

---

[1] 马瑞洁：《从"直接侵权"到"间接侵权"——数字时代著作权保护的新平衡》，载《出版广角》2013第21期。

[2] 马瑞洁：《从"直接侵权"到"间接侵权"——数字时代著作权保护的新平衡》，载《出版广角》2013第21期。

传播完全不受此限制，从而使得网络文学的盗版现象尤为突出。[1]网文的盗版方式分两类：人工手打和自动化批量盗取。前者高度依赖人工，呈现出"散点多发"的态势；后者借助爬虫、OCR识图等手段批量、快速地对文字内容进行复制，给内容保护带来巨大压力。

【典型案例】

"笔趣阁小说网"经营者侵犯著作权罪案

2017年以来，被告人李某某以营利为目的，在互联网上建立"笔趣阁"网站（域名为www.bequge.com），租赁服务器、使用自动采集器大量复制他人享有著作权的文字作品供读者阅读，并通过在该网站刊登广告的形式收费牟利。至案发，被告人李某某通过上述方式发行上海某公司拥有独家信息网络转播权的作品3600部，非法经营额达20万余元。2018年8月份以来，被告人刘某某在明知李某某未经著作权人许可复制其文字作品并在"笔趣阁"网站发行的情况下，仍为该网站提供出租服务器、网站维护防御、架设采集通道等技术支持，参与非法经营数额达10万余元。经鉴定，从"笔趣阁"小说网上下载的3600部小说作品与同名权利作品存在实质性相似。

法院经审理认为：被告人李某某以营利为目的，未经著作权人许可，复制发行大量他人文字作品，情节特别严重，其行为触犯了《中华人民共和国刑法》第217条的规定，构成侵犯著作权罪。被告人刘某某在明知被告人李剑雄非法经营侵权销售网站的情况下，仍为其提供技术服务，并谋取非法利益，情节严重。其和被告人李某某的行为符合《中华人民共和国刑法》第25条的规定，系共同犯罪，亦构成侵犯著作权罪。

盗版小说网站的危害有很多，主要表现为两个方面：一方面，盗版小说网站损害了正常的网文利益链。这些盗版网站非法搬运网络小说，最先受到冲击的肯定是作者的权益。另一方面，盗版小说网站将原属于原创网站的一批读者分流过来，严重威胁到了原创网站乃至整个网文行业的利益。盗版小说网站侵权的形式主要有两种，第一种即直接侵权，盗版小说网站

---

[1] 何培育、马雅鑫：《网络文学全产业链开发中的版权保护问题研究》，载《出版广角》2018年第21期。

未经著作权人许可复制并通过信息网络向公众传播其作品，实质上构成侵权行为，属于直接侵权。应当根据具体情况承担相应的民事责任，构成犯罪的，还要追究其刑事责任，譬如本案的笔趣阁等盗版网站的经营者已经构成侵害著作权罪。第二种侵权即间接侵权，百度、UC等搜索引擎存在着间接侵权情况，即为用户上传侵权作品或其他使用侵权作品的方式提供帮助，实施帮助侵权行为。[1]

2. 洗稿、融梗式侵权

数字环境下网络小说抄袭主要呈现为以洗稿的方式逃避侵权打击。在金句频出的互联网时代，文学作品抄袭现象已不再局限于"直接搬运式侵权"即文字表达内容的字面相似，"洗稿、融梗式侵权"大行其道，一些作者在网络文学创作过程中汇集各方创意并将其落到具体表达层面，通过转换句式，改变叙事风格等方式，同时避开成段的重复文字表达，使得侵权手段更为隐蔽、广泛。因此，新型抄袭形态下的作品实质性相似的判断尤为重要。

【典型案例】

天津字节跳动网络有限公司诉天津启阅科技有限公司、北京创阅科技有限公司著作权侵权案[2]

时间：2021年
原告：天津字节跳动网络科技有限公司、海南字节跳动科技有限公司
被告：天津启阅科技有限公司、北京创阅科技有限公司

原告主张：天津字节公司等经授权享有涉案作品的著作权及维权权利。被告在其运营的"飞卢小说"App和"飞卢小说网"上传播的《大明：我皇孙身份被曝光了》构成对涉案作品的抄袭，严重侵害了原告就涉案作品所享有的著作权。

---

[1] 彭桂兵：《网络文学版权保护：侵权形态与司法认定——兼评近期的几个案例》，载《出版科学》2018年第4期。
[2] 参见天津市第三中级人民法院（2021）津03民初4293号民事判决书。

被告抗辩：①被诉侵权作品《大明：我皇孙身份被曝光了》系由作者倚楼听雪1（笔名）独立创作；被诉侵权作品与涉案权利作品均属于明朝历史穿越题材小说，被诉侵权作品中的对历史人物和事件的描述不应认定为侵权；②根据原告等提交的比对情况，不存在大篇幅抄袭，不构成著作权法意义上的侵权；③两部作品故事大纲、主线剧情、主要人物设定、写作风格、作者文笔等均有本质区别，不足以引起读者混淆。

法院认为：涉案权利作品改编自明史，并以朱元璋等历史人物为核心虚构了人物、情节，向读者展示了一段虚构的故事。在涉案权利作品中，仅有明史中相关人物名字、历史事件等内容属于公有领域或者有限的表达，其他大量的故事内容、人物设置、人物关系，具体情节发生、发展以及先后顺序均为作者独立创作完成，应属于著作权法保护的表达。被诉侵权作品在故事内容、人物设定、人物关系、情节发展等体现作品独创性方面与涉案权利作品高度近似，同时在具体章节对应内容等方面与涉案权利作品构成相同、实质相同，据此可以认定被诉侵权作品包含了涉案权利作品受著作权法保护的独创性表达，而且上述具体表达数量已经达到了一定数量与比例，足以使公众感知被诉侵作品来源于涉案作品，应认定被诉侵权作品与涉案权利作品构成实质性相似。

本案判决对相同历史题材作品实质性相似的判断具有典型意义，结合文学作品表达及创作特点，对文学作品语句与情节的关系进行了充分梳理分析。首先，案件争议作品为明朝历史穿越题材小说，该案件的关键在于确定包含公有领域元素的作品是否具有独创性。对于基于历史背景的网络文学作品，判断其是在借鉴公有领域作品还是抄袭他人享有著作权的作品，具有重要意义。其次，判决详尽地阐述了如何判断题材相似的小说作品是否存在实质性的相似规则。通过对整体结构、逻辑顺序、作品具体情节、人物关系和人物设置等进行对比，从而判定该作品构成实质性的相似。案件触及著作权法领域的核心难题，对文字作品的实质性相似的认定标准进行了整合归纳，进而得出了结论性观点。这些观点可以在同类案例中被采纳和引用，有利于更好地维护原创和著作权发展。

3.IP 改编中著作权侵权问题

目前，作品的影视改编在众多衍生产业链中发展最为繁荣，网络文学作品与互联网的紧密联系性，使其拥有大量的网民阅读基础，深受影视公司投资方的青睐，故而网络文学作品影视改编存在的著作权问题也更为普遍和典型。我国网络文学作品影视改编的著作权侵权行为主要表现为取得原网络文学作品权利人授权的情况下，以改编权为中心所引发的各类纠纷。譬如，影视剧本魔改所体现的立法规定中概念的抽象化导致改编权与保护作品完整权权利冲突的问题。[1]对网络文学作品进行改编，其作品类型、艺术表现形式等方面会发生变化，由此产生的侵犯作者保护作品完整权的案例也较为常见。保护作品完整权属于著作人身权的范畴，出于对创作者的精神权利之保护和社会文化之发展的需要，强调保护作品完整权极为必要，进行网络文学作品 IP 改编时应重视对作品完整性的保护。

【典型案例】

张牧野与乐视影业（北京）有限公司等著作权权属、侵权纠纷[2]

时间：2016 年。

原告：原告张牧野（笔名：天下霸唱）。

被告：中国电影股份有限公司（以下简称中影公司）、乐视影业有限公司（以下简称乐视公司）等。

原告诉称：基于《鬼吹灯》系列小说的好评和庞大的读者基础，被告将《鬼吹灯（盗墓者的经历）》中的《鬼吹灯之精绝古城》改编拍摄成电影，并于 2015 年 9 月 23 日以《九层妖塔》之名在全国各大影院上线放映。然而，电影内容对原著歪曲、篡改严重，在人物设置、故事情节等方面均与原著差别巨大，侵犯了原告的保护作品完整权。

中影公司辩称：在影片创作中，影片的制片者依法且恰当地行使了原著作品的改编权，不存在对原告保护作品完整权的侵犯等。

---

[1] 刘文琪：《网络文学作品影视改编的著作权保护问题研究》，广西师范大学 2021 年硕士学位论文。
[2] 参见北京市西城区人民法院（2016）京 0102 民初 83 号民事判决书。

乐视公司辩称未侵犯原告的保护作品完整权：①电影拍摄前，投资方已经合法取得相关改编权利，电影和小说都是娱乐性质的作品，对娱乐类作品改编演绎的尺度不宜限定过严，涉案电影的改编基于电影的专业要求，受限于电影的专业标准、表达形式、技术手段、播放时长、行业规范与法律规定的限制，电影必然有较大的改编。涉案电影的改编完全符合娱乐电影的行业习惯与不成文的行业规则，已经被观众所熟悉和接纳。②根据相关法律，侵犯保护作品完整权应当符合下列要素：使作品丑化、贬损；造成作者人格、尊严及声誉受损。二者应当并存才可以认定侵权。原告的小说并未遭到歪曲、篡改，且原告人格尊严、声誉并没有因电影的公映而遭到损害，相反电影的公映传播以及媒体公众的正面评价，大大提升了《鬼吹灯》系列小说其他几部的IP市场价值。③乐视公司主张本案是在合法取得改编权基础上，对保护作品完整权的争议，这与未取得著作财产权下引发的侵权纠纷有本质区别，对本案被告主观注意义务的要求应当远低于上述后一类的案件。

该案较为特殊的一点是"九层妖塔"案中两级法院对侵害保护作品完整权的判断标准存在差异，由此引起了理论界和实务界的普遍关注，根源也在于我国法律对此的规定略为模糊与抽象，因此对于保护作品完整权的侵权行为认定标准呈现出见仁见智的情形，本案中两审法院的争议焦点是适用有违作品的思想标准还是有损作者的声誉标准判定侵权。

一审法院经审理认为：在当事人对著作财产权转让有明确约定、法律对电影作品改编有特殊规定的前提下，司法应当秉持尊重当事人意思自治、尊重创作自由的基本原则，在判断电影《九层妖塔》是否侵犯原告的保护作品完整权时，不能简单依据电影"是否违背作者在原著中表达的原意"这一标准进行判断，也不能根据电影"对原著是否改动、改动多少"进行判断，而是注重从客观效果上进行分析，即要看改编后的电影作品是否损害了原著作者的声誉。本案证据不足以证明原作品作者张牧野社会评价降低、声誉受到损害。因此，一审法院认为张牧野关于其保护作品完整权受侵害的主张不成立。

原告不服一审判决，向北京知产法院提起上诉。北京知产法院经审理认为，作者的名誉、声誉是否受损并不是侵害保护作品完整权的要件。改编权无法涵盖保护作品完整权所保护的利益在获得对原作品改编权的情况下,改编作品所作改动亦应当符合必要限度,如果改动的结果导致作者在原作品中要表达的思想情感被曲解,则这种改动就构成对原作品的歪曲、篡改。本案中,涉案电影的改动是对涉案小说主要人物设定、故事背景等核心表达要素的大幅度改动,对作者在原作品中表达的观点和情感做了本质上的改变,因而构成了对原作品歪曲、篡改。故北京知产法院最终认定中影公司、乐视公司等侵害了张牧野对涉案小说的保护作品完整权。

当前,畅销小说改编成影视剧已成普遍,本案纠纷也显露出影视剧行业在改编作品方面仍面临诸多著作权保护挑战。一审判决认为,对于保护作品完整权所强调的歪曲和篡改,应该重点考虑改编后的作品是否对原作品作者的声誉造成了贬损;而二审判决则否定了这一要件。该案作为影视改编著作权的经典案例,因为其中涉及了许多著作权的学理问题:现行著作权保护作品完整权的侵权认定标准、改编权的必要改动范围的认定、实践中改编权和保护作品完整权的冲突等,因此本案也为我们探索如何理解和适用现行著作权法以保护作品的完整权提供了有益的探索。①有学者在保护作品完整权的侵权标准认定问题上,提出要强化对侵害保护作品完整权进行认定上的客观标准,即从一般公众的视角判断,是否存在"损害作品同一性"的客观结果,而不以是否有损作者声誉作为认定侵权的要件。[1]②基于原作品与改编作品的关系,有学者认为对基于改编权的行使而派生的改编作品对原作品的改编超出必要限度而造成原作品被歪曲、篡改的,则因侵犯了原作品的保护作品完整权而应依照著作权法的规定承担侵权责任;而对于与原作品不具有实质性相似的"改编"作品,因其在法律属性上属于"改编"人独立创作的作品,并不构成对原作品著作权的侵犯,但因其在"改编"过程中使用了原作品中的作品元素,在"改编"行为构成反不正当竞争时,则应依照反不正当竞争法的规定承担侵权责任。[2]③实践中,改编权与保护作品完整权发生冲突的现实基础,是改编权转让与许可使用的商业惯例。未明确约定保护作品完整权行使的限制和

---

[1] 费安玲、杨德嘉:《〈著作权法〉修改视域下保护作品完整权的权利边际》,载《法律适用》2022年第4期。

[2] 梁九业:《论影视"改编"作品中保护作品完整权的侵权认定——以"九层妖塔"案为例》,载《出版发行研究》2020年第1期。

改编完成后推向市场前未征求作者或其继承人的意见，此种商业惯例加剧了改编权与保护作品完整权的冲突。[1]因此，有学者认为数字技术催生了新的创作方式和传播手段，作者主体的范围逐渐扩大，新作品类型不断涌现，集体创作模式日益兴起，作为著作人格权制度核心的保护作品完整权面临作者身份日益模糊、作品类型愈加复杂及作品共享理念不断冲击等诸多挑战。由此主张可先在司法实践中类型化分析"歪曲、篡改"作品之结果，使保护作品完整权的功能或被名誉权替代，或被改编权、复制权替代，待时机成熟时通过修法予以废除。[2]

4. 数字图书馆侵权

数字图书馆的侵权行为主要表现为以下几种行为：其一，未经著作权人许可，将作品收集制作成数据库给学校、机关在其局域网使用或供公众付费下载使用；其二，未经权利人授权而数字化和传播图书（杂志）；其三，未经出版社授权数字化图书。

在基于馆藏作品向读者提供数字化服务时，会涉及馆藏作品的复制权和信息网络传播权。首先，纸质作品的数字化是一种机械式复制，而非著作权法意义上的翻译或者改编；其次，图书馆向读者提供纸质作品数字化后所形成数字作品时，会涉及该作品的信息网络传播权。该权利的核心内容在于使公众获得作品，这并不要求将作品实际发送到公众手中，而是使公众具有获得作品的可能性，即公众可在任意时间通过任意一台联网设备获得作品，获得作品也不仅指将作品下载为本地文件，而是只要用户能够在线访问和浏览作品就足以构成提供行为。[3]

【典型案例】

陈兴良诉数字图书馆著作权侵权纠纷案

时间：2002年

原告：陈兴良

---

[1] 孙山：《改编权与保护作品完整权之间的冲突及其化解》，载《科技与出版》2020年第2期。
[2] 易玲：《数字时代保护作品完整权的功能更代及存废思考》，载《法学研究》2023年第5期。
[3] 张博文：《论图书馆数字化服务中的著作权侵权责任》，载《数字图书馆论坛》2022年第11期。

被告：中国数字图书馆有限责任公司

原告诉称：未经原告同意，被告在其运营网站上使用原告的三部作品。读者付费后就成为该网站的会员，可以在该网站上阅读并下载网上作品。被告这一行为，侵犯了原告的信息网络传播权。

被告辩称：被告基本属于公益型的事业单位。为适应信息时代广大公众的需求，被告在网上建立了"中国数字图书馆"。图书馆的性质，就是收集各种图书供人阅览参考。原告所称的三部作品都已公开出版发行，被告将其收入数字图书馆中，有利于这三部作品的再次开发利用，不能视为侵权。

北京市海淀区人民法院认为：其一，根据著作权法规定，著作权包括"信息网络传播权"，即以有线或者无线的方式向公众提供作品，使公众可以在个人选定的时间、地点从信息网络上获得作品。原告依法享有其三部文字作品的著作权，有权许可他人使用自己的作品。在没有相反证据的情况下，目前只能认定原告允许有关出版社以出版发行的方式将这三部作品固定在纸张上提供给公众。被告未经原告许可，将这三部作品列入"中国数字图书馆"网站中，势必对原告在网络空间行使这三部作品的著作权产生影响，侵犯原告享有的信息网络传播权。其二，图书馆是搜集、整理、收藏图书资料供人阅览参考的机构，其功能在于保存作品并向社会公众提供接触作品的机会。被告作为企业法人，将原告作品上传到国际互联网上。对作品使用的这种方式，扩大了作品传播的时间和空间，扩大了接触作品的人数，超出了作者允许社会公众接触其作品的范围，并且没有采取有效的手段保证原告获得合理的报酬。这种行为妨碍了原告依法对自己的作品行使著作权，是侵权行为。被告否认侵权的辩解理由，不能成立。

本案作为数字图书馆侵权的典型案件，从中可以对信息网络传播权的权利内容进行更深层次的认知。信息网络传播权，即以有线或者无线方式向公众提供作品，使公众可以在其个人选定的时间和地点获得作品的权利。其一，公众系指不特定多数的社会成员，"不特定"意在强调此类交互式网络传播行为面向的用户范围是开放的，而不是封闭且相对固定的少数人，不能认为只要提供方对获得作品的受众范围客观上有所限定，其提供行为就不构成对公众的提供行为。其二，信息网络传播权的实质在于控制"交互式"网络传播行为,"在其个人选定的时间和地点获得作品"是对"交互式"特征的描述,"选定的时间"系指作品提供者在提供作品时,能使用户自由选择其获得作品的时间,这并不意味着提供者必须每时每刻都要提供作品。其三,关于"选定的地点",依据《最高人民法院关于审理侵害信息网络传播权民事纠纷案件适用法律若干问题的规定》第2条的规定,信息网络包括向公众开放的局域网络。可见,通过架设在特定地点的局域网传播作品,只要对范围内公众开放,亦属于可使公众在"选定的地点"获得作品的行为。

(二)间接侵权

1.盗版链接侵权

盗版网站是破解正版网站的技术保护措施后,利用非正规下载途径获取内容,盗版内容的质量和安全性无法得到保障。在上文"笔趣阁小说网"经营者侵犯著作权罪的案例中,已阐述盗版网站往往存在直接侵权和间接侵权两种形式,间接侵权表现为百度、UC等网络服务商存在着间接侵权情况,即为用户上传侵权作品或为其他使用侵权作品的方式提供帮助,实施帮助侵权的行为等。在司法实践中,法院判定间接侵权责任时,主要考虑的是网络服务商对侵权内容实施的注意义务程度,而涉及间接侵权的网络服务商往往依据"避风港原则"进行抗辩。避风港原则是指由于网络服务提供商只提供空间服务,并不制作网页内容,如果被告知内容侵权,则其有删除的义务,否则就被视为侵权。如果侵权内容既不在服务器上存储,又没有被告知哪些内容应该删除,则不承担侵权责任。[1]"避风港"规则作为免责条款,明确在某些情况下网络服务提供者可以不承担责任,从而使网络服务提供者在受到侵权指控时可避免遭受突如其来的打击。"红旗原则"是避风港原则的进一步发展,是指如果侵犯信息网络传播权的事实是显而易见的,就像是红旗一样飘扬,网络服务商就不能装作看不见,或以不知道侵权为理由来推脱责任,如果在这样的情况下不移除链接的话,就算被侵权者没有发出过通知,也应认定为侵权。[2]

---

〔1〕李萍:《网络服务提供商发展将面临新问题——技术的发展与避风港原则的适用》,载《科技与出版》2014年第5期。

〔2〕王磊:《从〈电子商务法〉视角看平台知识产权保护义务》,载《中国出版》2019年第2期。

【典型案例】

上海玄霆娱乐信息科技有限公司诉北京百度网讯科技有限公司等侵犯著作财产权纠纷案[1]

时间：2010 年

原告：上海玄霆娱乐信息科技有限公司

被告：北京百度网讯科技有限公司（以下简称百度公司）、上海隐志网络科技有限公司

原告诉称：原告是原创文学门户网站"起点中文网"的运营商。《斗破苍穹》《凡人修仙传》《卡徒》《近身保镖》《天王》5 部小说（下称涉讼作品）系起点中文网推出的著名网络小说，原告对涉讼作品享有包括复制权、改编权、信息网络传播权在内的所有著作权。原告发现百度公司提供的百度（www.baidu.com）搜索服务长期以来大量公开提供原告拥有独家信息网络传播权的涉讼作品的侵权盗版链接。原告多次与百度公司沟通并要求其依法删除侵权链接，但百度公司在知道原告对涉讼作品享有独家信息网络传播权，且在原告逐一指出侵权盗版链接的情况下，对原告通知删除的侵权链接是否删除不作明确回复，且对法务函所列的大量侵权链接不予删除。百度公司甚至在原告召开新闻发布会正式宣布将就作品被侵权进行起诉的情况下，依然怠于履行删除义务，原告要求删除的链接有多个依然存在。经原告查询发现，百度公司迟迟未删除的链接所指向的网站与百度公司有合作关系，系百度公司"百度网盟推广"的合作者，二者对搜索流量所产生的收益有分成协议。从中可以看出百度公司对拒不删除侵权链接不仅存在过失，也存在故意。百度公司不仅对其广告合作者的侵权内容未尽合理注意义务，甚至在原告依法通知具体侵权链接后仍然不予删除。故原告请求法院依法判令：百度公司立即停止侵权，立即删除相关的盗版链接及盗版内容。

百度公司辩称：原告未能举证证明所列链接地址包含侵权内容，百度公司没有义务对链接进行审查，更没有断开链接的义务，根据筛查，那些

---

[1] 参见上海市卢湾区人民法院（2010）卢民三（知）初字第 61 号民事判决书。

未断开链接的网址中主要有：无效链接、与侵权内容完全无关的链接、网站首页链接（网页上仅有作品简要介绍）、页面上有合理引用作品内容的链接、作品目录页等情况。百度公司已尽到注意义务，对原告提及的链接进行了及时删除，故不应承担赔偿责任；原告从未针对百度公司 WAP 搜索发送过任何通知，本案中百度公司收到原告证据后，已及时断开侵权链接，尽到注意义务，不应承担间接侵权责任。

法院认为：根据《中华人民共和国侵权责任法》第 36 条规定，网络用户、网络服务提供者利用网络侵害他人民事权益的，应当承担侵权责任。网络用户利用网络服务实施侵权行为的，被侵权人有权通知网络服务提供者采取删除、屏蔽、断开链接等必要措施。网络服务提供者接到通知后未及时采取必要措施的，对损害的扩大部分与该网络用户承担连带责任。网络服务提供者知道网络用户利用其网络服务侵害他人民事权益，未采取必要措施的，与该网络用户承担连带责任。《信息网络传播权保护条例》第 14 条规定，对提供信息存储空间或者提供搜索、链接服务的网络服务提供者，权利人认为其服务所涉及的作品、表演、录音录像制品，侵犯自己的信息网络传播权或者被删除、改变了自己的权利管理电子信息的，可以向该网络服务提供者提交书面通知，要求网络服务提供者删除该作品、表演、录音录像制品，或者断开与该作品、表演、录音录像制品的链接；第 15 条规定，网络服务提供者接到权利人的通知书后，应当立即删除涉嫌侵权的作品、表演、录音录像制品，或者断开与涉嫌侵权的作品、表演、录音录像制品的链接；第 23 条规定，网络服务提供者为服务对象提供搜索或者链接服务，在接到权利人的通知书后，根据本条例规定断开与侵权的作品、表演、录音录像制品的链接的，不承担赔偿责任，但是，明知或者应知所链接的作品、表演、录音录像制品侵权的，应当承担共同侵权责任。从原告包括删除通知在内的多次公证取证证据可以看出，百度公司明知涉讼作品的信息网络传播权仅归属于原告及侵权链接的状况，未及时删除原告通知的侵权信息或断开链接，构成间接侵权。

本案的核心问题是被告在接到原告通知书后，未删除或断开涉嫌侵权作品的链接致使原告损失扩大，是否构成间接侵权。《信息网络传播权保护条例》第 15 条规定，网络服务提供者接到权利人的通知书后，应当立即删除涉嫌侵权的作品、表演、录音录像制品，或者断开与涉嫌侵权的作品、表演、录音录像制品的链接，并同时将通知书转送提供作品、表演、录音录像制品的服务对象。本案被告在接到原告通知书后，并未进行删除或断开链接的处理，被告的不作为主观上具有帮助他人侵权的故意，客观上扩大了侵权行为的损害后果，因此构成间接侵权。

2. 深度链接侵权

深度链接作为链接方式的一种，被广泛应用于互联网领域，其又称内链、深层链接，即设链者以自己的网页外观形式呈现其他网页所拥有的作品内容，并且对于这些内容，设链者并没有在服务器上储存下来，只是提供指引链接。当用户点击链接标志时，计算机就会自动绕过被链网站的首页，而跳到具体内容页。此时，如果具体内容页上没有任何被链网站的标志，那么用户可能会误以为还停留在设链网站内，会导致使用者对网站所有者的误判，容易引起侵权纠纷。可见，深度链接有两个典型特点：其一，可以使用户不进入目标网站的情况下，从网页直接获取到原网站的文件；其二，不显示原网页信息的嵌入式深度链接，使用户误认还停留在被链网站。因此，网络服务商负有查证被链网站是否取得了网络小说权利人授权的注意义务，如果被链的第三方网站是如"笔趣阁"之类盗版网站，此类网站提供的服务引发侵权的可能性有可能增加，网络服务商也应负有更高的注意义务。

【典型案例】

华著盛阅（天津）文化产业有限公司与湖南本地星网络科技有限公司侵害作品信息网络传播权纠纷[1]

时间：2020年

原告：华著盛阅（天津）文化产业有限公司

被告：湖南本地星网络科技有限公司

---

[1] 参见天津市第三中级人民法院（2020）津03民初1456号民事判决书。

原告诉称：天蚕土豆（原名：李虎）创作了涉案作品《元尊》，原告经其授权取得该作品信息网络传播权、转授权及维权权利。2020年8月，原告发现被告未经许可在其经营的"连载神器"APP中提供涉案作品在线阅读。原告认为被告未经许可使用涉案作品的行为侵犯其享有的信息网络传播权和获得报酬权，应当承担赔偿责任。被告未作答辩。

法院认为：本案的争议焦点之一即原告诉称被告构成侵害涉案作品信息网络传播权帮助侵权行为的主张是否成立。首先，从公证取证过程可以看出被告采用链接技术使来源于第三方网站的涉案作品呈现于其运营的"连载神器"终端页面，且被告在该应用程序的注册协议中也表明其可以提供网络搜索链接服务，故被告属于网络服务提供者。其次，被告明知或应知涉案应用程序的被链网站的行为侵害了涉案作品信息网络传播权。具体分析如下：①被告在涉案应用程序中称"追书神器，各类小说免费阅读"、"这是新一代全网免费小说阅读追书神器，旨在为广大小说爱好者提供便捷、高效、舒适的阅读浏览器体验"、"连载神器是一款集追书神器、书荒神器、书友社交、一键缓存、有声听书、游戏任务等六大功能为一体的移动阅读社区，致力于为广大小说爱好者提供快捷、高效、智能的移动阅读体验"、"连载神器基于互联网搜索技术，根据用户提交的关键词（如书名或作者名）在线自动检索相关信息，并将搜索到的第三方网站的内容向用户展示"，以上表述说明被告并非仅提供搜索链接服务，还提供作品阅读服务，其作为一家专业网站，理应认识到涉案作品存在侵权的可能性，并具有采取相应预防措施的能力。②涉案应用程序中有分类、排行、推荐等选项功能，且在点击阅读页面有涉案作品的内容简介。③涉案应用程序在原告取证时并没有设置权利人投诉渠道、无便捷程序接受侵权通知。④被告未提供证据证实其积极采取了预防侵权的合理措施。⑤在涉案作品的封面中，标明"纵横中文网"字样，这是将涉案作品相关著作权及维权权利授予华著公司的北京幻想纵横网络技术有限公司的官方网址名称，其与提供涉案作品的各被链网址名称明显不同，被告理应查证被链网站是否取得授权，但被告未提交证据证明其已尽到查证义务，其具有主观过错。⑥涉案作品为具有较高知名度的网络小说，传播方式以网络为主，作为网络服务提供者的被告理应知晓。故而，被告构成侵权。

综上，被告在明知或者应知被链网站侵害涉案作品信息网络传播权行为的情况下，仍然提供深层链接，构成侵害涉案作品信息网络传播权的帮助侵权行为。被链网址显示了网络小说的权利人信息，然而该信息与被链网址名称存在明显的差异，因此网络服务提供者有责任核实被链网站是否取得了网络小说的版权授权。

3.移动端转码阅读侵权

随着移动互联时代的到来，人们的阅读习惯发生了巨大的变化，现在使用移动设备已经成为人们日常阅读的主要方式。当然，在移动设备和个人电脑上向用户展示相同的阅读内容时，用户的阅读体验和展示效果是不同的。在 PC 端展示的内容，在通过移动端展示时，可能会产生乱码，同时，由于移动端的屏幕较小，可能会导致整个页面内容无法完整展示。因此，提供网络小说阅读服务的服务提供商在考虑用户的阅读体验时，通常会将 PC 端的 HTML 格式转换为适合手机阅读的 WML 格式，这个转换过程在版权法中被称为转码。[1]

不同于深度链接，转码服务仍具有页面的跳转及被链接网页的展示，用户能够清楚的知晓作品信息由第三方网页提供，转码服务仅是对第三方网站资源进行阅读上的优化。在网页转码的技术应用中，只有将 HTML 格式的网页内容保存在服务器的内存或硬盘上，才能进行相应的处理和转换，这一过程不可避免地涉及到网页内容的"复制"操作，因此，如果转码技术仅仅是需要在服务器的内存或硬盘上进行的临时复制，并不一定会侵权。但是，转码技术在完成转码任务之后，没有删除临时复制件，而将其存储在服务器的内存或硬盘上，并向用户提供复制件，该行为就是超出了转码技术所需的范围，这将会构成侵权。具体而言，转码过程中的复制不构成侵权应满足以下条件：①该复制是短暂的、临时的；②该复制属于转码技术的必要组成部分；③转码所形成的临时复制没有独立的经济价值，当某一用户触发一次转码并获得转码内容后，存储

---

[1] 彭桂兵：《网络文学版权保护：侵权形态与司法认定——兼评近期的几个案例》，载《出版科学》2018 年第 4 期。

在服务器上的转码内容应立即被自动删除，而不能被其他用户同时利用或再次利用，若其他用户搜索、阅读相同内容则触发新的转码过程。[1]

实践中，往往存在无法证明小说转码阅读服务商实施作品上传和存储的情况，我国著作权人可通过追究侵权人的间接（帮助）侵权责任进行维权。争讼焦点因之转向服务提供商是否在提供搜索、链接等网络服务之外，实施了某些行为，从而存在可以追责其明知或应知被链网站侵害信息网络传播权而仍然予以帮助的主观过错。[2]

【典型案例】

北京搜狗科技发展有限公司与广州阿里巴巴文学信息技术有限公司北京分公司等侵害作品信息网络传播权纠纷[3]

时间：2022年
原告：广州阿里巴巴文学信息技术有限公司
被告：北京搜狗科技发展有限公司

原告诉称：原告经授权依法享有文字作品《田园娘子之锦绣皇后》（简称涉案作品）的独家信息网络传播权及就涉案作品进行维权的权利。被告系专业网络小说阅读应用多多读书软件的运营方。原告发现多多读书软件未经许可，擅自向用户提供涉案作品的在线阅读，并在阅读页面投放大量广告以获取不法利益，将通过涉案作品吸引公众至其网站所产生的流量进行变现，借此谋取非法利益，原告请求判令被告赔偿其经济损失。

被告主要有以下抗辩：①被告仅提供搜索+转码服务，属于普通的搜索服务提供者或者技术提供者，没有预先审核义务，已经尽到合理注意义

---

[1] 叶菊芬、桑清圆：《转码小说网页后的存储构成侵权》，载人民法院报，http://rmfyb.chinacourt.org/paper/images/2017-03/02/07/2017030207_pdf.pdf，最后访问日期：2024年1月15日。
[2] 张韬略：《小说转码阅读服务的著作权侵权认定——以我国司法实践为视角》，载微信公众号：网络法实务圈，https://mp.weixin.qq.com/s/D2GBrMxIOKFJZQHY-cKq-w，最后访问日期：2024年1月15日。
[3] 参见北京知识产权法院（2022）京73民终1275号民事判决书。

务；②被告作为网络服务提供者，对涉案行为不构成应知，其已设置多种投诉渠道，未针对涉案作品直接获取利益，且在合理时间内进行了取证后采取了下线措施；③被告提供的涉案网络服务几乎没有任何收益，涉案作品价值极低等。

一审法院认为：关于本案中被告在提供搜索＋转码的网络服务过程中是否具有过错，过错包括应知或明知，而现有证据不能证明被告对侵权行为系明知，应进一步考查被告是否应知，所以应从以下几个角度综合认知：其一，被告在本案中提供的服务内容。被告提供的搜索服务并未跳转至来源网站，其提供的转码服务，也不同于普通的转码服务。普通的转码服务主要是为了在不同设备上可以显示或优化显示，一般不改变原网页具体内容。本案中，该转码服务不再显示搜索结果网页LOGO、联系信息等内容。其二，被告在本案中实现的效果。被告通过使用搜索＋转码的技术取得了近似于提供作品的效果，事实上切断了来源网站的信息，用户在阅读作品时，已看不到第三方网站的相关信息，使得第三方网站与搜索结果事实上已割裂；此外，由于加入了广告，被告也获得了相应利益。其三，本案的应用场景。被告作为多多读书软件的运营主体，既是技术提供者和使用者，又是受益者，其作为该领域的专业运营主体，应当预见搜索＋转码技术在多多读书软件内可实现等同于提供涉案作品的效果，其作为该搜索结果的受益者，应当具有更高的注意义务，被告构成应知，主观存在过错，为侵权行为提供帮助，构成帮助侵权，应当承担侵权责任。

一审法院判令被告经济赔偿，被告提出上诉，北京知识产权法院于2022年6月30日判决：驳回上诉，维持原判。二审法院认为一审法院认定被告的行为构成帮助侵权正确，认定网络服务提供者对于网络用户利用其网络服务实施的侵权行为是否应知，其核心在于确定网络服务提供者是否尽到了应尽的合理注意义务。关于网络服务提供者应尽的注意义务，应在坚守诚信善意之人注意义务基本标准的基础上，充分考虑网络服务提供者系为他人信息传播提供中介服务的特点进行综合判断。本案中，根据在案证据，首先，搜索涉案作品的结果来源仅显示一个，与全网搜索存在区别，且被告未提供证据证明该网站系有合法授权的正规网站。其次，被告提供的转码服务不同于普通的转码服务，被告提供的转码改变了原网页的具体内容，抹去了原网页的痕迹，即对原网页呈现内容进行了更改。据此，被告对其提供的网络服务应当负有更高的注意义务。综合考虑被告提供的服务类型、搜索结果的有限性、被告应当具备的管理能力以及其负有的注意义务标准，一审法院认定被告对涉案侵权行为的发生存在过错，构成帮助侵权并无不当，本院予以确认。

实践中，小说转码阅读服务在提升移动阅读的阅读体验的同时也可能引发著作权侵权的争议。在小说转码著作权侵权纠纷中，划定著作权保护的范围边界是一个关键问题，如何准确恰当地保护著作权人的合法权利也面临着新的挑战。本案判决对小说搜索转码阅读服务提供者是否存在过错进行了详细的论证，从服务内容、服务效果和应用场景来进行了多角度的阐述。对待取得了近似于提供作品的效果，事实上割裂了来源网站的信息搜索转码阅读服务，技术提供者应当具有更高的注意义务，因为他们的服务已经接近于提供作品的阅读效果。该判决对于同类案件的裁判具有指导意义，有助于规范搜索转码阅读服务提供者的服务内容和服务方式，从而促进网络文学的健康发展。

二、侵权抗辩事由

在著作权侵权的案件中，作为被控侵权的一方，通常可以基于《著作权法》第 24 条中有关作品的合理使用和第 25 条中特定教科书的法定许可规定，以及《北京市高级人民法院侵害著作权案件审理指南》第七章中抗辩事由的审查进行抗辩。[1] 此外，《信息网络传播条例》第 7 条也规定了图书馆、档案馆等主体的数字化合理使用。在数字阅读领域，以下主要结合有关案例对合理使用进行深入探析。

---

[1] 被告提出的抗辩事由一般包括如下情形：①原告主张权利的客体不属于著作权法第 3 条规定的作品；②原告主张权利的客体属于著作权法第 5 条规定的情形；③原告主张的权利超过法定保护期；④原告或者被告主体不适格；⑤被诉侵权行为不属于原告主张的权利控制范围；⑥被诉侵权作品创作有合法来源；⑦被告使用原告的作品具有合法授权；⑧被诉侵权行为属于合理使用或者法定许可的情形；⑨其他情形。此外，还有有限表达、必要场景、时事新闻、公有领域、在先其他作品、独立创作、合法授权、个人使用、适当引用、课堂教学和科研使用、报刊转载、摘编、制作录音制品。

（一）合理使用可作为侵权的抗辩事由

所谓合理使用，即在法律规定的条件下，无需征得著作权人的同意，也不必向其支付报酬，基于正当目的而使用他人作品的合法事实行为。目前，我国《著作权法》第 24 条规定了 12 种可构成"合理使用"的情形，并允许其他法律和法规规定其他"合理使用"情形，而《著作权法实施条例》进一步设定了约束要件，亦即"不得影响该作品的正常使用，也不得不合理地损害著作权人的合法利益"。同时《信息网络传播权保护条例》第 6 条也在此范围内规定了 8 种数字环境中"合理使用"情形，但前提均是针对已发表作品，同时必须"指明作者姓名或者名称、作品名称，并且不得影响该作品的正常使用，也不得不合理地损害著作权人的合法权益"。[1]

关于合理使用，从理论上来看，有两种截然不同的观点。有一种观点认为，我国《著作权法》中没有明确提及合理使用的概念，而学术上的合理使用在该法中属于第四节"权利的限制"的一种。这一点与欧洲许多国家的立法体例相似，尽管意思相近，但表述方式却截然不同。由于《著作权法》的规定，那些被认为构成合理使用的具体情形已经被明确排除在著作权人的专有权之外，因此这些具体情形不可能构成侵权。另一种观点认为，也可以从另一逻辑角度来看，这些具体情况首先有可能构成侵权行为，但由于满足了特殊情形或符合法律规定的合理使用要求，因此被排除在侵权行为之外。在美国《著作权法》中，第二种观点所持的立场与合理使用的地位相当相似，从法律实践的角度来看，第二个观点在一定程度上可行性更高。[2] 合理使用制度作为版权人权利限制的主要方式，是基于版权法所蕴含的利益平衡精神而产生的。公平是合理使用的一个重要价值。任何创作都是在前人的基础上吸取他人的智慧而产生的，因而就不应该阻止他人利用自己的作品，应在适当的范围内让渡自己的利益，允许他人使用，这样才能保证信息共享，进而创作出更多的优秀作品。合理使用的另一重要价值就是效率。只有信息资源的充分流动并得以优化配置才能促进社会财富的增长。合理使用制度是作为平衡作者、使用者和传播者利益的一项重要制度。[3]

---

[1] 王迁：《著作权法（第二版）》，中国人民大学出版社 2023 年版，第 404 页。
[2] 石必胜：《数字网络知识产权司法保护》，知识产权出版社 2016 年版，第 113 页。
[3] 舒真：《数字时代版权合理使用制度探析》，载《情报杂志》2011 年第 7 期。

（二）数字环境下合理使用的认定

数字时代的到来使得传统的著作权环境发生了变化，合理使用制度面临着新的挑战。一方面，数字技术的发展使得作品的载体、传播形式以及创作方式等都发生了巨大的改变，数字化作品易于传播、复制的特征使得数字时代侵权行为频发，各种新型的作品使用行为的性质难以界定，侵权行为与合理使用的界限越发模糊。另一方面，随着著作权权利客体以及权利内容在数字时代的扩张，著作权人的权利范围不断扩大。[1]在网络环境下如何认定合理使用，是网络环境下的著作权纠纷案件的常见争议点之一，围绕谷歌数字图书案件，知识产权界对合理使用的认定进行了较为深入的探讨，因此可以结合相关案例对相关问题进行认知。

【典型案例】

王莘诉北京谷翔信息技术有限公司等侵犯著作权纠纷案[2]

时间：2011 年

原告：王莘（笔名"棉棉"）

被告：北京谷翔信息技术有限公司（以下简称谷翔公司）、谷歌公司。

背景介绍：2004 年，谷歌公司宣布了谷歌"图书馆计划"，并与参加此项目的图书馆合作，由图书馆提供图书，谷歌公司对其进行数字化扫描，图书馆可以获得这些扫描后的电子版图书。谷歌公司对每一个扫描件进行分析，并为每一个词和句子创建索引，以使得能够在搜索引擎上搜索到。被搜索的图书只能以片段形式零星展示，不能同时展示完整页或连续页。

原告诉称：原告笔名棉棉，2000 年 3 月，原告授权上海三联书店出版文集《盐酸情人》。原告发现谷歌中国网站（网址 http://www.google.cn）的"图书搜索"栏目中收录了该书并向不特定公众提供，上述行为

---

[1] 费雪儿：《数字时代著作权法合理使用制度问题研究》，西南科技大学 2023 年硕士学位论文。
[2] 参见一审北京市第一中级人民法院（2011）一中民初字第 1321 号判决书；二审北京市高级人民法院（2013）高民终字第 1221 号判决书。

已构成信息网络传播行为。因该网站的经营者为谷翔公司，且上述行为并未经过原告许可，故谷翔公司侵犯了原告的信息网络传播权。同时，因谷歌公司认可其实施了全文数字化扫描的行为，该行为已构成复制行为，而该行为亦未经过原告许可，故第二被告谷歌公司侵犯了原告的复制权。

一审法院认为：其一，谷翔实施了涉案信息网络传播行为，但该行为构成合理使用。理由有两点：①涉案信息网络传播行为并不属于对原告作品的实质性利用行为，尚不足以对原告作品的市场价值造成实质性影响，亦难以影响原告作品的市场销路。本案中，谷翔公司对原告作品的使用系片段化的使用，每一片段一般为两三行或三四行，且各个片段之间并不连贯。这一使用方式使得网络用户在看到上述作品片段后，较难相对完整地知晓作者所欲表达的思想感情。鉴于此，本院认为，这一行为尚未构成对原告作品的实质性利用行为。用户如欲阅读该作品，通常会依据网页中所提供的涉案网页中已载明的原告作品名称、作者名称以及相关出版信息等信息采用购买的方式获得这一作品，不足以对原告作品的市场价值造成实质性影响，亦难以影响原告作品的市场销路。②涉案信息网络传播行为所采取的片段式的提供方式，及其具有的为网络用户提供方便快捷的图书信息检索服务的功能及目的，使得该行为构成对原告作品的转换性使用行为，不会不合理地损害原告的合法利益。综上所述，虽然谷翔公司实施的涉案信息网络传播行为未经原告许可，但鉴于其并未与作品的正常利用相冲突，也没有损害著作权人的合法利益，因此，该行为属于对原告作品的合理使用，并未构成对原告信息网络传播权的侵犯。其二，谷歌公司进行电子化扫描的涉案复制行为不构成合理使用。理由如下：①就行为方式而言，这一"全文复制"行为已与原告对作品的正常利用方式相冲突。谷歌公司实施的是全文复制行为，而该行为必然影响到原告对作品的复制行为收取许可费的情况，故该行为已与原告对作品的正常利用相冲突。②就行为后果而言，这一全文复制行为已对原告作品的市场利益造成潜在危险，将不合理地损害原告的合法利益。首先，谷歌公司其复制的目的在于对作品的"后续利用"。原告对于谷歌公司是否会在后续利用作品之前取得其许可并无控制能力，且考虑到在全文复制的情况下，谷歌公司对原告作品的后续使用行为显然更加容易，因此会对原告利益带来很大潜在风险。其次，这一全文复制行为亦会为"他人"未经许可使用原告作品带来较大便利，他人通过破坏技术措施等方法获得第二被告存储在其服务器中的原告作品，具有可操作性。综上所述，对原告作品进行全文复制的行为已与原告作品的正常利用相冲突，亦会损害著作权人的合法利益，这一复制行为并未构成合理使用行为，已构成对原告著作权的侵犯。

一审判决后，被告谷歌公司提出上诉，被北京市高级人民法院驳回，维持一审判决。北京市高级人民法院二审认为：在《著作权法》第22条规定的具体情形外认定合理使用，应当从严掌握认定标准。除非使用人充分证明其使用行为构成合理使用，否则应当推定使用行为构成侵权。判断是否构成合理使用，一般应当考虑使用作品的目的和性质、受著作权保护的作品的性质、所使用部分的质量及其在整个作品中的比例和使用行为对作品现实和潜在市场及价值的影响等因素。上述考虑因素中涉及到的事实问题，应当由使用者承担举证责任。北京市高级人民法院还认为，虽然未经许可的复制行为原则上构成侵权，但专门为了合理使用行为而进行的复制，应当与后续使用行为结合起来看待，同样有可能构成合理使用。

具体认定合理使用，是网络环境下的著作权纠纷常见争议焦点之一。本案一、二审判决都对合理使用的具体认定规则进行了较为深入的探索。本案二审判决认为，只要实施了《著作权法》规定的应当由著作权人实施的行为，原则上应当认定构成侵权，除非使用者提交相反证据证明该行为符合合理使用的构成要件；如果使用行为构成合理使用，专门为了该使用行为而进行的复制行为应当与使用行为结合起来看待，在使用行为构成合理使用的情况下，该复制行为也可能构成合理使用。二审判决对合理使用具体认定规则的探索，具有较强的创新性，对在网络著作权纠纷中规范和发展合理使用认定规则具有一定的示范作用。

在类似的美国案件——美国作者协会诉谷歌"数字图书馆"侵犯著作权案中，美国法院对将图书片段上传至网络的行为的认定与中国法院一样，认为属于合理使用，不构成侵权。但是对于上述扫描复制图书行为是否构成合理使用与我国的判决结果却不同。关于"全文复制行为"是否构成合理使用，在中美两国得到了不同的判决结果，原因主要如下：

第一，根据上述我国法院的判决可以得知，一审法院认为全文复制会为谷歌公司或他人未经许可对权利人作品进行后续利用提供便利，我国二审法院主张应该把全文复制及后续的合理使用作为一个整体看待，但最终也认定复制行为构成侵权。二审法院主要在"三步检验法"的第一步否定了复制行为的合理性，认为其不属于"特殊情形"，并将举证责任分配给了谷歌公司，最终以证据不足为由来认定其构成侵权。"三步检验法"即"三步检验法"主要包括：①被告合理使用只能在某些特殊情况下使用。②被告合理使用不得与作品的正常利用相冲突。③被告不得损害著作权人的合法权益。更为具体地说，现行法规定的十二种"特殊情形"和实施条例里规定的"不得影响该作品的正常使用，也不得不合理地损害著作权人的合法利益"共同构成合理使用的"三步检验法"。

第二，美国法院以合理使用规则支持了谷歌公司"数字图书馆"的复制行为，认为其构成转换性使用。美国的合理使用规则是由约瑟夫·斯托里法官在 Folsom 被告 vs. 被告 Marsh 案中初创的一项原则，后被正式列入美国版权法第 107 条，包括"其一，使用目的和性质，即该使用是商业性还是非营利性使用；其二，被使用作品的性质；其三，作品被使用部分的数量和比例；其四，使用行为对作品市场和价值的影响程度"。在之后的 Sony 案和 Harper 被告 & 被告 Row 案中，又确立了只要被诉使用行为具有商业性，便可以推定其侵犯了权利人的市场，进而推定该行为不合理的双重负面推定原则。而后在 Campbell 被告 vs. 被告 Acuff/Rose 被告 Music, Inc. 案中，美国法院进一步确立了转化性合理使用的原则，认为对原作品的二次使用必须是以与原作品不同的方式、不同的目的。[1] 因此，美国法院认为谷歌公司的"数字图书馆"不仅仅是简单地替代原作品，而是具有创新性，也就是说它采用了转换性使用的判断方法，并没有将营利目的作为绝对的判断标准。并且，美国法院认为"使用的数量"并非关键，而是用户

---

[1] 中国知识产权报：《数字图书馆版权纠纷为何同案不同判？》，载新浪财经，https://finance.sina.com.cn/tech/2020-12-22/doc-iiznezxs8280563.shtml，最后访问日期：2023 年 11 月 10 日。

最终接触到的数量才决定侵权性。使用"数量"和使用"目的"的比例才是问题的关键,只有在比例合理的情况下,全文复制行为才能被视为合理并且不侵权。

封闭式的合理使用立法模式正面临着数字化时代对于作品使用的复杂性的考验。尽管我国新修改的著作权法第24条增加了"法律、行政法规规定的其他情形",并吸收了著作权法实施条例第21条规定的"不得影响该作品的正常使用,也不得不合理地损害著作权人的合法利益",但有学者认为,引入一般条款并不足以完全解决问题,建议同时引入对合理使用情形作具体类型化的"中间层次"一般条款,而非仅引入"总括式"或"兜底式"一般条款。也有学者建议以"合目的性"和"可预见性"重塑"三步检验法"的第一步,增加其开放性,借用"合理使用"四大标准来引申和丰富"三步检验法"的第二步和第三步,同时引入比例原则补强其均衡性。中美谷歌公司"数字图书馆"侵权案件的"同案不同判",恰恰反映了我国为突破现行著作权法第二十二条规定带来的司法实践困境所作的努力。[1]

问题与思考

网络文学版权侵权损害赔偿

我国《著作权法》第54条规定了计算著作权侵权的赔偿金额的方式包括:违法所得、实际经济损失与法定赔偿三种,此外还包括了权利人为制止侵权行为所支付的合理开支,共同构成补偿性赔偿制度[2],此外,《著作

---

[1] 中国知识产权报:《数字图书馆版权纠纷为何同案不同判?》,载新浪财经,https://finance.sina.com.cn/tech/2020-12-22/doc-iiznezxs8280563.shtml,最后访问日期:2023年11月10日。
[2]《中华人民共和国著作权法》第54条第1款、第2款、第3款:"侵犯著作权或者与著作权有关的权利的,侵权人应当按照权利人因此受到的实际损失或者侵权人的违法所得给予赔偿;权利人的实际损失或者侵权人的违法所得难以计算的,可以参照该权利使用费给予赔偿。对故意侵犯著作权或者与著作权有关的权利,情节严重的,可以在按照上述方法确定数额的一倍以上五倍以下给予赔偿。权利人的实际损失、侵权人的违法所得、权利使用费难以计算的,由人民法院根据侵权行为的情节,判决给予五百元以上五百万元以下的赔偿。赔偿数额还应当包括权利人为制止侵权行为所支付的合理开支。"

权法》直面传统损害赔偿制度的缺憾,增设了"一倍以上五倍以下"的惩罚性赔偿制度,极大提高了故意侵权成本,优化了侵权赔偿的权、利、责配置。[1]虽然在宏观层面形成了补偿性赔偿与惩罚性赔偿并行的新格局,但微观层面聚焦到网络文学作品,著作权侵权损害赔偿规则在具体适用时也会陷入一定的困境。

首先,权利人很难证明侵权行为造成损失的金额,虽然《著作权法》规定了可"参照该权利使用费给予赔偿",但网络文学作品价值很大程度上在于影视改编权等演绎权的许可,从这个角度来说,"权利使用费"实际上也缺乏标准。其次,法定赔偿的自由裁量空间较大,不利于司法的公平与统一。尽管现行《著作权法》将法定赔偿额的上限由50万元提高到500万元,但也需要依据侵权行为的情节严重程度选择适用,网络文学侵权的复杂多变,赔偿困难可谓变相助长了侵权盗版行为的蔓延与肆虐。

因此,针对网络文学版权侵权损害赔偿应制定更为具体的实施细则,譬如,网络文学侵权赔偿的计算标准可以由被侵权人主观选用,对权利人维权具有激励功能以及对侵权行为人也具有一定的威慑作用。[2]要厘清网络文学领域惩罚性赔偿与法定赔偿的区别以及二者的适用范围,并细化法律规定中的"情节严重"的具体判定标准。此外,就网络文学版权侵权惩罚性赔偿的构成条件而言,应考虑将一些新型侵权行为纳入惩处范畴;在赔偿范围方面,惩罚性损害赔偿应包括财产损害赔偿和精神损害赔偿;在赔偿数额方面,鉴于网络文学版权侵权行为的隐蔽性,确定赔偿数额时应考虑侵权人被追责的概率。同时,在适用惩罚性赔偿时还要考虑网络文学版权作品的价值问题,使作品价值与保护力度相匹配,以有效避免"版权蟑螂"现象的出现。[3]总之,面对实践中的冲突与矛盾,还应进一步探究网络文学侵权损害赔偿更为详尽的适用规则,以实现社会公众利益与版权主体利益的协调与平衡。

---

[1] 顾亚慧、陈前进:《新〈著作权法〉中惩罚性赔偿条款的正当性及适用》,载《出版发行研究》2022年第4期。
[2] 颜宇彤:《网络文学作品的著作权保护研究》,湖南工业大学2022年硕士学位论文。
[3] 刘玲武、曹念童:《网络文学版权治理困境及版权制度应对刍议》,载《出版与印刷》2023年第4期。

第三章 数字音乐版权

本章导读

中国数字音乐行业经历了"盗版且免费"(2001-2010)、"正版且免费"(2011-2016)和"正版且付费"(2017-2021)三个阶段。[1]尽管在疫情的冲击之下,中国数字音乐行业仍旧做到了乐观发展,市场规模持续提高。2021年,中国的数字音乐市场规模达到了742.37亿元。[2]数字音乐活跃用户、数字音乐作品、数字音乐创作人、数字音乐平台都呈现增长的态势,但版权纠纷频发,以"数字音乐""网络音乐"为关键词,以"著作权权属、侵权纠纷""著作权合同纠纷"为案由,从2017年1月1日至2023年10月1日,在"北大法宝"专业数据库的司法案例系统,共检索到相关案例1771件。数字音乐产业发展方兴未艾,数字音乐版权问题值得重视。

本章主要结合案例,介绍数字音乐版权的客体、主体及侵权救济。最后,在问题和思考部分,对于数字音乐版权中一些新现象进行探索。

通过本章的学习,需要掌握以下内容:①数字音乐的具体类型及其作品属性;②数字音乐版权与传统音乐版权的区别;③数字音乐版权的主体;④数字音乐作品的侵权形式及抗辩事由。

---

[1] 熊琦:《音乐产业"全面数字化"与中国著作权法三十年》,载《法学评论》2023年第1期。
[2] 邢贺通:《2021年中国数字音乐行业版权保护与发展报告》,载中国人民大学国家版权贸易基地编,白连永主编:《中国数字版权保护与发展报告2022》,知识产权出版社2022年版,第63~81页。

第一节　数字音乐作品版权客体

一、数字音乐概述

数字音乐按存在形态分为广义上的数字音乐与狭义上的数字音乐。广义上的数字音乐，是指通过数字技术制作完成的音乐作品，它不仅包括在线音乐、无线音乐等非物质形态的音乐，还包括 CD、VCD 等物质形态的音乐；狭义上的数字音乐，是指通过数字技术进行生产、存储并可以通过有线或无线方式进行传播、消费的非物质形态的音乐。[1]本章着重关注以互联网为载体的数字音乐的版权问题，是狭义上的数字音乐。故数字音乐是指运用数字技术进行制作、存储、复制，并基于互联网进行传播、消费的非物质形态的音乐，其具体表现形式包括：数字音乐单曲、数字音乐 MV、在线 KTV、在线演唱会、在线音乐综艺、音乐秀场直播、网络音乐广播。

（一）数字音乐单曲

数字音乐单曲是数字音乐的核心业态。词曲作者将创作好的音乐单曲以数字形式上传至数字音乐平台，音乐单曲即以数字形式供人们消费、欣赏和使用。以 QQ 音乐等为代表的数字音乐平台构建了以数字音乐单曲为基础的音乐消费模式。对消费者而言，其不再仅仅拥有可接触式的黑胶、磁带以及 CD 等传统唱片产品，而只需要通过数字音乐平台下载数字音乐。

（二）数字音乐 MV

MV 是视听媒体中一种常见的表现形式。M 指的是 Music（音乐，实际上主要指的是歌曲），V 指的是 Video（影像/视频）。[2]数字音乐 MV，即数字音乐视频。在数字音乐 MV 中，音乐处于主导地位，视频处于从属地位。因为音乐的文本内容和音乐的特征决定了视频的内容和动态节奏，而视频内容和动态节奏则反映、诠释歌曲的主题和音乐形态。

（三）在线 KTV

在线 KTV 是传统 KTV 业态网络化的衍变形式。在传统 KTV 提供歌曲伴

---

[1] 黄德俊：《新媒体时代我国数字音乐产业的发展途径》，载《理论月刊》2012 年第 8 期。

[2] 王阿蒙：《MV 的概念界定、分类和五个发展阶段》，载《音乐传播》2013 年第 2 期。

奏、MV 伴奏等功能的基础上，用户可以在移动终端对演唱的音量、音色、演唱风格等进行个性化设置，也可以在同一个虚拟房间进行一人或多人分角色 K 歌，打破了传统的空间限制和现实社交约束。[1] 在线 KTV 核心的音乐服务形式主要分为音频 KTV 和视频 KTV 两大类。音频 KTV 是指用户使用在线 K 歌平台提供的音乐伴奏进行伴唱的音乐服务形式；视频 KTV 是指用户在在线 K 歌平台提供的视频的基础上进行伴唱或者用户在 K 歌完成后上传图片生成音乐视频。

（四）在线演唱会

在线演唱会是互联网环境下公众线上体验音乐表演的新模式，同时也成为数字音乐的新业态。在线演唱会通常分为直播式在线演唱会和点播式在线演唱会两种类型。直播式在线演唱会是观众在指定的时间段内进入相应的线上平台观看实时直播的演出。而点播式在线演唱会则是在演唱会结束后才会在数字音乐平台上播放，观众可以随时观看演唱会回放。如今在线演唱会已成为互联网平台内容布局中的重要类型，QQ 音乐、网易云等热门数字音乐平台都推出了演唱会等演出活动的直播类节目。

（五）在线音乐综艺

在线音乐综艺是网络平台上的音乐类综艺节目。当前音乐综艺节目已转向在线化、互联网化以及数字化方式，音乐传播方式与途径也得以转变，更有效转变了音乐综艺节目的生产方式。[2] 以前的电视音乐综艺有固定的播放时间段，而网络视频平台中的在线音乐综艺，观众可以在播出后的任意时间进行观看。

（六）音乐秀场直播

音乐秀场直播是网络视频直播的主要形式之一，是以语音、视频等媒介形式，为用户提供即时性的音乐演唱与内容分享的网络业态形式。[3] 音乐秀场直播主要包括音乐演唱和内容分享两种形式。音乐演唱是指主播对他人的音乐作品进行翻唱的直播形式。内容分享是指主播将他人的音乐作品作为背景音乐，而进行连麦聊天、舞蹈表演、知识分享等直播活动的形式。

---

[1] 崔恒勇、左茜瑜：《在线 KTV 的版权价值转化研究》，载《北京印刷学院学报》2018 年第 5 期。
[2] 刘戈：《音乐综艺节目的调整和转型方式》，载《新闻战线》2018 年第 12 期。
[3] 崔恒勇、程雯：《秀场直播中的音乐侵权问题研究》，载《现代出版》2017 年第 6 期。

（七）网络音乐广播

近年来，随着各大音乐 APP 的快速发展，网络音乐广播不断崛起。不同于传统广播节目的即时性传播，网络电台的数字化分段形式在直播、点播、个性化定制等方面给予听众更多的自主权，同时也增强了听众与广播节目的互动性，突破了原有的区域型投放的限制，听众可以在任何时间任何地点收听自己喜爱的节目内容。[1]

二、数字音乐的作品属性

我国著作权法规定作品的构成要件包括：①须为人类的智力成果；②须能够以一定形式表现；③须是文学、艺术或科学领域内的成果；④须具有独创性。[2] 独创性是作品区别于其他人类劳动成果的关键要件，只有符合独创性要求的外在表达才能成为著作权法意义上的作品。"独"和"创"两个条件对于构成作品而言都必不可少。一种独立完成的表达若达不到一定的创造性，也可能因无法构成作品而不能得到著作权法的保护。因此，在认定一种智力成果是否构成著作权法意义上的作品时，不仅要判断其是否为"独立完成"，还要判断其是否具有"创造性"。

（一）数字音乐单曲的作品属性分析

单曲音乐是最传统的音乐表现形式，很多数字音乐单曲也是通过数字技术将传统音乐单曲转变而来，数字音乐单曲和传统音乐单曲在创作内容上没有本质区别，因此，数字音乐单曲的作品属性可探讨的问题并不多。但是，当今的科学技术改变了数字音乐的创作方式，许多互联网公司都竞相开发人工智能音乐软件，如谷歌 Magenta Studio、Deep Bach、Ecrett Music。其中，谷歌公司出品的人工智能作曲工具 Magenta Studio 可根据使用者输入的旋律与鼓点，自动整合并拓展生成新的旋律与鼓点，创作出完整的音乐作品。[3] 2016 年，索尼巴黎计算机科学实验室研究人员哈杰里斯和帕切特开发了一个名为 "Deep Bach"（深度巴赫）的神经网络，他们利用巴赫创作的 352 部作品来训练 Deep

---

[1] 崔恒勇、高正熙：《中国数字音乐 IP 发展现状与版权问题研究》，知识产权出版社 2020 年版，第 40 页。

[2] 《中华人民共和国著作权法》第 3 条。

[3] 文汇：《对人工智能技术与音乐教育交互的思考》，载《四川戏剧》2021 年第 9 期。

Bach，使其创作出了2503首赞美诗。那么，我们不由得思考，人工智能生成的数字音乐单曲是著作权法所保护的音乐作品吗？

【理论探讨】

人工智能音乐软件生成的内容是否属于数字音乐作品？

对于人工智能音乐软件生成的内容是否属于数字音乐作品，应根据人类参与创作的程度或者贡献度来确定。

第一种情形：一部分音乐单曲基于人工智能辅助创作，其最终成型由人类决策。在贝多芬去世两个世纪后，总部设立于波恩的德国电信公司组织了一个专家团队，来自德国、奥地利和美国的音乐家、作曲家和人工智能专家把贝多芬的草稿、笔记及其生活时代的乐谱输入到人工智能系统中，通过分析和学习贝多芬的风格，应用复杂算法，加上人工雕琢，最后完成贝多芬巨作。在此种情况下，该人类的专家团队对人工智能生成的音乐进行了反复斟酌、修改和完善，最终形成的音乐便具有了大量的人的个性化表达。因此，由人类使用人工智能创作出来并经过人为的判断、选择和修改的音乐单曲，属于人的智力成果，具有作品属性，可以通过著作权法加以保护。使用人工智能进行创作的人是著作权人。

第二种情形：一部分音乐单曲完全由人工智能自动创作，其最终成型也没有涉及人类的修改痕迹。从目前的人工智能发展阶段来看，所有的人工智能都属于弱人工智能。人工智能生成的内容仅仅是应用某种算法、规则和模块的结果，与为了形成作品所需的智力成果相去甚远。[1]所谓的"创作物"看似与人类创作的作品相同，实际上是计算机程序运行的结果。[2]而《著作权法》的立法目的在于鼓励创作，只有人类的智力活动才算得上是"创作"。在"菲林案"中，北京互联网法院认为涉案人工智能不属于自然人，而作品应是由自然人创作的，因此判定涉案人工智能创造物不属于作品以及不受著作权法保护。[3]早在1956年，美国也有类似

---

[1] 王迁：《论人工智能生成的内容在著作权法中的定性》，载《法律科学》2017年第5期。
[2] 李菊丹：《"人工智能创作物"著作权保护探析》，载《中国版权》2017年第6期。
[3] 参见北京互联网法院（2018）京0491民初239号民事判决书。

的司法实践,美国版权局 USCO 曾拒绝了美国两位数学家 Klein 和 Bolitho 提交的登记保护计算机生成歌曲 Push Button Bertha 的申请,理由是作品的创作者必须是人,计算机不能成为作者,因此该计算机生成的歌曲不能受到美国版权的保护。[1]就数字音乐单曲而言,如果是纯粹由人工智能创作的数字音乐单曲,没有人类作词谱曲,就不是人类的智力成果。例如大卫·考普开发的人工智能系统 Emmy,可以像水龙头一样输出音乐作品。[2]这样的纯粹的人工智能创作的音乐单曲由于缺乏著作权法意义上的创作主体,不具有作品属性。

考虑到这种纯粹的人工智能创造物本身也具有巨大的经济价值,如果无法通过版权法予以保护,需要寻求其他路径加以保护。国内有学者认为,人工智能创作结果对人工智能程序本身而言,与其他非创作性计算生成的结果一样,只是一堆二进制数据,但对于自然人受众而言,人工智能创作结果与自然人创作的作品外观上无法区分,同样能够引发自然人欣赏者的精神体验,具有类似版权法中的表达的外在属性。因此,应将纯粹的人工智能创作区分为数据和表达两个层面,对使用人工智能生成数据的人赋予数据层面的商业秘密保护,对挖掘出数据中独创性表达的人赋予表达层面的知识产权保护。因为人工智能生成数据只有在蕴含于其中的独创性表达被挖掘出来之后才具有市场价值,而人工智能创作生成的数据需要由自然人再进行拣选,挑出其中可能满足人类精神需求从而具有市场价值的表达,提供给消费者。因商业秘密排他性有限,无法形成对数据的真正垄断,且对于数据中蕴含的表达不享有权利,而对数据挖掘者赋予表达层面的知识产权保护,有助于鼓励数据价值发掘行为。[3]

---

[1] Ana Ramalho, "Will Robots Rule the (Artistic) World?: A Proposed Model for the Legal Status of Creations by Artificial Intelligence Systems", Journal of Internet Law, 2017, pp.21~46.

[2] [美]约翰·弗兰克·韦弗:《机器人也是人——人工智能时代的法律》,郑志峰译,元照出版有限公司2018年版,第259页。

[3] 宋红:《纯粹"人工智能创作"的知识产权法定位》,载《苏州大学学报(哲学社会科学版)》2018年第6期。

【理论探讨】

过短的音乐单曲是不是数字音乐作品？

　　李荣浩演唱了一首歌曲《贝贝》，由李荣浩本人单独作词、作曲。该歌曲时长只有4秒，整首歌曲的歌词也仅有"贝贝"二字。这难免让人质疑该音乐单曲是否构成数字音乐作品？音乐作品的构成具有复杂性，音乐要素相互组合搭配，如音符的上行、下行、反向行、平行等，曲式的24个大小调式、五声调式、七声调式等。根据民族、地域等不同特色，选择任何要素独特的排列组合，都将产生不同的艺术形象。[1]对于数字音乐作品的独创性，音乐界流行采取"8小节原则"来进行量化评判。业内有行规：两首音乐作品，8小节雷同就是抄袭。如果一首音乐单曲过于简短以至于无法用"8小节原则"来判断独创性，那其是否还能被认定为数字音乐作品？

　　音乐单曲主要由词和曲有机结合而成，词和曲的结合体现了词曲作者的合意与共同思想。一般情况下，音乐单曲的长短并不当然决定其是否享有著作权。结合《中华人民共和国著作权法实施条例》（以下简称《著作权法实施条例》）关于音乐作品的定义可知，音乐作品是指歌曲、交响乐等能够演唱或者演奏的带词或者不带词的作品[2]。《著作权法实施条例》在规定音乐作品的概念时已经非常明确地指出，音乐作品包括带词或不带词的音乐作品。换言之，一首歌有无歌词或者歌词字数多少对其是否属于音乐作品并不重要。综上所述，歌曲的长短、歌词的有无均不当然决定其是否构成音乐作品。只要词和曲的有机结合体现了作者独具匠心的巧妙构思，歌曲整体具有独创性，就构成音乐作品。退一步讲，即使李荣浩的歌曲《贝贝》没有歌词，或者歌词不具有独创性，依然不影响《贝贝》属于数字音乐作品的定性。

（二）数字音乐MV的作品属性分析

　　数字音乐MV是诠释数字音乐单曲的视频。不同的MV创作者对音乐单曲的理解以及诠释角度的不同，创作的MV内容也存在差异，因此数字音乐MV

---

[1] 彭彦：《对音乐作品侵权的思考》，载《北方音乐》2017年第17期。
[2] 《著作权法实施条例》第4条。

也具有独属于 MV 创作者的创造性空间。凝聚了 MV 创作者的创造性劳动的数字音乐 MV，实质上是著作权法意义上的视听作品。但是值得注意的是，只有对音乐作品进行诠释和演绎的音乐 MV 才构成视听作品。这就要求 MV 在形式结构上应具备相对完整性，只有其完整地融合音乐与视频，由此才构成一个完整的视听作品。而对舞台表演进行录制而成的所谓的"MV"，仅仅是纯粹的舞台表演记录，不属于视听作品，而属于受邻接权保护的录像制品。

【典型案例】

正东唱片有限公司与麒麟大厦文化娱乐有限公司著作财产权纠纷案[1]

原告于 2003 年 3 月 7 日在被告经营的"麒麟音乐城"KTV 包房中发现被告以营利为目的，将原告制作的《光年》《回情》《情人说》三部音乐 MV 以卡拉 OK 的形式向公众放映。原告主张，其系《光年》《回情》和《情人说》三部音乐 MV 作品的著作权人，从未许可被告使用其作品，被告未经许可擅自以卡拉 OK 的形式向公众放映这三部 MV 的行为，严重侵犯了原告的放映权，给原告造成重大经济损失。被告主张，系争 MV 不属于作品范畴，其性质应属于音像制品。MV 的出版单位不是著作权人，著作权人仅享有属于邻接权范畴的录音录像制作者的权利。

法院认为，《情人说》和《回情》这两部 MV 的画面内容与音乐主题互相配合，反映了音乐作品的思想内涵，并且凝聚了导演、摄影、录音、剪辑、合成等工作人员的创造性劳动，因此属于著作权法意义上的作品（2020 年《著作权法》修改后的"视听作品"）。而《光年》MV 的画面为对舞台剧现场表演的机械录制，不具有独创性，因而不属于作品。最终法院判决被告侵犯了原告《情人说》和《回情》两首音乐 MV 作品的放映权。因《光年》MV 不属于作品，故原告对该 MV 不享有放映权，原告要求被告就放映该 MV 承担侵权民事责任的诉请，不予支持。

（三）在线 KTV 的作品属性分析

在线 KTV 主要包括以唱吧为代表的视频 KTV 和以全民 K 歌为代表的音

---

[1] 上海市第二中级人民法院（2004 年）沪二中民五（知）初字第 12 号民事判决书。

频 KTV。2012 年，唱吧 APP 上线当天即吸引了海量的 K 歌用户，其以视频为切入点，满足 K 歌用户对音乐视频的需求，推动音乐内容社群的形成与自成长，帮助音乐爱好者向音乐创作者转型。全民 K 歌这类的音频 KTV 的运作过程包括 K 歌用户录音、个性化设置、上传作品。对于视频 KTV 而言，如果 K 歌用户利用在线 KTV 提供的图片背景进行个性化伴唱，最终录制而成的音乐视频不构成独创性；如果 K 歌用户在进行 K 歌录制之后上传自己的图片生成 K 歌视频，该视频则是有独创性的视听作品；同时，利用在线 KTV 的视频 K 歌模式进行视频录制而形成的 K 歌视频也是有独创性的视听作品。对于音频 KTV 而言，用户利用原有音乐作品的词和曲进行翻唱，尽管其可以在移动终端对演唱的音量、音色、演唱风格等进行个性化设置，使最终形成的歌曲具有 K 歌用户个人独特的音色、情感和个性化选择等特质，但翻唱无论如何仅是在原有音乐作品词曲的基础上进行的演唱行为，因此其并不属于创作出新作品的改编行为。

（四）在线演唱会的作品属性分析

在线演唱会分为直播式在线演唱会和点播式在线演唱会，对于其能否构成著作权法意义上的作品不能一概而论。一般而言，对于直播式在线演唱会而言，若仅涉及对现场演唱会的机械录制，则这种机械录制达不到作品所要求的"创造性"程度，因此不具有独创性；若对于演唱会直播画面具有人的个性化选择，例如，选择远镜头还是特写，让镜头对准歌手或是哪位伴奏者或观众，摄像师都有无数的选择，这种直播式在线演唱会则是有独创性的直播。而对于已经固定的点播式在线演唱会而言，如果其仅是对现场演唱会的简单录制或者是对直播式在线演唱会的完全复制，不存在后期制作和剪辑，也无法体现独创性；而点播式在线演唱会如果进行了大量的后期制作和剪辑，有独特的视觉效果，则属于智力创造的成果，符合独创性的要求。因此，具有独创性的在线演唱会属于我国著作权法上的视听作品，受著作权保护。

（五）在线音乐综艺的作品属性分析

在线音乐综艺主要基于对音乐作品的演唱，其表演主要围绕并受限于音乐作品。在实务中，音乐类综艺节目属于录像制品还是视听作品存在争议。有观点认为音乐类综艺节目属于录像制品，原因是音乐类综艺节目是机械地录制完成的，在场景选择、机位设置、镜头切换上只做了简单调整，或者在录制之后只对画面、声音进行了简单剪辑。而有观点认为,在线音乐综艺节目是摄制在一定介质上、由一系列有伴音的画面组成并能够借助适当装置放映或者以其他方式传播的,整体上由导演、演员、剧本、摄影、剪辑、服装设计、配乐、灯光、化妆、美工等多部门合作创作而成,通过舞台设计、镜头切换、画面选择及后期剪辑等形成完整的表达,体现较为鲜明的个性化特征,反映出制片者的构思,具有一定的独创性,属于著作权法上的视听作品,受著作权法的保护。

2015年4月15日,北京市高级人民法院公布的《关于审理涉及综艺节目著作权纠纷案件若干问题的解答》(以下简称《解答》)也认可了音乐综艺节目的可版权性。《解答》第10条规定,综艺节目模式属于思想的,不受《著作权法》的保护。综艺节目中的节目文字脚本、舞美设计、音乐等构成作品的,可以受《著作权法》的保护。

【理论探讨】

音乐综艺节目模式受著作权法保护吗?

音乐综艺节目已成为当下较为流行的节目类型。如浙江卫视《中国好声音》、湖南卫视《我是歌手》、北京卫视《跨界歌王》等,这些音乐综艺节目流行的背后却是"海外版权"的争夺和原创模式抄袭的纷争不断。近年来,综艺节目模式相关的法律纠纷逐步增加,法律关系日趋复杂。2015年4月15日,北京市高级人民法院公布了《关于审理涉及综艺节目著作权纠纷案件若干问题的解答》,对综艺节目的模式做出了如下界定:综艺节目模式是综艺节目创意、流程、规则、技术规定、主持风格等多种元素的综合体。[1]

音乐综艺节目的模式是否能受到著作权法保护,目前这一问题仍争议不断。王迁教授认为,"节目模式"属于节目的一种制作方法,本质上仍然属于思想、创意的范畴,因此无法受到著作权法的保护。[2]国内有关"节目模式"著作权侵权纠纷案件中,大多数法院也认为综艺节目模式属于思想,不属于表达,因此不受著作权法保护。与此相对的另一种观点认

---

〔1〕 参见《关于审理涉及综艺节目著作权纠纷案件若干问题的解答》第10条。
〔2〕 王迁:《著作权法(第二版)》,中国人民大学出版社2023年版,第61页。

为，综艺节目模式的主题思想始终贯穿在各个构成元素之中，是集创意、情节、规则、程序等各种要素组成的集合体，兼具思想与表达两种特性。在很多情况下，"思想与表达"的界限并非十分清晰，不能将其简单地归属于思想。因此，应将综艺节目模式界定为节目制作人集体创造的智力成果和文学艺术领域内的创新作品，应受著作权法保护。[1] 还有人认为，任何综艺节目最终都会形成一份节目制作书，具体记录节目制作的板块设计、设置流程、后期处理等，是制作人员的脑力成果，其所呈现出来的内容是具有独创性的，且在综艺节目模式的交易中可通过文字方式交易，所以应当受到著作权法的保护。[2] 随着综艺节目产业的发展，愈来愈多的域外法院也承认综艺节目模式的可版权性，目前在世界范围内，对综艺节目模式的版权保护也已经得到广泛认可。

【典型案例】

长沙蓝色璀灿文化传播有限公司与上海腾讯企鹅影视文化传播有限公司、哇唧唧哇娱乐（天津）有限公司著作权权属、侵权纠纷案[3]

原告对其登记的《超性价比的唱歌选秀综艺冠名方案》《超性价比的音乐综艺之二》的文字作品享有著作权。被告腾讯企鹅公司作为出品方，被告哇唧唧哇公司作为制作方，创作了《明日之子4》节目。

原告认为，原告对其登记的《超性价比的唱歌选秀综艺冠名方案》《超性价比的音乐综艺之二》享有著作权，"在综艺节目中展示艺员来到团队的花絮""为本场演出而进行的排练过程"是上述两个方案特有的音乐综艺模式，被告创作的《明日之子4》节目使用了原告特有的音乐综艺模式，构成对著作权的侵犯。

被告腾讯企鹅公司认为，原告所称侵权，是指《明日之子4》节目中所运用的"在综艺节目中展示艺员来到团队的花絮""为本场演出而进行

---

[1] 刘银燕：《我国电视综艺节目模式版权保护研究——从河南卫视"中国节日"系列节目谈起》，载《河南科技》2022年第24期。

[2] 王艳玲、韩旻彤、陈雪颖：《我国电视综艺节目著作权的争议焦点及保护途径探讨》，载《出版广角》2020年第17期。

[3] 湖南省长沙县人民法院（2021）湘0121民初3736号民事判决书。

的排练过程"侵犯了原告享有著作权的两个文字作品方案。但这两种所谓的音乐综艺模式属于创意、思想、方法范畴，不属于表达，不构成受著作权法保护的作品。上述两种模式早在原告涉案方案创作完成之前就已被广泛使用在综艺节目中，包括使用在被告已获得授权的韩国综艺《SuperBand》以及《明日之子第二季》等综艺中。这两种模式并非由原告首创，而是综艺节目中常见的流程。上述模式缺乏独创性，属于公有领域内容，不应获得著作权法的保护。被诉侵权的《明日之子4》这一综艺节目的制作获得了JTBC公司的授权，不构成对原告著作权的侵犯。因此，《明日之子4》节目并没有使用原告《超性价比的唱歌选秀综艺冠名方案》及《超性价比的音乐综艺之二》的文字作品，被告未侵犯原告的著作权。

被告哇唧唧哇公司认为：原告对涉案文字作品所载的综艺节目模式不享有著作权，任何主体均有权合法使用；被告哇唧唧哇公司没有使用案涉文字作品，无侵权行为；原告所主张的两种模式属于常见综艺模式，任何主体均有权合法使用该创意进行创作，原告未因上述行为遭受任何的损失。故被告哇唧唧哇公司制作及传播《明日之子4》不侵犯原告的著作权。

法院认为，《明日之子4》节目没有使用原告的文字作品进行创作或摄制，原告主张的模式即"在综艺节目中展示艺员来到团队的花絮""为本场演出而进行的排练过程"仅限于对节目模式抽象描述，无可指导拍摄制作的详细文字方案，仅属于创意、思想、方法范畴，不属于表达，不构成受著作权法保护的作品。因此，原告主张被告侵犯其著作权，理由不能成立。

（六）音乐秀场直播的作品属性分析

音乐秀场直播属于直播的一种，跟网络视听作品联系紧密，涉及音乐秀场直播的相关知识点，将在第五章"网络视听版权"部分具体阐述。

（七）网络音乐广播的作品属性分析

在收音机流行的年代，通过收音机等播放的音乐广播仅涉及对音乐作品的利用和传播，本身不具有独创性，不具有作品属性。这种没有独创性的播放音乐而固定下来的音乐广播节目属于音乐作品的录音制品，受邻接权保护。而如今的网络音乐广播已经发展成为以音乐播放为主线，以话题串联为辅线的音乐广播节目。当前比较流行的网络音乐广播模式是主持人在音乐中选择贴近听众生活的话题展开播报，在聊天中播报当天的天气情况、实时信息。而网络音乐广播节目的展开，往往涉及剧本设计、主持风格设定等具有独创性的内容。这种满足独创性要求的网络音乐广播节目具有作品属性，应受到著作权法的保护。

三、数字音乐与传统音乐的区别

（一）载体不同

传统唱片时代，音乐的载体发生了几次大的转移，由最早的黑胶唱片到CD、磁带。在很长一段时间内，人们习惯于为音乐和其载体一起捆绑付费，唱片公司版权的收益也是通过有形载体来实现的。[1]传统音乐作品的诞生，往往需要经过词曲创作人创作、歌手演唱、录音制作者制作、唱片公司发行等环节。[2]数字音乐时代，随着数字技术在传统音乐产业的广泛应用，音乐作品的制作流程得以简化，也更易于存储和传播，音乐从有形载体上解放出来，不再与某一种有形介质联系在一起。音乐作品的载体已经由CD、磁带、MP3等实物形式发展为无形的数字形式。传统音乐作品以数字形式存储后可在互联网中传播，这种行为没有破坏音质，没有改变音乐作品的本质，没有创造出新的作品，只是对已有音乐作品的复制行为。[3]在目前的数字音乐市场上流通的音乐产品，除了伴随数字技术出现的只走数字发行路线的作品，有相当多的数字音乐作品都是原来已经通过CD发行，再由唱片公司提供给数字音乐平台的。

（二）销售和传播模式不同

在销售模式方面，伴随着音乐作品载体形态的变化，数字音乐时代音乐作品的销售模式也已经从门店销售为主转变为网络销售为主，用户只需要在网络上进行付费就可以方便地欣赏和下载数字音乐作品。

在传播模式方面，数字音乐传播模式中的数字音乐平台和歌手动摇了唱片公司实体传播时代的主导地位。数字音乐与传统音乐相比，CD、磁带等录音制品的载体不再是最重要的传播途径。在数字音乐传播环境中，数字音乐平台作为数字音乐市场中歌手和歌迷之间的媒介也已经成为音乐传播的中心，数字音

---

[1] 张志远：《数字音乐对传统唱片业的冲击与革新》，载《艺术评论》2008年第10期。
[2] 金春阳、邢贺通：《区块链在数字音乐版权管理中应用的挑战与因应》，载《科技管理研究》2022年第9期。
[3] 郭荣隆、张志勋：《论数字音乐作品的著作权保护》，载《江西社会科学》2018年第9期。

乐平台为音乐人提供了绕过唱片公司而直接面对音乐消费者的可能性，其所提供的在线推广服务对于吸引音乐消费者来说是很重要的环节，对于数字音乐作品的发展与传播起到至关重要的作用。此外，歌手的演绎本身也成为音乐传播的中心环节，唱片公司的投资、制作和发行已经不是音乐传播的前提条件。在数字音乐的传播链中，版权将更有可能由歌手或数字音乐平台所拥有。

（三）版权权利内容不同

一方面，由于数字音乐作品的特殊性，数字音乐版权的权利内容不仅包括传统音乐作品的署名权等著作人身权和著作财产权，还包括信息网络传播权这一伴随互联网传播而生的新型权利。

另一方面，数字音乐版权的权利内容与传统音乐版权权利内容相比发生了很大变化。首先，数字时代复制是非常容易和迅速的，而且这种复制是彻底的、无损的复制，因此，权利人的复制权是最容易被侵犯的，自然，复制权也就变成了著作权人的核心权能。其次，数字音乐版权中的发行权、出租权基本已经没有存在的价值。发行权、出租权是录音录像制品录制者在传统唱片时代获益的主要途径，是指通过销售、赠予等方式向公众提供录音录像制品原件或复制件。传统音乐中最重要的录音录像录制者在数字音乐领域不再具有可盈利性，纷纷退出了市场。虽然当前网络上或现实中存在所谓"数字发行""线上发行"的说法，但是这种产业语言中的"发行"与著作权法语言中的"发行"的内涵并不相同。最后，CD时代，音乐著作权领域有一个重要的制度——制作录音制品法定许可，其立法目的是防止出现对音乐的垄断，促进音乐作品通过录有不同风格表演的录音制品进行传播，增加音乐文化的多样性。但是在数字时代，数字音乐主要在网络中传播。将数字音乐作品制作成录音制品涉及数字音乐作品著作权人的复制权，不能未经音乐作品著作权人的许可而制作录音制品。

第二节　数字音乐作品版权主体

一、词、曲作者

就数字音乐单曲而言，其作品内容主要包括词和曲两部分。因此，数字音乐单曲的作者为词、曲作者。通常情况下，创作作品的作者自动取得著作权，对于数字音乐单曲这一整体而言,词、曲作者创作了作品,在作品创作完成之时就自动取得了该作品的著作权,因此通常情况下,词、曲作者即数字音乐单曲的原始著作权人。

【理论探讨】

如果词、曲作者不是同一人,词、曲作者是否为合作作者?

有观点认为,歌曲中的词曲是彼此不同而相互联系的有机整体,歌曲在词曲作者无约定的情况下应被视为不可分割使用的合作作品。[1]根据该观点,当词曲作者不是同一人时,即使不存在约定,词、曲作者也应被视为合作作者。

《著作权法》第14条第1款规定,两人以上合作创作的作品,著作权由合作作者共同享有。没有参加创作的人,不能成为合作作者。曹新明教授认为,合作作品就是两个以上的人根据合作协议创作的作品,而按照合作协议的约定履行义务,并将其贡献融入合作作品的当事人,即为合作作者。[2]要成立合作作者,须两人以上作者有共同创作音乐作品的合意,合作作者知道各自创作的部分将与他人创作的部分整合为一个整体。需要注意的是,只有那些实际参与创作活动,对最终的作品做出了独创性贡献的人才能成为作者。[3]因此,仅仅为创作者提供资料、素材、创作意见的人并非合作作者,其进行的仅仅是创作的辅助工作,并非具有独创性的创作。仅在他人原有作品的基础上进行个别字词的改动,也不属于对作品做出独创性贡献,也不能使其成为合作作者。因此,如果两人以上的词曲作者通过协商,明确词和曲的创作分工,这种情况下即双方存在创作合意,那么最终创作出来的音乐作品属于合作作品,词、曲作者则是合作作者。否则,词、曲作者只能对词或曲拥有单独的著作权。

在众得公司与万达公司、新丽公司、金狐公司、岳龙刚侵害作品改编权纠纷案[4]中,原告经授权取得歌曲《牡丹之歌》词作品的著作权,但未

---

[1] 左梓钰:《论合作作品的著作权法规范》,载《知识产权》2020年第7期。
[2] 曹新明:《合作作品法律规定的完善》,载《中国法学》2012年第3期。
[3] 王迁:《著作权法(第二版)》,中国人民大学出版社2023年版,第285页。
[4] 天津市第三中级人民法院(2019)津03知民终6号民事判决书。

取得曲作品的著作权。原告认为，歌曲《牡丹之歌》是一个完整的合作作品，词曲不可分割，其有权就歌曲整体的改编权主张权利。一审法院认为，被告创作并演唱涉案《五环之歌》的行为，并不构成对原告歌曲《牡丹之歌》词作品享有的改编权的侵害。[1]二审法院也认同了一审法院的认定，维持了原判。原告败诉的重要原因在于该公司并非曲的权利人，不能代曲作者行使其权利，该判决强调词、曲作者在维权时仅能针对自己所贡献的部分主张权利。

2020年新修订的《著作权法》第14条中新增了"合作作品的著作权由合作作者通过协商一致行使；不能协商一致，又无正当理由的，任何一方不得阻止他方行使除转让、许可他人专有使用、出质以外的其他权利，但是所得收益应当合理分配给所有合作作者"的规定。因此，根据现行《著作权法》的规定，在协商不成的情况下，词作者仍然可以单方独立授权许可他人使用数字音乐作品，但是应当将授权许可获得的报酬合理地分配给曲作者。因此，如果词、曲作者成立合作作者，将对推动数字音乐作品的传播产生重要影响。

【典型案例】

范炜、程渤智著作权权属纠纷案[2]

2013年原告创作了《西安人的歌》唱词和唱词对应的旋律，录制了包括主唱人声部分在内的部分声音素材，于2013年11月14日完成了《西安人的歌》音乐DEMO（即Demonstration，一般指体现艺术家创作意图和灵感的音乐样本）。原告将上述声音素材交由被告，被告搜集和录制了其他声音素材，使用计算机软件添加器乐并对上述全部声音素材进行混音后，于2013年11月26日完成了修改版的《西安人的歌》音乐DEMO。之后，原告与被告以2013年制作DEMO包含的创作方向为基础，以原告唱词对应旋律作为创作思路，由被告通过计算机软件配置包括钢琴旋律在内的器乐和其他音乐素材，完成编曲、混音后，二人各自对音乐工程文件

---

[1] 天津市滨海新区人民法院（2018）津0116民初1980号民事判决书。
[2] 陕西省西安市中级人民法院（2021）陕01知民初1189号民事判决书。

进行交替沟通、调整、修改，共同完成了《西安人的歌》伴奏音乐的创作，即该歌曲乐曲部分的初步创作，并在 2016 年 4 月 5 日形成了 MMO 文件（Music Minus One，一般指没有主唱的伴奏音乐）。2016 年 4 月 12 日至 26 日期间，原告、被告及原告部分朋友分数次，在陕西省西安市曲江新区 XX 广场的"西安乱弹"直播间共同完成了人声部分的录音，其中原告为歌曲人声主唱部分录制了声音素材，而其他参与者提供了人声和声部分声音素材。在上述录音素材完成录制后，4 月 28 日，被告将之前全部音乐文件和录音素材，通过计算机软件编曲混音后，制作完成了歌曲新版本 DEMO。2016 年 5 月 9 日被告将音频发送给原告，原告提出混音修改意见的方式，在此前 DEMO 基础上，被告通过对混音进行调整修饰，完成了《西安人的歌》的 MMM 文件（Music Mixed Mastered，一般包含人声和伴奏内容完整的音乐作品）。5 月 17 日原告收到被告向其发送的音乐文件后，确定了《西安人的歌》Mastring MMM 完整歌曲文件和《西安人的歌》Mastring MMO 无主唱伴奏文件（Mastring，一般叫做母带处理，即对制作完毕的音乐工程进行音频指标修正、音乐文件标准化、听众听觉感受优化处理的过程）。2016 年 5 月 19 日《西安人的歌》在"QQ 音乐"平台上完成了首次发表，歌曲发行时署名信息为："西安人的歌 – 范炜与程渤智，作词：程渤智，作曲：程渤智、范炜"。2018 年 9 月 30 日，被告、原告与腾讯音乐娱乐科技（深圳）有限公司签订《音乐版权授权合作协议》，约定被告、原告将包括《西安人的歌》在内的 11 首音乐作品的词曲著作权和邻接权的全部财产性权利许可给腾讯音乐娱乐科技（深圳）有限公司。该协议附件一《授权作品及授权权利清单》记载，《西安人的歌》表演者名称为被告与原告，发行时间为 2016 年 5 月 19 日，词作者为原告，曲作者为原告、被告，词权利比例、曲权利比例、邻接权权利比例均为 100%。

本案中，原告主张：《西安人的歌》发行于 2016 年 5 月 9 日，但原告于 2013 年 11 月已独立创作完成《西安人的歌》主歌、副歌、DEMO 和歌词，原告系《西安人的歌》的唯一词、曲著作权人和原唱。被告多次在原告不知情的情况下，以《西安人的歌》原唱、著作权人的身份参加商业活动获得经济利益。被告的上述侵权行为严重侵犯了原告的著作权，给原告造成了严重经济损失。被告主张其是案涉音乐作品的曲著作权人和演唱者。

法院认为,《西安人的歌》是一首由唱词和乐曲组合而成的陕西方言歌曲,有人声主唱的完整歌曲和无人声主唱的乐曲伴奏,符合作品的特征,属于著作权法意义上的音乐作品。《西安人的歌》最初在网络音乐平台发表之日,作品署名为:"西安人的歌 – 范炜与程渤智,作词:程渤智,作曲:程渤智、范炜"。在没有相反证据证明歌曲实际作者另有他人的情况下,原告、被告作为《西安人的歌》的创作者,依法对该音乐作品享有著作权。考虑到《西安人的歌》作为合作作品,词、曲可以分割使用,故原告对《西安人的歌》的词部分享有著作权,曲部分的著作权则由合作作者原告、被告共同享有。现原告要求确认其为《西安人的歌》的唯一词作者,被告对此没有异议,本院予以确认。原告要求确认其为《西安人的歌》的唯一曲作者,证据不足,本院不予采信。被告以《西安人的歌》原唱、创作人身份进行宣传、演出的行为,并不构成对原告著作权的侵犯。

二、唱片公司或者娱乐经纪公司

邓紫棋与蜂鸟音乐案让人们认识到,原来那些署名歌手本人的音乐作品的著作权人并不一定是词曲作者本人,而可能是其经纪公司。唱片公司或者娱乐经纪公司是以音乐为主要产品的企业,它们不仅拥有众多优秀的音乐家和歌手,还负责制作、推广和销售唱片、数字音乐和音乐视频等产品。它们取得数字音乐著作权的主要方式是签订著作权转让协议。根据《著作权法》第10条的规定,著作财产权可以全部或者部分转让。数字音乐作品的自然人作者可以与唱片公司或者娱乐经纪公司签订著作权转让合同,将作品的著作财产权转让给唱片公司或者娱乐经纪公司。由此,唱片公司或者娱乐经纪公司根据合同约定可以成为著作权人。此时,如果出现他人未经许可使用数字音乐的情形,由音乐公司或者娱乐经纪公司以版权人的身份向侵权人主张权利。

在大多数音乐版权转让协议中,都会要求自然人作者将其创作的音乐作品的版权转让给唱片公司或者娱乐经纪公司。唱片公司或者娱乐经纪公司也因此成为音乐作品的版权主体,只不过唱片公司或者娱乐经纪公司享有的不是音乐作品的所有版权,而是仅限于著作财产权。这称为"版权转让",或简称"转让"。这可以有效地将音乐作品的著作财产权转让给唱片公司或者娱乐经纪公司，作为交换，唱片公司或者娱乐经纪公司根据双方一致同意的版权转让合同向自然人作者支付一定的报酬。

根据《著作权法》第18条第2款的规定，[1]对于唱片公司或者娱乐经纪公司的工作人员为完成工作任务，利用公司的物质技术条件并由公司承担责任或者借助公司专门提供的资金、设备和资料等创作而成的数字音乐作品，属于特殊职务作品。对于特殊职务作品而言，其著作权人的权能不仅包括各项著作财产权，还包括除署名权之外的其他三项著作人身权——发表权、修改权、保护作品完整权。

【理论探讨】

版权转移终止制度

版权转移终止制度是美国《版权法》的一项重要内容，指的是在版权人将版权的部分或全部财产权利通过合同转移后，经过法定的期间，被转移的权利可重新回归原版权人。版权转移终止制度给予了版权人以很强的保护力度——赋予其以终止转移行为的权利，这是一项不可让与的权利。根据该项制度，版权人不得将版权一次性、永久性地转移给他人，而在35年后的5年内可终止原作品的版权转移，从而使作品部分或全部财产权重新回到版权人的手中。[2]这意味着，在版权转移35年之后，词曲作者有权从音乐出版商、歌手有权从唱片公司那里取回自己的版权。于是，除非唱片公司为音乐人提供的数字音乐版税高于其他在线音乐发行商，否则音乐人将收回版权而与后者进行合作。[3]

该项制度对于音乐版权的完善与音乐产业的发展具有一定的价值。首先，版权转移终止制度可以提高处于弱势地位的音乐创作者在版权利益

---

[1]《著作权法》第18条第2款规定，有下列情形之一的职务作品，作者享有署名权，著作权的其他权利由法人或者非法人组织享有，法人或者非法人组织可以给予作者奖励：①主要是利用法人或者非法人组织的物质技术条件创作，并由法人或者非法人组织承担责任的工程设计图、产品设计图、地图、示意图、计算机软件等职务作品；②报社、期刊社、通讯社、广播电台、电视台的工作人员创作的职务作品；③法律、行政法规规定或者合同约定著作权由法人或者非法人组织享有的职务作品。

[2] 黄德俊、吴刚：《音乐版权终止制度的价值研究》，载《人民音乐》2016年第3期。

[3] 赵为学、尤杰、郑涵主编：《数字传媒时代欧美版权体系重构》，上海交通大学出版社2015年版，第52页。

分配方面的地位。音乐创作人无法预见其创作的音乐作品在商业交易过程中可能产生的经济价值，对于传统的一次性版权转让而言，音乐创作人只能就其作品取得较少的收益，而无权取得其作品在传播过程中产生的"溢价"。而版权转移终止制度赋予了作者及其继承者终止版权转移行为的权利，音乐版权终止权可以促使音乐作品交易过程中双方合理评估音乐版权的经济价值，减少版权人首次转让的价值低估的现象。[1]该制度可以为音乐创作人提供强有力的权利保障，以遏制在版权授权中利益的流失，提高音乐版权人在版权利益分配中的地位。其次，版权转移终止制度可以适当限制版权的合同自由，以实现交易公平。在合同自由的原则下，在音乐版权转移过程中，由于音乐版权人所处的弱势地位、版权预期收益不确定等因素的影响，合同生效一段时期后，交易公平性原则容易受到挑战。通过版权终止权这种强制性规范，缓解受到干扰的谈判弱势的后果、防止不公平的合同关系，制定有利于合同弱势一方当事人的所谓强制规范是必要的。[2]因此，我国可以考虑构建版权转移终止制度，激励音乐创作者着眼于长远利益、创作更多优秀的音乐作品，为我国音乐产业的发展保驾护航。

三、数字音乐平台

随着科技的不断进步和互联网的普及，越来越多的音乐作品在数字音乐平台上发表并通过数字形式传播。数字音乐平台是数字音乐发表的重要载体，其在线为用户提供音乐播放、下载和分享等服务。数字音乐平台包括流媒体平台（如腾讯音乐、网易云音乐等）、数字音乐商店（如Apple Store、QQ音乐等）、社交音乐平台（如微博音乐、豆瓣FM等）和视频音乐平台（如bilibili、YouTube等）等类型，它们有着各自独特的功能和定位。数字音乐平台已经成为现代音乐产业中不可或缺的一部分，其为独立音乐人、唱片公司和音乐爱好者提供了方便、快捷和多样化的音乐服务，同时也对音乐市场、创作和消费模式产生了重要影响。

---

[1] 黄德俊、吴刚：《音乐版权终止制度的价值研究》，载《人民音乐》2016年第3期。

[2] 孙敏洁、漆诣：《美国版权终止制度评述》，载《电子知识产权》2007年第8期。

数字音乐平台的运作方式主要包括以下几个环节：首先，独立音乐人、唱片公司等著作权人将制作好的数字音乐作品上传至数字音乐平台。上传数字音乐作品的时刻即完成作品的发表。其次，数字音乐平台与独立音乐人或者唱片公司等著作权人进行授权合作，双方通过签订合同等方式达成音乐的合法使用和收益分享协议。最后，用户可以通过数字音乐平台进行在线收听或浏览数字音乐作品，并根据相关付费模式支付费用。数字音乐平台则根据用户的使用情况和付费数据进行相应的收益分配。

为了更好地保护和使用数字音乐作品的版权，独立音乐人或者唱片公司等著作权人将音乐作品上传至数字音乐平台时，需要与数字音乐平台签订授权协议，数字音乐平台根据授权协议取得对数字音乐作品相应的著作权。著作权人将音乐作品上传至数字音乐平台，授权的权利类型主要为信息网络传播权，其中不仅包括著作财产权之信息网络传播权，还包括邻接权之信息网络传播权。需要注意的是，有的平台方提供的合同模板中将权利内容定义为"以有线或者无线方式向公众提供或者传播作品、录音及表演，包括交互式和非交互式"。这实质上包括了信息网络传播权和广播权。

四、音乐集体管理组织

我国的音乐集体管理组织有两个：一个是负责音乐作品集体管理的中国音乐著作权协会，另一个是负责音像节目集体管理的中国音像著作权集体管理协会。

中国音乐著作权协会（简称"音著协"）是中国大陆地区音乐著作权人以集体管理的方式行使权利的非营利性社会团体法人。音著协管理的是音乐作品，其是专门维护词曲作者和其他音乐著作权人合法权益的非营利性机构。[1]音乐著作权人可通过与中国音乐著作权协会签署音乐著作权合同加入协会，将其音乐作品的表演权、广播权、复制权、发行权和信息网络传播权等财产权利以信托方式授权协会进行集体管理，并随时向协会登记其已经发表的音乐作品，协会以自己的名义向音乐使用者收取著作权使用费，并根据会员的作品登记信息向其进行分配。由此可见，中国音乐著作权协会并非管理音乐作品的全

---

[1] 来源：音著协（http://www.mcsc.com.cn）。

部著作权，而仅涉及表演权、广播权、复制权、发行权和信息网络传播权等著作财产权。

2014年8月2日，邓紫棋在河南举办的一场巡回演唱会，现场公开演出了中国音乐著作权协会管理的多首音乐作品但没取得授权，后来中国音乐著作权协会挑了4首歌，将举办方告上法庭，举办方被判赔了3万元。还有林宥嘉2014上海"口的形状"演唱会，也是类似的情况。中国音乐著作权协会和演唱会的举办方在法院调解下，达成了和解协议，由举办方向中国音乐著作权协会支付包括著作权使用费在内共7.2万元。被中国音乐著作权协会主张权利的歌曲中不乏是歌手自己作词作曲的，比如张学友的《雪狼湖》、陈奕迅的《沙龙》等，歌手和中国音乐著作权协会之间到底存在什么关系，以至于唱自己的歌，也会导致演唱会主办方被起诉呢？从中国音乐著作权协会历年的诉讼文书中可以看出，中国音乐著作权协会的权利至少来源于三个渠道：与著作权人本人签订的著作权合同、与中国台湾的社团法人中华音乐著作权协会签订的相互代表合同、与香港作曲家及作词家协会签订的相互代表合同。以张学友为例，中国音乐著作权协会与香港词曲作者的关系是这样的：张学友通过与香港作曲家及作词家协会签订转让合同将自己的作品的著作权转让给了香港协会，该合同第2条明确约定，将其目前归属其所有或今后在其继续保持该协会会员资格期间将由其获得或将归属其所有之全部音乐作品在全世界各地存在之全部演奏权及该等演奏权之各部或各份（不论是否受时间、地点、欣赏方式或其他方面所限），连同该等演奏权之全部利益让与该协会，以便该让与权利在继续存在期间及继续归属该协会或继续受该协会支配期间完全归该协会所享有。然后中国音乐著作权协会再通过和香港作曲家及作词家协会签订的相互代表合同，负责在内地收取由香港作曲家及作词家协会管理的音乐作品的著作权使用费。虽然演出的组织者向张学友支付了费用，但这个费用只是支付给张学友其作为歌手的演出劳务费，而并未包含由音乐著作权集体管理组织行使的其作为词曲作者的著作权许可使用费，因此即便歌手唱的是自己作词作曲的歌，但由于歌曲的表演权已经转让给了相关权利人，如果没有支付费用，也容易涉嫌侵权。

中国音像著作权集体管理协会（简称"音集协"）是经国家版权局批准、民政部注册登记的我国唯一管理录音录像制品或者音乐类视听作品的著作权集体管理组织。音集协的主要业务是根据会员授权及相关法律法规的规定，为便于权利人行使权利和使用者使用作品，通过本身具有的广泛代表性和集中行使权利的方式，在卡拉OK、互联网、实体场所背景音乐等权利人难以行使权利的领域向音乐类视听作品或者录音录像制品的使用者发放许可、收取使用费，并将所收取的著作权使用费转付给权利人。音集协管理的权利种类包括：①表演权；②广播权；③复制权；④发行权；⑤放映权；⑥出租权；⑦信息网络传播权；⑧录音制作者获酬权；⑨其他适合集体管理的音乐类视听作品/录音录像制品著作权和与著作权有关的权利。笔者在裁判文书网中查找案例的时候发现，音集协频繁提起诉讼，保护录音录像制品和音乐类视听作品著作权。

数字经济环境下，新的作品传播方式、商业模式、平台应运而生，作品和权利呈现出片段化、阶段化、分散化、规模化、社交化、国际化等特点。二次创作短视频的问题、各大数字平台在直播中使用背景音乐及传播链条、传播手段扩大后的数字音乐版权等问题都会加剧著作权集体管理组织行使权利或收取著作权使用费的困难。因此，著作权集体管理组织应更加主动拥抱数字技术，利用数字经济时代下的数字化成果更好地进行集体管理工作。扩大集体管理组织代表的权利人范围、更多使用者通过向集体管理组织缴费获得许可使用的正常态势在数字经济环境下将更容易实现，这也是集体管理组织在数字化背景下的努力方向。[1]

第三节 数字音乐作品版权侵权及救济

一、侵权类型

（一）直接侵权

如果他人未经许可实施受著作权专有权利控制的行为且缺乏法定的侵权抗辩事由，则构成直接侵权。直接侵权并不要求行为人具有主观过错，如果没有经过著作权人的许可，又缺乏合理使用或者法定许可等的抗辩事由，实施受著作权专有权利控制的行为即构成直接侵权。有关数字音乐作品的直接侵权形式

---

[1] 陈为：《从MV作品批量维权谈著作权集体管理制度的应对》，载中国音像著作权集体管理协会官网，https://www.cavca.org/newsDetail/1652，最后访问日期：2023年11月2日。

有以下几种：

1. 短视频平台未经许可擅自上传数字音乐单曲至平台曲库

近年来，短视频平台音乐侵权乱象频出。一些短视频平台明知使用音乐需要取得授权，仍未经授权将一些热门数字音乐单曲上传至平台曲库，作为用户制作短视频时的配乐使用。这种未经许可将他人享有权利的数字音乐单曲上传至短视频平台曲库，置于信息网络中，使平台用户能够在个人选定的时间和地点录制短视频时任意使用、翻唱该歌曲的行为，构成直接侵权，应当承担侵权责任。

【典型案例】

北京肆意文化传播有限公司与北京快手科技有限公司侵害作品信息网络传播权纠纷案[1]

原告通过授权排他性享有歌曲《我愿意平凡的陪在你身旁》（简称涉案歌曲）在全世界范围内的著作权，依法享有涉案歌曲的信息网络传播权。被告未经原告许可，以营利为目的，在其经营的快手APP中提供涉案歌曲全部版本，供用户在线播放并拍摄短视频，拍摄过程中用户可对选择的歌曲任意剪裁、变速。截至2019年8月8日，在快手APP上使用涉案歌曲制作形成的侵权短视频数量已超过40万个，其中使用吉他版原版录音作品数量已超过36.5万个，使用DJ版录音作品数量超过5万个。用户录制短视频上传后，粉丝可在线观看、点赞、分享、评论、下载到本地，一起拍同框、拍同款、收藏等。此外，快手APP还为其用户提供了作品推广服务，供用户付费推广自身或他人作品，由此提升作品的曝光量、点击量，增加粉丝，谋取巨大商业利益。原告认为，被告的行为严重侵犯了原告对该歌曲享有的信息网络传播权，具有主观恶意，给原告造成了巨大的经济利益损失，请求法院判令被告删除全部侵权短视频，并赔偿原告经济损失7.5万元。被告主张，涉案歌曲为网络用户上传且大部分为用户翻唱。被告经营的快手APP《用户服务协议》中明确规定，用户上传作品应当具有完整的合法权利并承担相应

---

[1] 参见北京互联网法院（2019）京0491民初38606号民事判决书。

责任。被告未向上传用户支付报酬或收取费用，"付费推广"是一般性平台服务收费项目，未针对涉案内容，也不是必经程序，用户可自行选择，不构成侵权。

北京互联网法院认为：由于快手 APP 曲库中的涉案歌曲没有明显的用户名等标记，被告亦未向本院提供曲库中涉案歌曲的上传者信息，本院难以认定曲库中的涉案歌曲由网络用户上传。因此，对于快手 APP 曲库中存在的涉案歌曲，被告提出的仅提供信息存储空间服务的抗辩意见，无事实和法律依据，本院不予采纳。被告未经授权在其经营的快手 APP 曲库中提供涉案歌曲的行为直接侵害了肆意文化公司对涉案歌曲享有的信息网络传播权，应当承担停止侵权、赔偿损失等侵权责任。

2. 未经许可使用他人音乐单曲制作短视频

音乐单曲一般由词曲作者享有版权。作为音乐单曲版权人的词曲作者有权决定是否允许他人使用其音乐作品，以及如何使用其音乐作品。对于短视频来说，背景音乐具有烘托气氛、渲染情绪的效果，而背景音乐的使用常常涉及音乐单曲的授权问题。在制作短视频的过程中，使用词曲作者享有权利的音乐单曲进行创作应取得词曲作者的授权，否则构成直接侵权。

【典型案例】

李春波与云南俊发宝云房地产有限公司等侵害著作权纠纷案[1]

原告创作了《一封家书》这一知名歌曲，是该歌曲词、曲的著作权人。被告于 2018 年 1 月 16 日在其公众号"昆明俊发城"中发布标题为"这封火遍昆明的家书，泪崩两代人"的文章。文章中配有题为"一封家书"的短视频（以下简称涉案视频），时长 05:52，视频文字介绍为"2018 版家书，唱出昆明人的生活点滴"。涉案视频内容在原告的歌曲《一封家书》基础上，讲述了三个故事。视频结尾显示"谨以此片，献给每一个城市中的奋斗者，俊发集团北京路 987 号俊发中心 23 楼，

---

[1] 参见北京市海淀区人民法院（2018）京 0108 民初 11116 号民事判决书。

65733333，俊发岁末购房节，一年一度，感恩钜惠"以及楼盘项目名称等内容。

原告主张，涉案视频未经许可使用了歌曲《一封家书》的词曲，未给原告署名，侵犯其署名权；对歌词进行修改，侵犯其修改权；涉案视频篡改了歌曲《一封家书》的本意，改编成宣传项目的营销方案，侵害其保护作品完整权；被告将歌曲《一封家书》制作成视频，侵害其改编权；涉案视频在网络中传播，侵害其信息网络传播权；被告未经授权表演歌曲《一封家书》，侵害其表演权；被告还将歌曲《一封家书》以电影或类似摄制电影的方法固定在载体上并进行播放，侵害其摄制权。

被告主张，其不是涉案视频著作权人，其委托昆明褐之石数码科技有限公司（以下简称褐之石公司）制作茉莉苑商业宣传视频，但是成品视频未包括茉莉苑楼盘任何信息，其未予验收，并未实施侵害李春波著作权的行为；后褐之石公司通过爱奇艺等平台上传涉案视频，被告仅是对腾讯网中的涉案视频进行转发，故即使被告存在侵权行为，也是侵害涉案视频作者的权利，不是原告的权利。

法院认为，被告认可涉案视频是依据《俊发茉莉苑微电影拍摄合同》由褐之石公司制作，该合同中载明拍摄作品的知识产权归被告所有，且被告认可涉案视频与褐之石公司交付给其的视频一致，并将涉案视频的词曲存档，被告辩称其非涉案视频的著作权人，与事实不符，故可以确认涉案视频的著作权人为被告。

被告作为涉案视频的著作权人，未经原告许可，在涉案视频中使用了对歌曲《一封家书》词曲进行改编后的歌曲，未给原告署名，并将涉案视频发布在其经营的微信公众号中，使公众可以在其个人选定的时间和地点获得该视频，侵犯了原告就歌曲《一封家书》词曲享有的署名权、改编权和信息网络传播权，应承担相应的侵权责任。关于修改权，由于涉案视频词曲构成对歌曲《一封家书》词曲的改编，不仅仅是对歌曲《一封家书》词曲局部的、简单的修正，故不属于修改权控制的行为；关于保护作品完整权，现无证据表明涉案视频歌曲或涉案视频对歌曲《一封家书》进行了歪曲、篡改，并对原告的作者声誉造成贬损，故该主张缺乏事实依据；关于表演权，由于本案事实是被告在涉案视频中使用了对歌曲《一封家书》词曲改编后的歌曲,并将涉案视频发布于网络中,并无对歌曲《一封家书》进行现场表演或机械表演的行为;关于摄制权,涉案视频内容主要讲述了三个故事,与歌曲《一封家书》词曲内容不相关。

3. 现场演出侵权

现场演出是以营利为目的的演出活动,包括演唱会、歌舞演出、大型实景演出等。《著作权法》第 38 条规定,使用他人作品演出,表演者应当取得著作权人许可,并支付报酬。演出组织者组织演出,由该组织者取得著作权人许可,并支付报酬。音乐现场演出是指在音乐演出过程中音乐创作者、音乐表演者和观众处于同一时间、同一空间的一种音乐演出,其通过音乐、歌唱和现场表演的形式向人们传达音乐人对世界的理解以及情感。[1] 这里的现场演出,仅指与观众面对面的演出,而不包括直接由机器设备表演作品或者由机器设备播放人对作品的表演。

【典型案例】

北京百慕文化发展有限公司与宋城演艺发展股份有限公司、丽江茶马古城旅游发展有限公司著作权权属、侵权纠纷案[2]

原告依法享有音乐作品《纳西情歌》(词曲:百慕三石)的著作权,被告宋城演艺发展股份有限公司于 2014 年开始在《丽江千古情》大型歌舞演出中使用《纳西情歌》。原告认为,被告宋城公司在《丽江千古情》大型歌舞演出中,未经授权擅自使用《纳西情歌》作为其演出的音乐,侵害了原告享有的《纳西情歌》的表演权,主张被告应立即停止在《丽江千古情》大型歌舞演出中使用《纳西情歌》。被告宋城公司、茶马公司共同辩称,《丽江千古情》表演全长 1 小时,通过精妙的编创将丽江具有代表性的民俗符号与文化元素呈现出来。《纳西情歌》的取材仅是纳西儿女的情感生活,且使用在其中一章节,展示的是"走婚习俗"这一民族特色主

---

[1] 李小月、王士君、浩飞龙:《中国现场音乐演出空间特征及成因》,载《人文地理》2020 年第 5 期。
[2] 参见浙江省高级人民法院(2020)浙民终 301 号民事判决书。

题,《纳西情歌》仅仅在该章节开场时做引入主题的作用。《纳西情歌》作为背景音乐仅占据了演出的一小部分,对演出效果与演出主题的增强、烘托十分有限。《丽江千古情》演出有 400 位演职人员进行剧情、舞蹈以及杂技表演,使用了上万套的机械道具,近千个天幕喷头搭建场景及 500 套的灯光设备,而涉案歌曲仅在其中的一幕作为背景音乐出现,时长为 2 分 23 秒,并且在该时间段演绎内容包含了剧情的编排表演、相应的场景设计布置、道具使用、舞蹈和舞美设计展示等等。在该时间段,观众的体验感来自于对剧情的共鸣及对舞美效果、舞蹈表演、场景布置的欣赏,故涉案歌曲作为背景音乐,不论是从演绎的整体效果,还是观众的体验来说,对整个演出影响都是非常小的。演唱会和音乐综艺节目主要基于对音乐作品的演唱,其表演主要围绕并受限于音乐作品,而《丽江千古情》演出系创作者取材于丽江民间传说,并结合剧情设计,以丰富的表演和现代化的科技手段所呈现出来的一个综合的演艺秀,整体已经构成了一个独创性表达,并不是对背景音乐的简单表演。并且涉案音乐作品的使用对宋城公司主营业务收入增益甚微。

法院经审理认为,《纳西情歌》的词曲符合独创性的要件,可以构成著作权法上的音乐作品。本案中,宋城公司和茶马公司认可"丽江千古情"景区表演项目《丽江千古情》中使用了《纳西情歌》的事实,即认可对《纳西情歌》作品进行了现场表演,实施了受该作品表演权控制行为的事实。宋城公司和茶马公司无证据表明该使用获得了相应权利人的许可,故其行为构成对《纳西情歌》表演权的直接侵权。

4.KTV 侵权音乐综艺节目

实践中,音乐综艺节目的著作权问题纷繁复杂,音乐综艺节目模式可能被抄袭,音乐综艺节目中产生的歌曲片段也可能通过某些途径被多次传播,极易被侵权。例如,有的 KTV 经营者未经许可,截取音乐综艺节目中的歌曲片段在其 KTV 经营场所中的点播系统中放映,向消费者公开播放。未经许可通过放映机、幻灯机等技术设备公开再现他人音乐作品,构成对放映权的直接侵权。

【典型案例】

上海灿星文化传媒股份有限公司与恩平市金咪俱乐部著作权权属纠纷案[1]

原告对音乐综艺节目《2018中国好声音》《中国好歌曲第三季》《中国新歌声第一季》享有著作权。被告未经原告许可，以营利为目的，在其经营场所通过卡拉OK点播系统及放映设备，向不特定的消费者公开播放涉案音乐综艺节目中的歌曲片段。

原告认为：被告未经原告许可，擅自在其经营场所使用原告享有著作权的歌曲，已构成侵权，应承担相应侵权责任。

被告辩称：音乐综艺节目作为录像制品，根据著作权法规定仅享有复制权、发行权、出租权、信息网络传播权，不享有放映权，故原告在本案中主张放映权没有事实与法律依据。

法院认为：涉案《2018中国好声音》《中国好歌曲第三季》《中国新歌声第一季》系大型竞唱的音乐类综艺节目，具有明确的个性化创作特征，在摄制技术上以分镜头剧本为蓝本，通过舞台设计、镜头切换、画面选择及后期剪辑等完成，所呈现的内容与涉案歌曲的原唱作品存在较大的差异性，包含创造性劳动，可以认定为作品。因此，金咪俱乐部上诉主张《2018中国好声音》《中国好歌曲第三季》《中国新歌声第一季》为录像制品，灿星公司不享有放映权理据不足，本院不予支持。本案金咪俱乐部的行为侵害了灿星公司对涉案作品所享有的著作权，其依法应当承担停止侵权、赔偿损失的民事责任。

5.餐厅、商场等场所机械播放他人音乐作品侵权

现实生活中，歌舞厅、餐厅、商场、飞机场、火车站、宾馆、酒店、超市等场所经常将他人音乐作品作为背景音乐播放，以此来营造氛围、促进销售。但播放背景音乐的行为容易发生版权侵权，若经营场所未取得著作权人的许可并支付报酬，将构成对表演权的侵犯。《著作权法》第24条规定，免费表演已经发表的作品，该表演未向公众收取费用，也未向表演者支付报酬，且不以营

---

[1] 广东省江门市中级人民法院（2022）粤07民终5512号民事判决书。

利为目的,可以不经著作权人许可,不向其支付报酬,但应当指明作者姓名或者名称、作品名称,并且不得影响该作品的正常使用,也不得不合理地损害著作权人的合法权益。尽管表演权控制的是现场表演和机械表演,但从该条文中的"未向表演者支付报酬"可以推断出,免费表演的合理使用仅适用于现场表演的情形,不包括机械表演。因此,商场、餐厅等场所机械播放他人音乐作品,不管该场所是否具有营利性质都不适用免费表演的合理使用,只要未经许可机械播放他人音乐作品,就构成对表演权的侵犯。因此,未经许可机械播放他人音乐作品,构成对他人表演权的直接侵权。

【典型案例】

中国音乐著作权协会与深圳华侨城股份有限公司著作权侵权纠纷案[1]

原告是经国家批准成立的、中国大陆地区唯一的音乐著作权集体管理组织,根据我国《著作权法》等相关法律法规的规定,国内、国际广大音乐词曲著作权人的授权以及国家赋予的著作权集体管理职能,原告有权向中国大陆地区的各类音乐作品使用发放著作权有偿许可并可以自身的名义从事维护音乐著作权的法律诉讼。根据原告与涉案音乐作品作者签订的《音乐著作权合同》,原告有权对涉案歌曲《地道战》的作词和作曲行使著作权。

被告成立于1997年9月2日,是一家上市股份有限公司,曾使用企业名称深圳华侨城控股股份有限公司,2010年6月8日,被告进行了企业名称变更,开始使用现在的企业名称深圳华侨城股份有限公司。深圳华侨城欢乐谷旅游公司成立于2004年5月28日,是被告的分支机构。

2012年9月13日及2013年10月11日、11月25日,原告的人员购票进入了深圳欢乐谷主题公园,并通过摄像的方式对深圳欢乐谷主题公园内组织的大型影视实景拍摄表演《地道战》进行了录像。经查,深圳欢乐谷主题公园组织的大型影视实景拍摄表演《地道战》中使用了任旭东、傅庚辰作词,傅庚辰作曲的音乐作品《地道战》,使用方式是在表演的过程中通过扬声器播放该音乐作品。在深圳华侨城欢乐谷旅游公司的官方网页

---

[1] 广东省深圳市南山区人民法院(2014)深南法知民初字第1272号民事判决书。

上，介绍了深圳欢乐谷主题公园组织的大型影视实景拍摄表演《地道战》，并对表演地点和时间进行了介绍，该表演的场次为除周四停演外，周一至周五每天演两场，周六、周日每天演三场。

2009年6月1日，原告（许可方）与深圳华侨城欢乐谷旅游公司（被许可方）签订了一份《音乐著作权使用许可协议》，约定原告许可深圳华侨城欢乐谷旅游公司在其所属或管理的主题公园中以播放背景音乐和现场表演的方式使用甲方管理的全部或部分音乐作品，许可使用的场所为深圳市华侨城欢乐谷主题公园红线范围内，许可使用的期限为2009年6月1日至2012年5月31日，许可使用的方式为在许可场所内以同时或者不同时、一次性或者多次机械播放和表演的方式使用许可作品，但另行收费的现场表演活动不在本协议规范之列。双方约定，深圳华侨城欢乐谷旅游公司在许可场所内以播放背景音乐和现场表演的方式使用甲方管理的音乐作品，应向甲方支付音乐著作权许可使用费。经查，该协议有效期届满后，原告与深圳华侨城欢乐谷旅游公司未就该协议续约或签订新的许可使用协议。

原告主张：被告在所属经营场所深圳欢乐谷长年累月地举办名为"地道战"的现场演出。被告在未征得权利人许可，未缴纳著作权表演权使用费的情况下，在其经营管理的深圳欢乐谷主题公园内通过扬声器播放原告管理的涉案音乐作品《地道战》，侵犯了他人音乐作品的表演权。

被告主张：原告在订立合同的过程中违背诚实信用原则，擅自变更音乐作品许可使用费收费标准，侵害被告的合法权益，应当承担缔约过失的损害赔偿责任及因此造成的不利后果。

法院认为：本案中原告是依法成立的音乐作品著作权集体管理组织，并通过《音乐著作权合同》取得了以信托方式管理涉案音乐作品（包括词曲）的公开表演权、广播权和录制发行权等。被告的分支机构深圳华侨城欢乐谷旅游公司与原告签订的《音乐著作权使用许可协议》已于2012年5月31日到期，且双方未就该协议续约或签订新的许可使用协议。在此情况下，被告在其经营管理的深圳欢乐谷主题公园内通过扬声器播放涉案音乐作品《地道战》并未获得音乐作品的著作权人或原告许可，其行为已经侵犯了著作权人对涉案音乐作品《地道战》享有的表演权。

（二）间接侵权

行为人没有直接实施侵害著作权人专有权利的行为，但是故意教唆、引诱他人实施著作权侵权，或在知晓他人侵权行为的情况下，对该侵权行为提供实质性帮助，则构成著作权的间接侵权。间接侵权包括三个构成要件：其一，有直接侵权行为的发生；其二，行为人有教唆、帮助行为；其三，行为人主观上有过错。在数字网络环境中发生的直接侵权行为都离不开网络服务提供者（数字音乐平台、互联网网站等）提供的系统，但不能因为用户上传了侵权内容就认为网络服务提供者构成间接侵权。认定网络服务提供者构成间接侵权的关键在于其"主观过错"的认定，目前包括我国在内的许多国家所采用的认定网络服务提供商是否存在"主观过错"的规则是"通知与移除"规则。例如，用户未经许可将他人享有著作权的音乐作品上传到网络服务提供者的网络平台中供其他用户浏览和下载，著作权人向网络服务提供者发出删除通知后，网络服务提供者未及时删除侵权内容的，即可认定其构成间接侵权。

【典型案例】

北京鸟人艺术推广有限责任公司与中央广播电视总台、北京酷我科技有限公司侵害作品信息网络传播权纠纷案[1]

原告于2004年2月26日与词作者庞龙、孔家欢签署《委托创作歌词作品合同》，与曲作者庞龙、韩东签署《委托创作歌曲作品合同》，约定了委托作品《家在东北》除署名权的全部著作权均属于原告，并于2004年首次出版发行庞龙演唱涉案作品《家在东北》的录音制品，同时在出版物上登载了著作权权利保留声明，原告对涉案作品《家在东北》享有的全部完整的著作权依法应受到保护。

原告经调查发现被告1中央广播电视总台作为国家最高广播电视机

---

[1] 北京互联网法院（2022）京0491民初18311号民事判决书。

构，未经许可，在其拍摄的视听作品《全球中文音乐榜上榜》综艺节目中使用了原告享有使用权的涉案作品，并将《全球中文音乐榜上榜》综艺节目中涉及表演选手庞龙演唱的《家在东北》的视频段落剪辑成为一个独立的《家在东北》视听作品在被告 2 北京酷我科技有限公司的平台上通过信息网络向公众传播。被告 2 作为在线音乐及娱乐服务的播放平台，未经原告许可，通过其经营的"酷我音乐"播放平台，向社会公众提供了由被告 1 侵权摄制《家在东北》视听作品的在线传播和下载服务。原告认为，被告中央广播电视总台未经许可也未支付报酬，将涉案音乐作品在综艺节目《全球中文音乐榜上榜》中侵权使用，并将其中涉及《家在东北》的片段剪辑成为一个独立的音乐视频作品进行网络传播，这种侵权行为不仅侵犯了原告对涉案作品摄制权享有的专有使用权，也侵犯了原告对涉案作品信息网络传播权享有的专有使用权，给原告造成严重的损失。另外，被告北京酷我科技有限公司作为专业向社会公众提供音乐内容的在线音乐传播平台，对其提供的全部作品应有合法来源均负有严格的注意义务。被告北京酷我科技有限公司未经许可也未支付报酬，在自己运营的酷我音乐传播平台向社会公众传播视听作品的行为同样侵犯了原告对涉案音乐作品信息网络传播权享有的专有使用权。

北京酷我公司辩称：涉案音乐作品由用户上传，系免费播放，平台流量极低，没有造成实际的传播，被告也没有通过涉案音乐作品获得经济利益。即使法院认定被告无权使用涉案音乐作品，被告也没有实施侵权行为。涉案作品由网络用户上传，被告只是提供网络存储空间服务的中立的平台服务提供者，且已经在被告平台上公示了侵权投诉渠道，而原告没有向被告发送过任何侵权通知，被告不应承担侵权责任。

法院认为：北京酷我公司未经原告许可，在其运营的网站中提供了涉案作品予以传播，使公众可以在其选定的时间和地点获得涉案作品，构成间接侵权，侵犯了原告对此享有的信息网络传播权，应承担停止侵权、赔偿损失的侵权责任。

近年来兴起的短视频平台中也存在一定的间接侵权乱象。在上述北京肆意文化传播有限公司诉北京快手科技有限公司侵害作品信息网络传播权纠纷案[1]中，法院认为，考虑到短视频平台存在在曲库中提供涉案歌曲的直接侵权行为，再结合短视频的音乐使用模式，短视频平台应当能够合理地认识到网络用户会使用其上传的涉案歌曲录制并上传短视频，且这些短视频又可被其他用户点赞、使用、下载等进而扩大涉案歌曲的传播范围，其本应当具有更高的注意义务，却未采取必要措施加以预防，主观上具有过错。因此，对于网络用户翻唱涉案歌曲并录制、上传短视频的行为，在短视频平台未提供证据证明其无过错的情况下，构成帮助侵权，应当承担相应的侵权责任。最终，法院判决短视频平台不仅要对其未经授权擅自上传热门歌曲的直接侵权行为负责，还要对平台用户使用该歌曲录制并上传短视频导致歌曲传播范围扩大的后果承担间接侵权责任。

二、侵权抗辩事由

数字时代下，作品传播效率大幅提高，这也意味着作品将更有可能被他人创新使用。在音乐创作领域内，随着数字音乐技术的深入发展，将原有数字音乐作品创新使用的创作方式被当下音乐人广泛运用。数字音乐作品创作方式的创新也促进了我国音乐领域的多样化发展。新的数字音乐作品创作方式广泛应用的背后同时涉及一个法律问题，即这种创作方式在未经许可下是否可以被认定为合理使用。而未经许可使用他人享有著作权的数字音乐作品，若符合合理使用或者法定许可的情形，也不构成侵权。

（一）合理使用

著作权合理使用是指在不得影响该作品的正常使用，也不得不合理地损害著作权人的合法权益的情况下，可以不经著作权人许可，不向其支付报酬，但应当指明作者姓名或者名称、作品名称。对数字音乐作品而言，合理使用的情形主要包括个人使用、教学科研使用和免费表演三种。

1. 个人使用

《著作权法》第24条第1款第①项规定的"为个人学习、研究或者欣赏，使用他人已经发表的作品"属于"个人使用"的合理使用。这种合理

---

[1] 北京互联网法院（2019）京0491民初38606号民事判决书。

使用的情形仅限于纯粹为个人目的而进行私下学习、研究或者欣赏，不包括传播行为。日常生活中，未经许可在数字音乐平台上下载数字音乐作品进行独自欣赏也属于合理使用。如前文所述，数字音乐平台上的数字音乐作品已经完成发表，如果是为了个人欣赏而进行下载使用则符合合理使用的情形。

【理论探讨】

混音创作是否适用合理使用？

混音，又被称为"音乐取样、音乐混搭、音乐重混"等，英文表述为 music remixing, music sampling 等。混音音乐是使用数字技术将大量现有的音乐作品片段进行重新剪辑改造形成的一种新型音乐产品。数字经济催生出的混音创作作为一种新的数字音乐作品创作样态，其已成为数字环境下的一种潮流。甚至在《我是歌手》《中国好声音》《天籁之音》等综艺节目中都流行这种混音创作，这些音乐综艺节目通过使用一些原创歌曲进行混音创作从而为观众带来不一样的听觉盛宴，受到广大观众的喜爱。混音音乐的销量在各大平台上也是遥遥领先。由此可见，混音音乐的出现在一定程度上促进了音乐市场的繁荣。[1]但需要警惕的是，混音音乐创作行为游离于版权的灰色地带，可能面临着版权侵权的风险。我国学者对音乐作品的侵权认定采用"8小节雷同即抄袭"原则。但混音音乐需要从大量现有音乐作品中截取部分声音片段用以再次合成，对于每首音乐作品而言，对其内容采样的音乐片段比例较小，达不到8小节雷同的程度，难以认定侵权。

混音创作不构成抄袭，是否意味着其对于其他音乐作品的采样使用构成合理使用？有研究认为，混音音乐需使用已有作品，但这种使用并不符合合理使用的情形，因此混音音乐创作者必须获得许可后方能进行合法创作。[2]

---

[1] 郑皓瀛：《数字化背景下混音音乐作品的著作权保护》，载《现代商贸工业》2021年第27期。
[2] 袁旺然：《重混音乐创作中利用他人作品行为的法律规制》，载《山东科技大学学报（社会科学版）》2020年第1期。

笔者认为：如果混音创作行为能够满足新《著作权法》第24条项下的12种情形之一，则可以依法认定混音创作对于其他音乐作品片段的使用行为是合理使用，即创作者可以在指明作者姓名或者名称、作品名称的前提下，不经著作权人许可，不向其支付报酬，便可以使用其在先的音乐作品，当然这种利用行为不得影响该作品的正常使用，也不得不合理地损害著作权人的合法权益。如果业余创作者是为了满足自我娱乐性的需求而进行混音创作，属于"个人使用"的合理使用。如果是职业的混音创作者，其一般是出于营利的商业目的进行混音创作，因此很难满足合理使用的要求。

2. 教学科研使用

我国立法规定，为学校课堂教学或者科学研究，翻译、改编、汇编、播放或者少量复制已经发表的作品，供教学或者科研人员使用，但不得出版发行[1]，或者通过网络向少数教学、科研人员提供少量已经发表的作品[2]，属于"教学使用"的合理使用。学校的音乐课堂上，音乐老师为了教学需要播放他人已经发表的数字音乐作品，属于合理使用行为。

3. 免费表演

免费表演的合理使用是对表演权的限制。《著作权法》第24条第1款第⑨项规定，免费表演已经发表的作品，该表演未向公众收取费用，也未向表演者支付报酬，且不以营利为目的属于合理使用。例如，学生使用他人的数字音乐单曲参加校园十大歌手比赛，没有向观众收费或收取报酬的情形，属于免费表演的合理使用。但是，应该注意到，同样是现场表演，餐厅内免费驻唱不属于免费表演的合理使用，因为在营利性场所进行的音乐表演具有吸引潜在消费者、招揽生意的目的，不符合"不以营利为目的"的要件。如前文所述，免费表演的合理使用仅适用于现场表演的情形，不包括机械表演。因此，特别注意，学校广播站播放他人音乐作品属于机械表演，不属于这里讨论的免费表演的合理使用情形。

---

[1]《著作权法》第24条第1款第⑥项。
[2]《信息网络传播权保护条例》第6条第③项。

【典型案例】

降拥卓玛、北京啊呀啦嗦音乐文化发展有限公司等侵害作品表演权纠纷案[1]

2014年12月17日，罗林（刀郎）向国家版权局申请办理了"国作登字-2014-B-00167541"作品登记证书，该证书载明：作品名称：西海情歌，作品类别：音乐作品，创作完成时间：2005年12月31日，首次发表时间为2006年9月21日，著作权人：罗林。罗林出具《授权确认暨声明书》，确认原告依法获得授权，在授权期限内独家享有或管理授权作品（西海情歌）的全部著作权，包括但不限于复制权、表演权、发行权、信息网络传播权。

2017年6月22日，被告避暑山庄公司（甲方、投资方）与第三人逸骏公司（乙方、承办方）签订《演唱会承办合同》，合同约定由甲方独资主办，乙方承办"山庄皇家窖藏12年中国皇家酒文化之夜"；演出规模15000人次；活动举办时间及地点，于2017年9月1日19时30分至22时，在承德市奥体中心举行；乙方负责安排本次活动演出所需艺人降拥卓玛等，并负责所需艺人此次演出的个人所得税代扣代缴，及其他一切费用的承担和支付。

2017年9月1日，被告降拥卓玛在"山庄皇家窖藏12年中国皇家酒文化之夜"活动中演唱了涉案音乐作品"西海情歌"。

原告主张：经罗林先生的授权，原告独家拥有涉案音乐作品的著作权，有权授权第三人以各种方式使用，包括授权他人以表演的方式使用。经查，2017年9月1日由被告主办的"山庄皇家窖藏12年中国皇家酒文化之夜新平泉新梦想群星演唱会"在承德奥体中心举行，被告降拥卓玛作为表演者演唱了《西海情歌》。根据《中华人民共和国著作权法》规定，著作权人对其作品享有表演权，有权许可他人公开表演作品并获得报酬。被告避暑山庄公司作为演出组织者有义务取得著作权人许可并支付报酬，被告降拥卓玛使用原告享有著作权的音乐作品参加演出，同样有义务获得著作权人的许可。两被告未经许可使用涉案音乐作品的行为构成对原告著作权的

---

[1] 河北省高级人民法院（2021）冀知民终51号民事判决书。

严重侵犯。

被告避暑山庄公司主张：根据《著作权法》第 37 条规定，使用他人作品演出表演者应当取得著作权人许可并支付报酬，演出组织者组织演出由该组织者取得著作权人许可并支付报酬，避暑公司与第三人逸骏公司签订了演唱会承办合同。合同中明确规定了双方的权利和义务，其中 2.1 条规定，乙方负责安排演出的艺人，韩磊、降央卓玛等人；国内知名男团、知名女团。2.6 条规定，乙方负责联系演职人员并签署演出协议。也就是说逸骏公司作为本次活动的组织者应当取得相关的著作权人的许可。同时作为本合同的主体应遵守合同的约定。承办合同 5.4 条规定，乙方过错造成索赔及其他法律责任，也就是说原告的诉讼请求应由乙方承担。本次演唱会为公益性演出，并非商业性质，不是以营利为目的，没有进行演唱会门票销售。其是为了平泉撤县设市答谢新老客户组织的演唱会。

被告降拥卓玛主张：同意避暑山庄公司的意见。根据《著作权法》第 28 条，使用作品支付报酬的标准可以由当事人约定，也可以按照国务院著作权行政管理部门支付报酬，当事人约定不明的，按照国务院著作权管理部门制作的标准支付报酬，而国家版权局制作了演出法定许可付酬标准暂行规定，该规定内容包括演出作品采用演出收入分成的付酬办法及从每场演出的门票收入抽取一定比例向著作权人付酬。而被告避暑山庄公司也提到本案的演唱会为公益性质，不收取报酬。降拥卓玛在本案中是表演者，不是组织者，《著作权法》第 37 条规定，由组织者承担获取授权及支付报酬的义务，原告向降拥卓玛提起诉讼请求没有法律依据。

法院认为：本案中，避暑山庄公司系案涉演出的组织者，降拥卓玛是案涉歌曲的表演者。两被告主张本次演唱会为公益性演出，并非商业性质，是不以营利为目的免费表演。根据《中华人民共和国著作权法》第 22 条第 1 款第⑨项的规定，其不应当承担侵权责任。但根据一审证据和双方陈述，案涉晚会的观众需要购买山庄皇家窖藏的酒，因此客观上起到了商业推广的作用，具有商业性质；且从避暑山庄公司与逸骏公司签订的演唱会承包合同看，演出艺人降拥卓玛需要交纳个人所得税，也可以佐证其并非免费表演。在演出的组织者和表演者均未获得著作权人许可并支付报酬的情况下，表演了案涉歌曲，已经违反了《中华人民共和国著作权法》第37条的规定。避暑山庄公司的组织行为和降拥卓玛的表演行为相结合，共同侵犯了原告对案涉歌曲享有的作品表演权。

（二）法定许可

法定许可是指在法律特别规定的情况下，实施某种原本受专有权利控制的行为，可以不经著作权人许可，但应当按照规定向著作权人支付报酬。我国著作权规定了6种法定许可的情形，其中与数字音乐版权相关的有以下3种：

1. 播放作品法定许可

《著作权法》第46条第2款规定："广播电台、电视台播放他人已发表的作品，可以不经著作权人许可，但应当按照规定支付报酬。"这里已发表的作品包括数字音乐作品。此项法定许可本质上是对广播权的限制。因为著作权人享有广播权，因此广播电台、电视台播放他人已发表的数字音乐作品，无须取得著作权人授权但需要支付报酬。

国务院曾针对2010年《著作权法》第44条制定了《广播电台电视台播放录音制品支付报酬暂行办法》，其第3条规定："本办法所称播放，是指广播电台、电视台以无线或者有线的方式进行的首播、重播和转播。"从文义解释的角度来说，"播放"是指播送、播出，应仅限于对原有作品的直接播送，不应改变作品的表现形式。但也有观点认为，播放作品法定许可中的"播放"指向的是广播组织向公众传播作品所采用的技术手段，不仅包括对录音制品的直接播送，还涵盖对音乐作品以现场演唱、演奏形式进行的播出。[1]需要注意的是，根据《著作权法》第48条的规定，电视台播放他人的视听作品、录像制品，应当取得视听作品著作权人或者录像制作者的许可。由此可推出，播放作品法定许可不适用于电视台播放视听作品和录像制品。

---

[1] 王迁、马妙苗：《论播放作品法定许可的适用范围》，载《版权理论与实务》2023年第1期。

【典型案例】

彼岸天（北京）文化有限公司与上海东方娱乐传媒集团有限公司等著作权权属、侵权纠纷案[1]

2016年1月，原告与脸雾公司签署《音乐作品委托创作协议》，约定原告委托脸雾公司为动画电影《大鱼海棠》（以下简称涉案电影）创作电影主题曲《大鱼》（以下简称涉案歌曲），词作者为尹约（肖旭），曲作者为钱雷。原告享有涉案音乐作品的著作权，即对该作品享有发表、修改、使用、获酬等所有著作权，音乐作品署名权由词曲作者保留。2017年11月18日，东方卫视播出《天籁之战》第二季第五期（以下简称涉案综艺节目），节目中涉案歌曲由歌手莫文蔚演唱，配乐由钢琴和提琴现场演奏，署名作词尹约，作曲钱雷。

原告主张：其制作并拥有全部著作权的动画电影《大鱼海棠》自2016年上映以来，在国内外获得众多奖项，歌曲《大鱼》系该电影主题曲，其拥有涉案歌曲词曲的全部版权。被告未经许可在其制作并在东方卫视播出的综艺节目《天籁之战》第二季第五期中使用了涉案歌曲，并在各大网络视频平台播放，侵害了原告的著作权。

被告主张：我国对电台电视台的广播权是法定许可制度，东方卫视有权使用已经发表的作品，但需要向权利人支付报酬。同时，被告已经与中国音乐著作权协会签订协议，支付过使用费。因此被告已经尽到了义务，不存在著作权侵权。

法院认为：关于被告所称我国对广播权适用法定许可制度，《中华人民共和国著作权法》（2010年版）第43条第2款规定，广播电台、电视台播放他人已发表的作品，可以不经著作权人许可，但应当支付报酬。第44条规定，广播电台、电视台播放已经出版的录音制品，可以不经著作权人许可，但应当支付报酬。当事人另有约定的除外。具体办法由国务院规定。上述法律规定允许广播电台、电视台可以不经权利人许可播放已经发表的作品或录音制品，但该种法定许可的适用范围仅限于播放，即播放权利人

---

[1] 北京市朝阳区人民法院（2020）京0105民初20745号民事判决书。

已经发表的作品或者录音制品。本案中，被告在其制作的综艺节目中使用涉案歌曲的词、曲，并非直接播放涉案歌曲公开发表的版本，而是请歌手现场演唱，并现场伴奏。此种使用方式不属于著作权法所规定的法定许可，仍应当取得权利人的许可方可使用，否则即为侵权。被告未经著作权人许可，在其制作的涉案综艺节目中使用涉案歌曲的词、曲，由莫文蔚演唱，并通过东方卫视播出，侵害了原告享有的表演权、广播权、摄制权。

2. 编写出版教科书法定许可

《著作权法》第 25 条第 1 款规定："为实施义务教育和国家教育规划而编写出版教科书，可以不经著作权人许可，在教科书中汇编已经发表的作品片段或者短小的文字作品、音乐作品或者单幅的美术作品、摄影作品、图形作品，但应当按照规定向著作权人支付报酬，指明作者姓名或者名称、作品名称，并且不得侵犯著作权人依照本法享有的其他权利。"这种法定许可主要是面向出版社。编写出版教科书法定许可也适用于数字音乐作品的使用，但有如下限制：①使用目的是"为实施义务教育和国家教育规划而编写教科书"；②尊重作者的署名权，标明出处；③仅限于短小的音乐作品，即义务教育教科书和国家教育规划教科书中使用的单篇不超过 5 页面或者时长不超过 5 分钟的单声部音乐作品，或者乘以相应倍数的多声部音乐作品[1]。

3. 制作和提供课件法定许可

《信息网络传播权保护条例》第 8 条规定："为通过信息网络实施九年制义务教育或者国家教育规划，可以不经著作权人许可，使用其已经发表作品的片段或者短小的文字作品、音乐作品或者单幅的美术作品、摄影作品制作课件，由制作课件或者依法取得课件的远程教育机构通过信息网络向注册学生提供，但应当向著作权人支付报酬。"由此可知，制作和提供课件法定许可仅针对信息网络教育。而教育工作者为现场教学制作课件而使用他人已发表作品的片段或者短小的作品，属于"教学使用"的合理使用情形。制作和提供课件法定许可同"编写出版教科书法定许可"一脉相承，只不过将法定许可从"编写出版教科书"拓展到了网络环境下使用课件进行教学活动的行为。制作和提供课件

---

[1] 参见国家版权局、国家发展和改革委员会颁布的《教科书法定许可使用作品支付报酬办法》。

法定许可的立法目的与编写教科书法定许可的立法目的一样,都是为了促进教育和国家教育规划的实施。

问题与思考

数字环境下中国音乐版权许可模式探讨

我国数字音乐产业发展之初盗版横行,2015 年国家版权局发布了《关于责令网络音乐服务商停止未经授权传播音乐作品的通知》,此次行动推进了音乐作品正版化。这也使得我国音乐市场自发形成了音乐版权独家授权模式。2015年以来,"独家版权"成为我国市场主体广泛采用的音乐版权许可模式。但是,音乐版权独家授权的许可模式备受争议。2017 年 9 月 13 日,国家版权局约谈了各网络音乐服务提供商,要求避免"授予独家版权"。在此影响下,腾讯、阿里以及网易云等网络音乐服务提供商开始探索版权转授权合作模式,数字音乐版权正式进入"独家占有+转授权"时代。

目前,我国数字音乐版权交易市场使用的许可模式主要有三种:第一种是通过中国音乐著作权协会和中国音像著作权集体管理协会进行集体许可;第二种是权利人直接授权许可;第三种是法定许可。在数字环境下,这三种许可模式各有其独特优势:第一种通过集体许可,为使用者提供一站式许可服务,能有效降低交易成本和提高许可效率;第二种能够更清楚地了解行情,更加自由地进行授权,有力地维护了自己的权益;第三种仅需通过向著作权人支付报酬即可使用作品,具有效率高、简便易行的优点。这三种版权许可模式也有各自缺点,如集中许可模式效率低下、权利人许可模式存在成本和渠道困境、法定许可模式条件不明。[1]关于以上几种模式的合法性与适应性,王迁教授认为,基于权利人授权的独占许可模式具有合理性,但要做适当修正与限制,建议立法者对版权公司向数字音乐平台发放的独占许可期进行限制,在 1 年期限满后,平台方才能对相同的音乐资源再次购买。[2]熊琦教授指出,应在制度解释上开放集中许可的适用主体,允许网络服务提供者选择

---

[1] 彭译萱:《我国数字音乐版权交易模式研究》,载《出版广角》2020 年第 23 期。
[2] 王迁:《著作权法限制音乐专有许可的正当性》,载《法学研究》2019 年第 2 期。

更加符合传播效率需求的许可类型，破除维护集体管理组织的市场支配力的立法初衷，鼓励不同许可主体适用不同许可模式进行竞争，方可为数字音乐产业的发展提供制度支撑。[1]也有学者认为，法定许可在著作权法许可模式法律建构中具有不可替代性。我国可适当借鉴美国经验，增设新的符合互联网商业模式的数字音乐法定许可类型。[2]

---

[1] 熊琦:《音乐产业"全面数字化"与中国著作权法三十年》，载《法学评论》2023年第1期。
[2] 蒋一可:《数字音乐著作权许可模式探究——兼议法定许可的必要性及其制度构建》，载《东方法学》2019年第1期。

第四章 网络视听版权

本章导读

文化产业的重要组成部分之一就是泛娱乐产业，包括游戏、影视、文学、动漫、音乐等"互联网+文化娱乐"等业态，这些业态目前多以视频载体面向用户，成为数字经济发展的重要支柱和新经济发展的重要引擎。网络视听产业在 2020 年市场规模已达 6009.1 亿元，相较 2019 年增加 32.3%，其中短视频市场规模 2051.3 亿，同比增长 57.5%，占比 34.1%。《中国网络视听行业发展报告（2023）》中指出，2022 年，中国泛网络视听产业市场规模超 7000 亿元，短视频和直播成为主要增量。2022 年中国网络视听行业市场份额及占比如下：短视频市场份额 2928.3 亿元，占比 40.3%；网络直播 1249.6 亿元，占比 17.2%；然后才是传统的视听作品（综合视频）1246.5 亿元，占比 17.2%。短视频和直播成为舆论宣传的主阵地，"视听+"助力多领域（乡村振兴、知识普惠、体育健身、信息传播等）数字化转型。微短剧成为视听新势力，2021~2022 年上线数量急剧增长（58 部增长至 172 部），各大长短视频平台纷纷入局，相继推出分账扶持计划。各大制作公司、MCN 机构也积极加入这一新赛道。

本章主要研究以下内容：①数字电影、数字电视剧的版权法律问题；②短视频、网络直播画面的可版权性问题及权利归属；③网络视听版权侵权及救济研究。

学习本章后，应该掌握电影、电视剧和其他视听作品、其他视听作品与录音录像制品的区别；能判辨短视频、短视频模板、特效道具、体育赛事直播等是否构成作品；掌握网络视频被侵权的方式及可采取的救济方式。

第一节 网络视听作品版权客体

一、网络视频概述

网络视频是指视频网站提供的在线视频播放服务,即将媒体数据压缩后,在网络上分段传输数据,观众以在线观看的方式进行播放的视频内容。这些内容可以包括各种类型,如电影、电视节目、短片、纪录片、视频博客(vlog)、教育视频、社交媒体视频、直播等等。其覆盖面广、传播迅速、影响力大,对现代媒体和娱乐产业产生了深远的影响。根据不同的分类标准,网络视频有不同的表现形式:根据时长划分,可分为长视频和短视频;根据价格划分,可分为免费视频和付费视频;根据视频来源划分,可分为专业用户生产内容(PUGC)、专业生成内容(PGC)和用户生成内容(UGC)。[1]

网络视频平台,如优酷、爱奇艺、抖音等,已成为人们获取娱乐和信息的主要渠道之一。这些平台不仅提供传统的电影和电视节目,还提供用户生成内容、直播流、互动节目和个性化推荐。此外,网络视频在教育和商业领域也发挥着重要作用。例如,通过网络课程和教学视频,学生可以接触来自世界各地的优质教育资源。企业也利用网络视频进行营销、培训和内部沟通。社交媒体平台的兴起也加速了网络视频内容的传播,允许用户快速分享和传播视频。这不仅促进了内容的病毒式传播,也为社交媒体影响者创造了一个强大的平台,他们通过自己的视频内容吸引粉丝和商业合作,使短视频经济取得了突飞猛进的发展。

二、网络视听作品的构成要件

"视听作品"是我国2020年《著作权法》新引入的术语,目的是适应视听技术的发展,回应时代之问。但从《著作权法》原文文本来看,"视听作品"缺乏定义,其内涵和外延不清;加之录像制品仍被保留,二者在表现形式和制作方式上都非常相似;因此,界定"视听作品"、明晰其内涵外延、明确其构成要件、划分与相关概念的边界是有必要的。

---

[1] 吴钰琦:《短视频平台的内容生产模式研究》,载《内蒙古科技与经济》2019年第16期。

(一)"视听作品"的构成要件

早在20个世纪90年代,就有部分学者在探讨"视听作品"。对"视听作品"的理解是可视、可听,有图像、有伴音,包括有声电影、电视、录像等。此定义是基于"视听作品"的字面意思,要求同时具备"视"和"听"两个要素。后来,有学者意识到,"可视、可听"还包括"现场表演",所以为了区分现场表演,在定义"视听作品"时,明确其不仅要可视、可听,还必须是被录制或者固定在某种物质上,借助适当的装置进行表演,才得以被看见和听见,包括有声电影、录像作品、电视剧、唱片或类似的配音图像作品。总之,视听作品是指通过机械装置能直接为人的视觉和听觉所感知的作品,包括电影、电视剧在内的所有上述提到的通过视听设备播放的视频,如音乐视频、纪录片、动画短片、教育讲座录像、游戏录像等,这类作品可以在不同的平台上播放,包括电影院、电视、互联网或其他媒介。

1. 可视或者可视听,即不要求必须有伴音

就"视听作品"的字面意思而言,确实包含了"视"和"听"两个要素,但不能对其作机械理解。视听作品的必备项是"可视",可选项是"可听",如果只有伴音,不构成视听作品;如果只有图像,相当于"无声影像"。无声影像是因为早期技术水平有限,无法实现图像和声音由同一装置同步播放,但从表现形式看,其仍符合"视听作品"的定义。

2. 视听作品的表现形式是系列相连的(活动)图像、连续画面或者影像

虽然各国立法在用词上稍有差别,但表达的意思是一致的,即强调"系列相连",意在区别静态的图像作品、摄影作品。

3. 可固定性

域外国家界定"视听作品"时,普遍没有要求固定媒介的形式。在美国、英国等版权法国家,为了实现作品的经济利益,要求视听作品可固定,认为作品只有被固定下来,才便于复制、传播和利用;而在德国、法国等作者权法国家,则未明确要求视听作品必须具备"固定性"。《尼泊尔公约》同样没有强制要求作品必须具有"固定性"。既然如此,对视听作品"固定性"的理解,不能偏执,应灵活把握。当视听作品以"声画"形式表现出来时,即被"固定";在网络环境中,虽然具有各种不确定性,但即使是"边录边播"的情况,仍然能通过数字存储技术实现"固定"。比如,观看视频直播时,视频画面总是会

有延时，这正是因为视听作品在进行云端"存储"，所以产生了时间差。因此，视听作品的"固定性"是"可固定性"，即可以被固定或者是具有固定的可能性，而非事先被稳定固定。

4. 借助某种装置或设备播放

视听作品需要通过一定装置或设备，才能再现其"连续影像"，从而被感知。至今，域外各国对于器械设备，均没有特定要求。

（二）其他视听作品与电影、电视剧作品的区分

第一，从词源上看，视听作品（audiovisual works）不等同于电影作品（cinematographic works）。

第二，"视听作品"对应的是"类电作品"，与电影作品是平行的概念。《伯尔尼公约》将"电影作品和以类似摄制电影的方法创作的作品"定义为具有广泛包容性的类别，涵盖了不同体裁、长度、制作方式的作品，无论是商业制片公司、电视组织还是业余爱好者制作的，都可以纳入其中。《伯尔尼公约》还讨论了现场直播连续画面的保护问题，最终决定这类作品只要在表现形式上与传统意义上的电影类似即可，不管其是否预先固定在物质载体上。在《视听作品国际注册条约》中，"视听作品"被定义为由一系列已录制的相关画面组成的作品，可以是有伴音或无伴音的，并可被视觉感知，当有伴音时，还可被听觉感知。这一定义与《伯尔尼公约》中的定义基本一致，但主要区别在于不包含未预先录制就播出的连续画面。[1]

第三，视听作品包含电影、电视剧。在我国 2020 年《著作权法》中，视听作品实际上是电影作品的上位概念，囊括了"电影作品"和"其他视听作品"，中国引入"视听作品"的概念不是为了取代"电影作品"，而是为了解决"类电作品"概念。这是为了适应新形式的视听内容：在技术和互联网的发展下，出现了各种新型视听内容，如游戏画面、直播、小视频、体育赛事画面等。这些内容不是电影作品，也不是类电作品。因此，引入视听作品的概念有助于确保这些新兴视听作品形式得到适当的保护。

（三）视听作品与录音录像制品的关系

"录音录像制品"概念一直存在于我国著作权法中。早期，立法者曾将其

---

[1] 王迁:《论视听作品的范围及权利归属》，载《中外法学》2021 年第 3 期。

解释为"通过技术设备完整或略作处理地再现已有作品或表演"。该解释容易让人理解为复制品即为录音录像制品。这一认识随着著作权法理论的发展被予以纠正。我国《著作权法》在2001年被第一次修正，根据官方解释，录音录像制品是指电影作品和以类似摄制电影的方法创作的作品以外的，任何有伴音或者无伴音的连续相关形象、图像的录制品，是将已制作成功的作品再重新进行翻录，完全运用原制成品的各项标准、要求，或是机械地将表演者的表演或景物录制下来的非智力创作成果。这种录音录像制品在制作人的录制过程中不需要发挥想象力、不需要发挥创造性，其只是一种复制技术，因此不属于著作权法中规定的作品范畴。

我国《著作权法》之所以规定"录音录像制品"，是为了保护对"现场表演"的录音录像，赋予录音录像制作者所享有的权利，是一种邻接权。因此区分"录音录像制品"和"视听作品"的关键在于是否创作出区别于已有作品的"新作品"，也就是视频是否具有想象力和独创性。比如，对现场表演的录制，如果录制行为产生了一个全新的作品，那么该行为是一种创作，该作品属于其他视听作品；但如果录制物与现场表演并无实质差别，那么录制行为是一种记录，该录制物属于录音录像制品。其他视听作品可以受到著作权法保护，而录音录像制品是邻接权的客体，其制作者不享有著作权，只享有邻接权。

三、网络视听节目作品属性

（一）短视频的作品属性分析

短视频是指长度以秒或分计算，可以依托新媒体设备观看，并且可以实时在网络媒介中上传与分享的视频类型。2020年短视频占据34.1%的市场份额，在2022年已经达到40.3%，主要短视频平台为抖音、快手，兼有UGC和PUGC内容，我们重点对短视频的可版权性进行分析。

其中PUGC和PGC模式因有专业机构的技术支撑和资金辅助，在脚本撰写、专业运镜、镜头剪辑等短视频制作过程中凝聚团队智慧，制作的短视频一般具有较高的独创性，在司法实践中通常能够被认定为作品，但其也容易成为其他用户竞相模仿的对象，甚至成为模板被其他用户二次创作。UGC模式则由普通网络用户自主拍摄、制作，一经短视频平台注册同意其条款便可录制上传短视频，其视频内容可能是对身边日常事物的拍摄分享、突发公共事件的记录传播或通过剪辑切分将长视频作品制成短视频等。由于 UGC 对于用户的专业性没有要求，导致大量作品存在创作程度低、形式雷同等情况[1]。该类短视频是否被视为作品，还需遵循个案判断的原则对其进行认定。

一般来说，短视频内容丰富、短小精悍，时长限制在 15 秒到 5 分钟之间，内容涵盖范围广，相较于传统媒体，短视频节奏更快，内容也更加紧凑，符合用户的碎片化阅读习惯，也更方便传播。而这也产生了一个短视频版权认定问题，即短小精悍的短视频是否构成作品呢？网络视频作品是否要达到一定时长才算得上是作品呢？这一点法律没有明文规定。

【典型案例】

北京微播视界科技有限公司与百度在线网络技术（北京）有限公司著作权权属、侵权纠纷案[2]

时间：2019 年 4 月
原告：北京微播视界科技有限公司
被告：百度在线网络技术（北京）有限公司、百度网讯科技有限公司

原告诉称：抖音平台上发布的"5.12，我想对你说"短视频（以下简称"我想对你说"短视频），系由"黑脸V"独立创作完成并上传，该短视频是在 13 秒的时长内，通过设计、编排、剪辑、表演等手法综合形成的作品。作品一经发布点赞量达到 280 多万，成为以类似摄制电影的方法创作的作品（以下简称类电作品）。被告未经原告许可，擅自将"我想对你说"短视频在伙拍小视频上传播并提供下载、分享服务，从而吸引大量的网络用户在伙拍小视频上浏览观看，侵害了原告对"我想对你说"短视频享有的信息网络传播权。

---

[1] 倪春桦：《网络短视频著作权的认定及保护——以"抖音短视频"平台为例》，载《科技传播》2022 年第 24 期。
[2] 参见北京互联网法院（2018）京 0491 民初 1 号民事判决书。

两被告辩称:"我想对你说"短视频不具有独创性,不构成著作权法保护的作品。该短视频表达的思想与其他模仿手势舞并上传短视频的用户没有差异性,不具有独创性,达不到类电作品的独创性高度要求。该视频时长仅为13秒,创作空间小,主要素材均来自于党媒平台的示范视频,独立创作因素少;在素材的拍摄、拍摄画面的选择和编排上,不存在选择或者筛选的情况;在网络上存在大量的与"我想对你说"短视频类似或者相同的短视频;参与表演的人物并不是原权利人本人。

法院认为:"我想对你说"短视频是否属于类电作品,关键在于对其独创性方面的判定。《最高人民法院关于审理著作权民事纠纷案件适用法律若干问题的解释》第15条规定,由不同作者就同一题材创作的作品,作品的表达系独立完成并且有创作性的,应当认定作者各自享有独立著作权。根据上述规定,作品具有独创性,应当具备两个要件:①是否由作者独立完成;②是否具备"创作性"。

(一)关于"独立完成"的认定

党媒平台及人民网的示范视频和网络下载图片原本是没有任何关系的独立元素,"黑脸V"将上述元素结合制作出的"我想对你说"短视频,与前两者存在能够被客观识别的差异。该短视频与抖音平台其他参与同一话题的用户制作的短视频亦存在较大区别,且没有证据证明该短视频在抖音平台上发布前,存在相同或近似的短视频内容,故本院认定"我想对你说"短视频由制作者独立创作完成。

(二)关于"创作性"的认定

其一,视频的长短与创作性的判定没有必然联系。客观而言,视频时间过短,确实可能很难形成独创性表达,但并不排除有些视频虽然不长,却能较为完整地表达制作者的思想感情的情形,则这种视频具备成为作品的可能性。在此情形下,视频越短,其创作难度越高,具备创作性的可能性越大。其二,"我想对你说"短视频体现出了创作性。在给定主题和素材的情形下,其创作空间受到一定的限制,体现出创作性难度较高。虽然该短视频是在已有素材的基础上进行创作,但其编排、选择及呈现给观众的效果,与其他用户的短视频完全不同,体现了制作者的个性化表达。其三,"我想对你说"短视频唤起了观众的共鸣。其带给观众的精神享受亦是该短视频具有创作性的具体体现。抖音平台上其他用户对"我想对你说"短视频的分享行为，亦可作为该视频具有创作性的佐证。故法院认定"我想对你说"短视频符合创作性的要求。

我们知道，短视频虽然可能会因为视频时间长短而限制其表达方式，但这并不意味着就不能将其认定为视听作品，只要其具有独创性并可以一定形式表现，就可以受到著作权法保护。那么短视频作品的著作权是什么时候产生的呢？通常来说，著作权在作品创作完成时自动产生，不需要注册或其他形式的申请。这意味着在短视频作品创作完成后即享有著作权保护。如果一个需要审核的网络视频在审核过程中被侵权，这通常也被认为是作品侵权。即使作品尚未发布，只要它是原创的、有一定的创造性和完成度，就能获得著作权法保护。

（二）短视频模板的作品属性分析

随着短视频的爆火，短视频模板也成为一个热门话题。短视频模板是指在数字互联网时代产生的，视频长度不超过 5 分钟；制作者为了突出某一主题或思想而将音频、文本、贴纸、特效等要素进行组合而形成的标准化短视频范式。其是一种由制作者提前编辑、可供不同用户反复使用的固定视频形式，通常由制作者为用户提前制作好音频轨道、转场特效和卡点变速等技术效果，用户只需要导入手机里面的照片或视频而修改模板中的部分内容就可以获得一个精美成熟的短视频并上传到相关平台。[1]这些模板通常由短视频平台或第三方应用提供，使用户能够轻松地制作具有吸引力的内容，无需深入了解复杂的视频编辑技术。用户可以简单地上传自己的图片或视频，选择一个模板，然后生成一个看起来专业制作的短视频。这种便捷性极大地促进了用户创作的积极性，同时也为平台带来了更多的内容和流量。然而，这也引发了一系列著作权相关的问题。例如，模板本身是否可以获得著作权保护？用户使用这些模板创作的作品又如何界定？

在解决上述问题之前，我们要先了解短视频模板的分类。以剪映 APP 为

---

[1] 谢雯鹏：《短视频模板独创性认定与保护研究——以首例短视频模板侵权案为分析视角》，载《湖北第二师范学院学报》2022 年第 12 期。

例，根据短视频模板的内容不同，可分为卡点、玩法、旅行、Vlog、风格大片等类型。从判断著作权独创性的角度出发，可以将视频模板分为以下两类：一是固定型模板。该类模板主要是根据音乐节奏的变化展示照片或播放视频，制作者仅需设置插入图片或视频的位置，此类型模板缺乏创造性与故事性，形式较为单调，不同制作者根据相同音乐制作出的模板基本一致。二是特效型模板。该类模板主要利用剪辑技巧和创意，画面精美震撼，特效型模板一般都有特定的主题，内容与形式都具有较强的创造性，需要制作者各个方面的智力投入，制作者需要根据想要表达的情感与风格，挑选出符合该视频基调的背景音乐，并选取各种贴纸、滤镜、转场效果和文本等元素，随后根据个性表达的需要合理安排各类元素的出现顺序、所在位置以及持续时长。短视频模板的制作需要制作者投入大量的智力劳动，各类元素之间的挑选、顺序以及设计，体现了不同制作者的个性与风格。固定性模板不具有独创性，不在著作权法保护范围内。我们主要探讨的是特效型模板是否可以获得著作权保护？用户使用这些模板创作的作品又如何界定？

【典型案例】

杭州互联网法院判决北京微播公司等诉杭州看影公司等著作权侵权纠纷案——短视频模板作品独创性的判断标准[1]

时间：2020 年 11 月

原告：北京微播视界科技有限公司（以下简称微播公司）、广东省深圳市脸萌科技有限公司（以下简称脸萌公司）

被告：杭州看影科技有限公司（以下简称看影公司）、杭州小影创新科技股份有限公司（以下简称小影公司）

  微播公司是抖音 APP 的运营者，将视频编辑软件——剪映 APP，授权给脸萌公司运营。

---

[1] 山西省神池县人民法院：《短视频模板作品独创性的判断标准——杭州互联网法院判决北京微播公司等诉杭州看影公司等著作权侵权纠纷案》，载 https://xzscfy.shanxify.gov.cn/article/detail/2022/02/id/6538572.shtml，最后访问日期：2024 年 6 月 12 日。

原告主张：其经制作人授权获取了发布在剪映 APP 上的"为爱充电"短视频模板的相关著作权权利，认为被告在其运营的 Tempo APP 上传该短视频模板供用户播放、使用、分享，并通过售卖会员方式收费，侵害了其信息网络传播权等权利。

被告辩称：该短视频模板使用的是公开元素，时长较短，不具原创性，不构成作品。

法院主张：涉案短视频模板在剧情的安排和画面的组合上，制作者根据"女生节表达爱意"为主题，确定了风格基调。创作者在选择背景音乐、图片等元素时，结合音乐的节奏点搭配贴纸、特效、滤镜、动画等多种元素，塑造了一个情感故事。法院指出整个创作过程展现了智力创造空间，具有独特的选择、安排与设计，体现了制作者的个性化表达。涉案短视频模板通过连续动态效果呈现，由一系列伴音的画面组成，其符合新著作权法对视听作品的定义。因此，法院判定两被告在运营的 APP 上提供侵权短视频模板构成侵害作品信息网络传播权。

作者评述：作品是著作权保护的起点，其独创性的认定涉及创作者与公众之间的利益分配，考量因素在于是否有利于作品的创作与传播。在独创性标准的弹性解释空间中，对于确有保护必要、有利于产业发展的客体，可根据最相类似的作品类型给予保护，促进新兴产业发展。短视频模板属于短视频，由创作者对各种元素进行编排形成框架，并预留可替换要素，方便用户个性化创作。在认定标准上，短视频模板必须由作者独立创作完成，具备创作者思想或情感内容的表达，体现作者个性。独创性与短视频模板时间长短无关，只要能完整表达制作者的思想感情即可。涉案短视频模板的独创性标准判断需考虑短视频模板行业的特点，素材的选择和编排方式是判断独创性的关键因素。涉案短视频模板在创作过程中虽然选择了已有元素，但在发布前并不存在与其相似的模板，且创作者对这些元素进行了选择和编排，使最终形态具有可识别的差异。因此，涉案短视频模板由制作人"阿宝"独立创作完成，具备独创性。关于利用短视频模板制作短视频的行为定性，被控侵权模板与涉案模板在不可编辑部分的个性化选择、设计与排列上相同，整体上构成实质性相似，可任意替换任务图片的部分不是该短视频模板的核心要素，也就不是涉案短视频模板的独创性所在。因此，二者在整体上构成侵权。

通过该短视频模板侵权案，我们可以明确，当一个模板足够独特，能展现其原创性设计，那么它可能会被视为能获得著作权保护的作品，可以被认定为著作权法意义上的视听作品。

另一方面，短视频平台允许用户使用预制模板来创建内容，这可能会降低视频的独创性。然而，如果用户在使用这些模板的基础上加入了自己独特的内容，如原创音乐、独特的视角、创意的剧情等，这样的短视频还是可以被认定为具有独创性的作品。如果这些视频在表达上高度依赖模板的设计，那么它们的独创性可能会受到质疑。

随着这一领域的快速发展，法律界和创作者社区需要找到平衡点，既要保护模板设计者的合法权益，又要鼓励用户创作和分享内容。这可能需要新的法律框架或现有法律解释的更新，以适应数字时代内容创作的新形式。在这个过程中，确保公平使用和促进创新将是关键的挑战。

（三）特效道具是否构成视听作品

短视频平台中的特效道具，通常指的是一种增强视频效果的数字工具。这些道具通过软件算法为视频添加视觉和音频效果，使内容更加吸引人、更具有娱乐性，它们可以包括滤镜、动画、面部识别特效、背景更换、音效、互动等。其中，滤镜和视觉效果可以改变视频的颜色、亮度或添加艺术效果，比如模仿复古电影或卡通风格；动画和动态贴纸是通过面部识别技术，将动画元素，如动物耳朵、眼镜或其他装饰品，添加到用户的脸上；背景更换是指某些特效道具可以识别和替换视频中的背景，使得用户看似身处于不同的环境中；音效和音乐用来增强视频的情感表达；互动元素则是包括投票、问答等互动功能，提高观众参与度。这些特效道具在提高视频创造力和用户参与度方面发挥着重要作用，尤其是在如抖音、快手等中国短视频平台上。通过简化视频编辑过程，它们使普通用户也能轻松制作出专业水准的内容。特效道具融入了各种元素，是否体现了一定的独创性，能构成视听作品呢？

【典型案例】

北京微播视界科技有限公司、浙江今日头条科技有限公司与某公司侵害作品信息网络传播权及不正当竞争纠纷案[1]

时间：2021年12月

原告：北京微播视界科技有限公司、浙江今日头条科技有限公司

被告：某公司

2020年11月，由原告运营的抖音小视频平台上线了"梦幻云"的特效道具及其图标，被告也随即在其运营的短视频平台上上线了"挡脸云朵"特效道具。

原告主张："梦幻云"特效道具构成视听作品，其图标构成美术作品，被告的"挡脸云朵"特效侵害了其著作权。

被告辩称："梦幻云"特效道具与用户有交互的情况下，形成的整体形象的相关权属应属于用户，而非原告；且"梦幻云"特效道具无论从静态还是动态的角度来看，都是对公共领域已经存在的元素进行简单组合，不具有独创性，不构成视听作品。

法院认为：虽然用户参与了"梦幻云"特效道具的交互过程，但是用户形成的整体画面，均是基于"梦幻云"特效道具提前设定才得以呈现，所以用户在使用特效道具的过程并不是著作法意义上的创作劳动。且"梦幻云"特效道具在画面衔接、画面动感方面表达出某种精神，该精神是静态画面无法表达的内容，因此该"梦幻云"特效道具属于视听作品，北京公司"挡脸云朵"特效侵害了原告"梦幻云"特效道具的著作权。

本案中，在分析"梦幻云"特效道具是否构成视听作品的过程中，应从"表达——思想"二分法来分析。我们都知道，著作权法保护的是对于思想的独创性表达，并不保护思想本身。因此，我们应将该特效道具中不受保护的思想抽离出去，再将属于共有领域的部分过滤，对剩下的表达判

---

[1] 搜狐头条：《全国短视频特效首案宣判！复制抖音特效道具构成侵权》，载 https://www.sohu.com/a/509519983_121124708，最后访问日期：2024年6月12日。

断其是否符合视听作品独创性的要求。[1]概括性"犹抱琵琶半遮面"主题设计是思想,但是如何展示、体现"美人卷珠帘"式的连续动态画面效果则是具体表达。"梦幻云"特效抽象到具体的过程可以描述为:第一层次:"犹抱琵琶半遮面"主题设计,该内容应属于思想范畴。第二层次:蝴蝶、光环、月亮、云朵、翅膀等元素选择及设计,在这一层面,上述元素虽然属于公有领域,但上述元素的具体设计仍然可构成作品。[2]第三层次:嘟嘴+云朵散开,蝴蝶翅膀散落在用户眼角,视频四周出现粉色云朵,即结合互联网和数字技术,体现连续动态画面上下衔接的特点。第四层次:开始界面+嘟嘴识别+终止界面,即作者通过逻辑推演、情境设置,对整个连续动态画面进行展示。随着用户嘟嘴,左眼处蝴蝶扇动翅膀,遮挡用户眼睛的云朵由中间向两边散开,用户面容完整展现,终止页面蝴蝶翅膀散落在用户眼角,视频四周出现粉色云朵。这一层面中,"犹抱琵琶半遮面"主题思想已经具象为具体表达,且该种表达方式中包括的元素选择、搭配、呈现方式、画面安排等都并非唯一的、有限的表达方式。故"梦幻云"特效道具整体不宜认定为属于思想范畴,但是这种概括性"犹抱琵琶半遮面"主题设计属于思想的一部分,应当从视听作品中抽象出来,不受著作权法保护。

最终落脚于视听作品连续画面是否符合作品独创性的要求,考量因素包括:其一,从连续画面整体来看,作者对"梦幻云"特效道具中各元素如云朵、月牙、光环、蝴蝶等位置的选择,各元素形状的设计,图标的设计等展现了人被云朵环绕的朦胧美,是一个动态的、具有连续性、上下衔接的画面展示过程;其二,从连续画面动态展示效果来看,作者对"梦幻云"特效道具中人机互动方式、云朵散开的动态效果设计具有独创性,随着用户嘟嘴,左眼处蝴蝶扇动翅膀,遮挡用户眼睛的云朵由中间向两边散开,用户面容完整展现,呈现出"美人卷珠帘"的明媚惊喜感,整个连续画面的动态变化体现作者的个性化选择和逻辑;其三,从连续画面的美感而言,"梦幻云"视听作品终止页面蝴蝶翅膀散落在用户眼角,视频四周出现粉色云朵,配合特效轻妆淡抹的少女感妆效,营造出清新明媚的美好

---

[1] 何渊:《计算机软件用户界面是否构成"作品"》,载《电子知识产权》2005年第10期。
[2] 王粟:《流媒体时代视听作品的独创性判断》,载《柳州职业技术学院学报》2022年第6期。

惊喜感，给用户以美感享受。

（四）体育赛事直播连续画面是否构成视听作品

体育赛事直播将现场比赛通过摄像机转化为可传输的信号，经加工后向观众呈现。此过程中，赛事本身不受著作权法保护，因其展现的是运动员的体能和技巧，而非原创的文学艺术作品。然而，体育赛事节目的制作包括了图像捕捉、文本编排、配音、剪辑等多个创造性环节，这些环节反映了制作团队的智力劳动，赋予了节目以独创性。[1]如在"凤凰网中超赛事案"中，节目的选镜、切换、摄制角度等表现形式，确立了其作为独立作品的著作权属性。因此，体育赛事节目的可复制性和独创性是其受著作权保护的关键因素。体育赛事节目在著作权法中的作品性质，取决于其背后融入的创造性劳动程度。节目制作过程中，摄制团队通过机位设置、镜头选择、画面编排和特写运用等方式，展现其对事件的独特视角和解读，进而赋予节目原创性。此外，节目的可复制性亦是其作为受保护对象的重要特征，它使得节目能够在不同媒介上进行广泛传播。因此，尽管体育赛事本身不是著作权的保护对象，但是经过加工后的体育赛事节目，由于其独创性和可复制性，符合著作权法对作品的定义。

【典型案例】

北京新浪互联信息服务有限公司与北京天盈九州网络技术有限公司侵害著作权及不正当竞争纠纷[2]

时间：2015 年 6 月
原告：北京新浪互联信息服务有限公司
被告：北京天盈九州网络技术有限公司

原告获得了 2012 年 3 月 1 日起为期 2 年的中超联赛视频独家播放权，涵盖比赛直播、录播、点播等服务。被告在其"中超"栏目下设立了"体育视频直播室"（网址为 ifeng.sports.letv.com）。原告对 2013 年 8 月 1 日

---

[1] 朱雪寒：《互联网环境下体育赛事节目的著作权保护》，载《劳动保障世界》2017 年第 26 期。
[2] 参见北京市高级人民法院（2020）京民再 128 号民事判决书。

的"山东鲁能VS广东富力"和"申鑫VS舜天"两场中超联赛比赛进行了公证，包括实时直播视频，具备回看、特写、场内、场外、全场、局部的画面，并提供全场解说。

原告主张：要求被告停止侵犯著作权和不正当竞争行为。

被告辩称：原告诉求不明，且其起诉于法无据，足球赛事并非著作权法保护的对象，对体育赛事享有权利并不必然对体育赛事节目享有权利；原告未获得作者授权，且其获得的授权存在重大瑕疵，故并非本案适格主体。

一审法院认为：中超联赛责任有限公司（以下简称中超公司）于2006年3月8日经中国足协授权，取得了中超联赛资源代理开发经营的唯一授权，有效期为10年，包括中超联赛的电视、广播、互联网及各种多媒体的版权。2012年3月7日，中超公司与新浪互联公司签订了协议，规定了新浪互联公司在门户网站领域独家播放中超联赛视频的权利，包括比赛直播、录播、点播、延播，期限为2012年3月1日至2014年3月1日。协议中明确规定了与新浪网业务相同或有竞争关系的多家互联网门户网站，包括凤凰网。这些与新浪网有竞争关系的门户网站不得以任何形式直接盗用电视信号直播或录播中超赛事，以及制作点播信号，并公然虚假宣传拥有或通过合作获得直播、点播中超赛事的权利。2012年12月24日，中超公司再次向新浪互联公司出具授权书，明确新浪互联公司在合同期内享有门户网站领域独占转播、传播、播放中超联赛及其所有视频的权利，并授权新浪互联公司采取一切法律手段阻止第三方违法使用上述视频并获得赔偿。被告的转播行为侵犯了原告就涉案赛事享有的转播权利，判决被告停止播放中超联赛2012年3月1日至2014年3月1日期间的比赛。

二审法院认为：涉案两场赛事公用信号所承载的连续画面既不符合电影类作品的固定要件，亦未达到电影类作品的独创性高度，故涉案赛事公用信号所承载的连续画面未构成电影类作品，据此判决撤销一审判决，驳回新浪公司的全部诉讼请求。

再审法院认为：二审法院对"摄制在一定介质上"的解释过度限缩了该类作品的内涵和外延。中超联赛赛事公用信号所承载的连续画面的制作存在较大的创作空间，并不属于因缺乏个性化选择空间进而导致表达有限的情形。涉案赛事节目构成现行《著作权法》保护的电影类作品，而不属于录像制品，被诉直播行为侵犯了新浪公司对涉案赛事节目享有的"著作权人享有的其他权利"。

再审法院认为：电影类作品与录像制品的划分标准应为独创性的有无，而非独创性程度的高低。

该案件是国内体育赛事节目网络直播著作权纠纷第一案，核心争议在于体育赛事节目是否构成现行《著作权法》所保护的电影类作品。明确提出电影类作品与录像制品的实质性区别在于连续画面的制作者是否进行了创作，所形成的连续画面是否具有独创性，二者的划分标准应为独创性的有无，而非独创性程度的高低；[1]对电影类作品定义中的"摄制在一定介质上"则应作广义解释。体育赛事公用信号所承载的连续画面构成电影类作品。

体育赛事直播节目的制作方式与电影制作在多个方面具有高度相似性：①策划与导播方面，体育赛事转播的策划方案相当于电影的剧本，涵盖球员资料、比赛历史、突发事件应对等的导播方案，类似电影拍摄的指导文件。②镜头应用方面，由于体育赛事的实时性和不可重复性，直播会使用多机位、多角度摄制，类似电影的多角度镜头应用。③创作手段方面，体育直播中的主持人评论、专家访谈、历史资料整合等类似于纪录片电影中的创作方法，增强节目吸引力和故事性。④技术与艺术的结合方面，现代体育转播不仅涉及摄像机的机械操作，还包括转播准备、镜头语言的运用、特效制作等，显示出创造性劳动和艺术性。⑤实时剪辑与导演的角色方面，与电影后期剪辑不同，体育直播中的导演需要实时选择合适的镜头和角度，这要求导演具有快速反应能力和对赛事的深刻理解，以实现实时的"剪辑"效果。⑥视听效果的创造方面，体育赛事直播中使用的音效、视觉特效和动画演示，旨在增强观众的观赛体验，这与电影中为增强情感和故事性而使用的视听效果类似。⑦叙事性与情感渲染方面，通过精心策划的镜头切换、重点时刻的慢动作回放以及对历史时刻和重要

---

[1] 法律大数据研究服务中心：《从一起北高再审案谈体育赛事节目著作权保护》，载 https://la.swupl.edu.cn/articles/article_detail.aspx?id=7104100516，最后访问日期：2023年12月7日。

球员的特别关注，体育直播能够营造出类似电影的叙事性和情感深度[1]。

这些相似性表明，随着技术进步和观众审美发展，体育赛事直播已从传统的机械式转播转变为更富创造性和艺术性的表现形式，使得直播过程与电影制作更为接近。

第二节 网络视听作品版权主体

一、电影、电视剧作品的著作权人

我国《著作权法》第 17 条第 1 款规定，视听作品中的电影作品、电视剧作品的著作权由制作者享有，但编剧、导演、摄影、作词、作曲等作者享有署名权，并有权按照与制作者签订的合同获得报酬。该条规定实际上有两层含义：一方面，规定电影作品和电视剧作品的著作权归属于制作者。我国 2020 年新著作权法相较旧版来说，用"制作者"取代了"制片者"的表述。《尼泊尔公约》将"制作者"定义为"为制作电影作品而首先采取行动并承担财务责任的人"。《法国知识产权法典》将其定义为"发起并负责制作视听作品的自然人或法人"。《日本著作权法》《俄罗斯联邦民法典》《韩国著作权法》也均对"制作者"做了类似定义。由此可见，各国对"制作者"的认识能大致达成统一，稍微有点区别的是：法国明确了"制作者"可以是自然人或法人，其他国家则并未明确"制作者"是否可以为自然人。[2]根据我国《电影管理条例》第 8 条的规定，电影、电视剧的"制作者"是指其"制作单位"，即具有制作影视作品资格的法人，不包括自然人和其他未取得相应许可资质的法人或组织。然而这仅是从行政法规范管理层面对"制作者"含义进行的解读，在我国上位法（《著作权法》）中并不能找到明确依据；另一方面，"但编剧、导演、摄影、作词、作曲等作者享有署名权，并有权按照与制作者签订的合同获得报酬"的表述则意味着我国《著作权法》同时也赋予了作者著作权，只是其所享有的著作权有很大的局限性。因此，电影、电视剧作品的著作权人主要包括作品的出品者和

---

[1] 戎朝：《互联网时代下的体育赛事转播保护 兼评"新浪诉凤凰网中超联赛著作权侵权及不正当竞争纠纷案"》，载《电子知识产权》2015 年第 9 期。

[2] 史琰：《视听作品著作权归属研究》，北方工业大学 2023 年硕士学位论文。

摄制者。出品者是"呈现作品的单位",属于作品的投资者;摄制者是受出品方委派拍摄、制作影视的人,是出品方的"工程队",负责影视作品的"具体施工"。

(一)出品者

一般来说,出品者指的是作品的投资者,是获得影视制作资质的单位。而出品人是指"获得影视作品制作许可的法定代表人(自然人)",其职责是组织、管理和协调影视制作。根据相关规定,获得摄制许可的单位可以独立或联合署名。比如,多家单位共同投资影视制作,那么他们就会以"联合出品单位"署名。

根据作者署名推定主义,在一般情形下,作品上署名者即被视为作者,而因为出品单位为投资者,依据行业惯例将其视为制片者,因此,在影视作品中署名为出品单位者为制片者,出品人的所属单位为制片者,署名联合出品单位表明其作为共同制片者,署名作品为其合作作品。

综上,"出品单位"就是表明自己具有摄制许可资质及投资者身份,通常被认为著作权法上的"制作者",因此往往可以被认定为电影、电视剧作品的著作权人;而出品人一般是指出品单位的法定代表人或主要负责人,不能被独立认定为著作权人。

(二)摄制者

1. 制片人与制片单位

制片单位是指"获得电影摄制许可,享有电影摄制生产经营权的单位",其可以是著作权法上的"制作者"。制片人指"影片制作管理的总负责人",具体职责就是选剧本、进行项目融资、资金管理、人员管理、影片宣发等,类似于制片单位的总经理。因此,制片单位往往可以作为电影、电视剧作品的"制作者"而被认定为作品的著作权人,但制片人不等同于著作权法上的制片者或制作者,其仅仅作为制片单位下属的职工,不能独立作为作品的著作权人。

2. 摄制与联合摄制单位

摄制单位是指"受出品单位委托,负责影视作品的拍摄、剪辑的单位"。以电影为例,摄制单位一般就是电影制片单位。如果电影制片单位以外的其他单位,对影视制作的投资额达到总成本的1/3,则可以以"联合摄制单位"署名。如果都是作为影视制作的投资者和参与制作者,那么其属于著作权法上的制作者，可以被认定为著作权人。不过，鉴于影视行业署名不够规范，花样百出，因此在具体认定著作权人时，还是要结合影视制作许可资质、影视制作合同，投资与制作参与度以及组织创作和责任承担等具体情况进行综合判断，如果存在署名的相反证明，则不能仅凭署名确定著作权法上的"制作者"。[1]比如有具备推翻署名效力的投资协议、制作协议的，在司法实践中存在在联合投资协议中约定只有某一家或少部分几家共有影视作品的著作财产权，而其余出品单位只享有出品人署名权和分红权。此时，署名联合出品单位不必然都是制片者，具体认定应以协议约定为根据。另外，依据摄制合同，通常摄制单位只是接受委托的承制者，不具有制片者身份，但也存在在协议中约定摄制者拥有少量份额著作财产权的情形，尤其是在联合摄制的协议中，摄制者偶尔也会以降低承制费的方式来换取一定份额的著作财产权。此时，摄制单位也有制片者身份，属于共同制片者。但是，联合摄制单位通常只是分担少量的制作工作，一般不会约定享有著作权，故而大多数时候其不是制片者，若主张联合摄制单位为制片者，还应有其他证据的支持。

综上所述，出品人、制片人、摄制工作人员等自然人不能独立作为电影、电视剧作品的著作权人；出品单位、联合出品单位、制片单位、摄制单位和联合摄制单位等，都可以但不必然成为电影、电视剧作品的著作权人；联合出品单位、联合摄制单位等要认定作品的著作权人，需要相关证据的支撑，其中协议是最重要、最直接的证据，对著作权的归属的约定具有最高的效力，当证据之间出现矛盾时，应以协议约定为准来认定制片者、版权归属者。

【典型案例】

优酷信息技术（北京）有限公司、麻城市博达学校侵害作品信息网络传播权纠纷（二审）[2]

时间：2020年4月

上诉人：优酷信息技术（北京）有限公司（一审被告，以下简称优酷）

被上诉人：麻城市博达学校（一审原告）

---

[1] 陈美玲：《视听作品著作权问题研究》，四川师范大学2021年硕士学位论文。
[2] 参见湖北省高级人民法院（2020）鄂知民终1211号民事判决书。

案件事实：2011年2月24日，博达学校作为甲方与北京中视公司作为乙方签订《电视剧〈麻姑传奇〉合拍合同书》一份，约定：①双方联合拍摄制作25集电视连续剧《麻姑传奇》。②博达学校有权担任该剧的出品人、总监制人、总策划人、监制人、策划人、责任制片人各一人，署名顺序由乙方确定。③版权归博达学校、北京中视公司双方共有。后发现优酷未经授权，擅自在其网站上传播涉案电视剧。

一审法院认为：①博达学校在本案中作为原告的主体适格，《麻姑献寿》系由博达学校和北京中视公司联合拍摄制作，制作者为博达学校和北京中视公司，且合拍合同书约定涉案电视剧的版权归博达学校和北京中视公司双方共有，且北京中视公司向博达学校出具了授权书授权博达学校以自己的名义独立行使涉案电视剧的全部著作权，故博达学校取得涉案电视剧的信息网络传播权及维权权利。②优酷实施了侵害涉案电视剧信息网络传播权的行为，博达学校主张优酷为网络内容提供者，构成直接侵权，优酷辩称涉案电视剧系网友上传，但提交的证据不能证明系网友自行上传，网络服务提供者未经许可，通过信息网络提供权利人享有信息网络传播权的作品、表演、录音录像制品，除法律、行政法规另有规定，人民法院应当认定其构成侵害信息网络传播权行为，故优酷的行为构成直接侵权。

上诉人诉称：①被上诉人提交的权属文件不完整，本案缺乏必要的共同原告。涉案作品片尾出品人为"中共麻城市委、市人民政府、博达学校、湖北黄冈广电数字传媒有限公司、北京东方全景文化传媒有限公司、北京百年中视影视传媒有限公司"，共计6家，但被上诉人仅提交了北京中视精彩影视文化有限公司（以下简称北京中视公司）的授权书，其余出品方未出具授权书，权利链条不完整。②涉案视频由优酷网用户上传，上诉人仅提供信息网络存储空间，且上诉人在收到起诉状后立即采取了删除措施，不存在过错，不应承担侵权责任。

二审法院认为主要焦点在于：①博达学校是否是本案适格原告，是否有权提起本案诉讼；②优酷有无侵犯博达学校享有的涉案作品信息网络传播权。

关于争议焦点一，《著作权法》第15条第1款规定，电影作品和以类似摄制电影的方法创作的作品的著作权由制片者享有。尽管涉案作品《麻姑献寿》DVD封面上的署名出品单位为中共麻城市、麻城市人民政府、博达学校、湖北黄冈广电数字传媒有限公司、北京东方全景文化传媒有限公司、北京百年中视影视传媒有限公司,但博达学校与北京中视公司签订的合同约定,涉案作品由博达学校和北京中视公司联合拍摄制作,版权归博达学校和北京中视公司共有。合同中还约定了署名条款,确定了作品片尾的署名方式,其中包括涉案作品载明的出品单位:中共麻城市、麻城市人民政府、博达学校、湖北黄冈广电数字传媒有限公司、北京中视公司。结合涉案作品《电视剧制作许可证》载明制作单位为北京中视公司,合作单位为博达学校,《国产电视剧发行许可证》载明申报机构为北京中视公司,可以综合认定涉案作品的著作权人为博达学校和北京中视公司。北京中视公司向博达学校出具的授权书授权博达学校独立行使涉案作品的全部著作权,并有权以自己名义维护权利,故博达学校系本案适格原告,有权提起本案诉讼。

  关于争议焦点二,被上诉人在本案中主张上诉人实施了提供作品的行为,构成直接侵权,并提供了公证书予以证明。上诉人认为该公司仅仅提供信息网络存储空间服务,且在收到起诉状后立即采取了删除措施,不存在过错,不应承担侵权责任。上诉人一审提供了优酷网后台记录,经审查,该记录是上诉人自己制作,亦未提供其他证据予以佐证,真实性无法核实。且一审庭审中上诉人陈述如果是用户上传的作品,在优酷网中检索关键词,就可以出现上传者及上传时间等信息,但从侵权公证书公证的内容看,优酷网上的涉案作品并无上诉人所陈述的上述信息。综上,上诉人无充分证据证明涉案作品由优酷网用户上传,一审判决认定上诉人构成侵害被上诉人享有的涉案作品信息网络传播权并无不当。上诉人认为其提供的仅仅是信息网络存储空间服务的上诉理由不能成立,不予支持。

  二审法院判决驳回上诉,维持原判。

【理论探讨】

电影、电视剧和其他视听作品的区别

我国2020年《著作权法》并未规定"电影作品、电视剧作品"与"其他视听作品"的定义以及区分标准，而电影、电视剧之前的概念更加偏向于强调其需要满足一定的行政要件，这就使得新出现的视频类型，如微电影、网剧等无须经过行政许可程序的视频属于何种范围仍无定论。

我国《电影产业促进法》从电影的摄制手法、载体形式、技术标准、用于公开放映等方面规定了电影的概念。从著作权角度看，电影作品应当为有伴音或者无伴音的连续影像，运用视听技术和艺术手段摄制并以胶片或者数字载体为介质记录；从行政角度上看，电影作品是用于公开放映的作品，电影的公映需要电影从制作、发行、公映每一阶段都能取得相应的行政许可；从技术角度出发，电影要符合国家规定的技术标准。

我国《电视剧内容管理规定》则规定，电视剧是指：①用于境内电视台播出或者境内外发行的电视剧（含电视动画片），包括国产电视剧和与境外机构联合制作的电视剧；②用于境内电视台播出的境外引进电视剧（含电视动画片、电影故事片）。可见我国对于电视剧的定义较为模糊，对电视剧作品的定义也更多是从行政规制角度出发。

在这个视听产品制作技术极为发达、传播渠道多样的媒体融合时代，几乎难以找到一个既符合法理又不违反常识的区分标准。[1]

第一，能否以作品的时间长短作为分类标准？通常在电影院播放的电影时常超过1小时、电视剧作品每集也大多超过半小时，但这并不意味着时长短就不构成电影、电视剧作品，如奥斯卡最佳短片系列，时长10分钟到20分钟不等；再如每集只有几分钟的动画片Guess How Much I Love You；还有目前各影音平台推出的短剧，每集时长2分钟至10分钟不等。上述短片虽时长较短，但依然构成电影、电视剧作品。

第二，能否以"已固定"等创作手段作为分类标准？在目前司法实践中，关于"已固定"的讨论主要集中在现场直播节目中。若以"已固

---

[1] 王迁：《论视听作品的范围及权利归属》，载《中外法学》2021年第3期。

定"作为区分电影、电视剧作品与其他视听作品的分类标准,则会出现同一个节目因是否"已固定"而被划分为不同的视听作品类别,其显然是不合理的。[1]

第三,能否认为如果相关视听作品由持有摄制电影许可证的电影制片单位,或者持有电视剧制作许可证的电视剧制作单位制作,就属于"电影、电视剧作品",否则属于"其他视听作品"?该标准的合理性也值得质疑。试举一例,假设某机构提交了设立电影制片单位的申请,但为了赶时间,在获批之前就违规开拍电影并在短期内拍摄完成,但该机构最终未能获得行政审批,未取得摄制电影许可证。试问该违规拍摄的电影是否仅因其未取得制作许可就不再属于"电影作品"了?其回答当然是否定的。该机构应当为其违法行为受到处罚,其拍摄的电影也可能无法取得公映许可证,但这并不妨碍该电影作为电影作品受到著作权法的保护。

"电影"和"电视剧"是人们日常生活中的用语,在行政审批时也有严格限定,"电影"由国家电影局进行管理,而"电视剧"则由国家广电总局进行管理,但它们与著作权法中的用语原本并不对应。在未来的司法实践中,如何区分"电影、电视剧作品"和"其他视听作品"将成为巨大的难题。即使通过修订《著作权法实施条例》或者颁布司法解释勉强规定一个标准,恐怕也难有科学性可言。而区分标准的难以确定,不仅与立法者对于"视听作品"的范围大于"电影作品和以类似摄制电影的方法创作的作品"的误解有关,还与立法者对"其他视听作品"著作权归属所持有的不当理念有关。[2]

二、其他视听作品的著作权人

根据我国《著作权法》第17条第2、3款规定,除电影作品、电视剧作品以外的视听作品的著作权由当事人约定,当事人没有约定或者约定不明确的,由制作者享有;视听作品中的剧本、音乐等可以单独使用的作品的作者有权单

---

[1] 郝明英:《融合出版时代我国视听作品的界定与权属分析》,载《科技与出版》2022年第11期。
[2] 王迁:《论视听作品的范围及权利归属》,载《中外法学》2021年第3期。

独行使其著作权。该条款尊重当事人的意思自由，规定了当事人约定优先的原则，即当事人就视听作品著作权归属有约定的则按约定确定著作权归属；只有在没有约定或者约定不明的情况下，才依据法律归属于制作者。值得注意的是，在该类情况下，《著作权法》第17条同样规定了"作者享有署名权和获得报酬的权利"。

对于《著作权法》第17条第2款"有约定从约定"的规定，在现实中也可能产生一些问题。"有约定从约定"的权利归属规则也就代表了作品的权利归属不定，而这种约定的随意性极大，且大多为内部约定，故难以为他人（尤其是作品的潜在利用者）所知晓，这就为作品的后续利用埋下了安全隐患。若其他视听作品的当事人约定作品非由制作者享有，而是由全体创作人共同共有，或者由一位或几位主要创作人所有，此时其他视听作品构成合作作品，是否应当适用合作作品的授权许可规则？此外，"协商"又是使用合作作品的必经程序，若其中有一位作者不同意作品的使用，又该如何？在上述情况下，视听作品的潜在利用者误认作品权利人而获得的具有瑕疵的授权许可是否发生法律效力？是否侵权？在实践中，诸如长、短视频等视听作品的权利人产权保护意识不强，多以完成视听内容为主要导向，不重视著作权权利归属标注以及事先的权利归属约定，且在视听作品领域中发挥指示作品权利人的登记制度并非强制性质，这将导致权利归属认定困难的现象会持续存在，相应的作品交易风险将会随之增加，从而在一定程度上减损了其他视听作品分类权利归属规则设定的意义。[1]

此外，在全版权运营时代，其他短视频创作者想要获得著作权人的授权，通过署名去寻找权利人尚且不易，更别提要去根据约定找到真正的著作权人，如此一来可能导致其因获取授权的成本太高而选择侵权。

通过对域外国家相关立法的分析比较，我国将视听作品分类之后进行权属规定的方式是我国视听作品著作权立法的创新之处。我国如此立法的目的是基于新类型视听作品与传统视听作品的差异性，如短视频、网络直播等作品的创作方式简单、成本低，在创作人员的构成上也与传统视听作品不同，有些根本不存在制作者，全程均由创作者本人负责完成，即便有制作者的存在，其所负

---

[1] 姜彬彬：《视听作品著作权归属研究》，东北林业大学2023年硕士学位论文。

担的风险也远远不如传统视听作品。因此，著作权立法不再适合过于倾向保护该类视听作品的制作者，而应加大市场的自由度，以约定优先的方式确定权属，这也有利于激励创作者的创作热情。

然而，也有观点认为我国著作权法区分创设视听作品的权属规则，存在一定不合理性。立法机关的解释是"公众认为，电影、电视剧作品与其他视听作品不应做统一权属安排，建议进行类型区分，创设不同的权属规则"。诚然，电影作品、电视剧作品的投资大、风险高、参与创作的人员也多，需要法律特别规定其权属属于制作者，以此激励投资，便于作品的传播利用。但是，著作权法并没有明确界定"电影作品、电视剧作品"和"其他视听作品"的概念。在实践中，往往需要先对作品（如微电影、微视频、网络剧等）进行归类，厘清其是属于电影作品、电视剧作品亦或是其他视听作品。归类不同，适用的权属规则就不同。

第三节　网络视听作品版权侵权及救济

一、侵权类型

（一）直接侵权

1. 二创短视频对其他作品的侵权

对当前常见的网络短视频著作权侵权行为类型进行梳理与分析会发现，其主要包括"搬运复制""画面搬运"和"二次创作"三种类型。"搬运复制"是指未经过原创者的许可而将其短视频直接搬运到自己的账号内进行传播，由于此行为并无任何技术含量，因此，现在的短视频行业中已经较少存在此类侵权行为；"画面搬运"是指未经版权人的许可，将原创作品采用分屏的形式将其置于自己生成的短视频中；"二次创作"类型短视频是指侵权人在二次创作类短视频中，未经原创许可，将原创视频进行拆解，将其中的一部分剪辑放置自己的视频中，或者是对于原创视频采用换人换马的方式将其创意进行剽窃或抄袭，从而变成自己的视频。当前网络短视频侵权最为常见的就是"二次创作"类短视频侵权，由于这种侵权模式相较于其他侵权模式更为隐蔽，在当下火爆的抖音、快手、B站等主流平台中屡见不鲜，难以杜绝。

【典型案例】

优酷信息技术（北京）有限公司与杭州秀秀科技有限公司侵害作品信息网络传播权纠纷[1]

时间：2020 年 4 月

原告：优酷信息技术（北京）有限公司

被告：杭州秀秀科技有限公司

原告主张：优酷公司依法享有电视剧《东宫》的独家信息网络传播权及维权权利。秀秀公司未经授权，擅自将涉案作品剪切成数量众多的片段（优酷公司主张涉案作品的侵权素材为 585 个），并通过其运营的"配音秀"APP 向用户提供该等片段，用作配音素材，用户完成配音后再将这些片段上传至秀秀公司平台或者其他平台向公众传播，严重侵害了优酷公司对涉案作品所享有的合法权益。

被告辩称：①秀秀公司是网络服务提供者，没有剪切、上传涉案作品或片段，没有实施侵权行为；②"配音秀"APP 中的用户对剪切视频片段重新配音的行为，属于"合理使用"，不构成侵权。秀秀公司作为平台运营主体，也不存在侵权；③用户对其素材重新配音后上传配音作品的行为，不能与涉案作品的发行行为等同；④秀秀公司已尽到合理的注意义务，将相关作品进行了下架删除处理，且后期又提供了相关用户的后台登记资料。

法院认为：对剪辑后的视频片段重新配音并未形成新的改编作品。首先，用户对配音素材的重新配音行为，目的是希望与涉案作品原声达到相似或相同的效果。同时，用户并未对其他例如节目素材选择、场景选择、摄影画面等构成独创性表达的主要部分进行改变，故该种行为无法形成有别于原作品的独创性表达。即使构成新的改编作品，改编人在对原作品改编时，亦不得侵犯原作品的著作权。其次，关于是否构成"合理使用"的问题，秀秀公司运营的"配音秀"APP 中的被控侵权视频的画面均为原涉案作品的视频片段，系对原作品视频内容进行再配音，并

---

[1] 参见杭州互联网法院（2019）浙 0192 民初 4516 号民事判决书。

非为介绍、评论某一作品或者说明某一问题。而且被控侵权配音视频的所有画面均来自于原涉案作品，超出了适当引用必要性的限度，因此该行为不构成合理使用。

综上，用户对素材重新配音后上传配音作品的行为依然落入优酷公司对涉案作品的信息网络传播权控制范围，被告秀秀公司应当承担相应的民事责任。

2. 直播中使用他人音乐作品侵权

（1）在直播中演唱他人音乐作品侵权。网络主播在直播间演唱他人已经发表的音乐作品，或者与观众连麦对唱，共同完成歌曲演绎等方式，侵犯了音乐作品著作权人的表演权。

（2）在直播中改编并演唱他人作品侵权。在网络直播平台改编并演唱是指网络主播对音乐作品进行以改编并演唱为目的的表演，且该种表演达到了改编水平和演绎表演的创新水平，被称为演绎式表演。很多人气高的主播拥有自己的团队，会在团队帮助下在直播间内进行将他人已发表的作品进行重新填词、重新编曲、更换唱法等的二次创作行为。这种创作行为与直接翻唱有很大的不同，虽然其中有部分是主播们自己的独创内容，有一定的技术性与原创性，然而其改编创作之前并未获得著作权人的许可，因此侵犯了音乐著作权人的改编权，有些改编质量低下、内容低俗，甚至会损害著作权人的名誉权等相关人格权。

（3）在直播中播放他人作品。在直播中播放使用大体分为两种情形：第一种情形是主播在直播间播放歌曲，单纯是主播与观众一起欣赏音乐，或是主播向观众推荐自己喜欢的歌曲，并且提供播放各类歌曲的选曲服务，可以采取按照"打赏榜单"排名来选择曲目或者由直播间用户进行投票选曲。第二种情形是主播在直播过程中为了烘托直播气氛，将一些歌曲作为背景音乐播放，例如在游戏直播、舞蹈表演、脱口秀节目中使用音乐作品，类似于电影和电视剧中的背景音乐，或者将音乐作品当作电影解说和游戏直播中的背景音乐，起到烘托氛围的作用，该类型是目前网络直播中使用音乐作品最广泛的情形之一。单纯的歌曲播放和为烘托气氛都是直播的主要内容和盈利的主要来源，因此，无论是将音乐作品作为背景音乐播放还是为丰富直播内容而播放音乐作品，都是对音乐作品著作权人专有权利的侵犯,其明显与直播演唱或改编演唱一样,需要取得著作权人许可并且需要支付使用报酬才可在直播间播放使用。

3. 影视剧本改编侵权

影视剧本改编,是一种以现有的小说、影视剧或者剧本为基础,对原有形式进行解剖、重组或转换表达形式,创作新的影视剧本的行为。我国《著作权法》第10条第14项规定,改编权,即改变作品,创作出具有独创性的新作品的权利。原作品的著作权人享有将作品改作为电影、电视剧、录音录像等视听作品的权利,也可以将这种权利转让给其他人,未经许可而实施上述行为的人,即对原作者改编权的侵害。要确认作品是否侵害了他人改编权,关键要正确区分改编与合理借鉴的界限。借鉴既可能是指单纯利用思想而非表达的行为,也可能是指"合理使用"。如何区分改编行为与借鉴涉及的是思想与表达的界限问题,如果是思想上的借鉴通常不会涉及著作权侵权的问题,而若是具体表达上的借鉴,就要视借鉴内容在前后作品中所占比例而定,如果在作品中所占比例过大,或足以支撑整体故事发展等,就很容易由单纯的借鉴转化为侵害改编权。虽然思想、主题、情感不属于著作权法的保护范围,即在具体案件中,判断是否构成侵权时要将思想、主题、情感等排除在保护范围之外,但是在判断两部影视作品是否构成实质性相似时,尤其是经过"面目全非"式的改编后形成的剧本与原作品的比较,不能仅仅判断其表达的同异性,也要将思想、主题、情感等内容作为衡量的因素予以考虑。[1]

【典型案例】

琼瑶与于正侵害作品著作权纠纷案[2]

时间:2014年12月

原告:琼瑶(原名陈喆)

被告:于正(原名余征)等

---

[1] 李阳:《影视剧本的著作权侵权问题研究》,黑龙江大学2016年硕士学位论文。
[2] 《【典型案例综述】琼瑶诉于正案例综述》,载中国知识产权协同创新网,https://ciipr.njust.edu.cn/e5/c5/c11085a189893/page.htm,最后访问日期:2024年6月12日。

原告主张：原告于1992年至1993年间创作完成了电视剧剧本及同名小说《梅花烙》，并自始完整、独立享有涉案作品著作权。被告于2012年至2013年间，未经原告许可，擅自采用涉案作品核心独创情节进行改编，创作电视剧剧本《宫锁连城》，湖南经视公司、东阳欢娱公司、万达公司、东阳星瑞公司共同摄制了电视剧《宫锁连城》，涉案作品全部核心人物关系与故事情节几乎被完整套用于该剧，严重侵害了原告依法享有的著作权。且该剧已播出，获取了巨大商业利益，给原告的剧本创作与后续的电视剧摄制造成了实质性妨碍和巨大损失。

被告主张：《梅花烙》剧本是没有发表的，既然没有发表，被告根本无从接触《梅花烙》剧本。所谓《梅花烙》"剧本""小说""电视剧"，既无法证明著作权归属也不能证明被告曾有过接触，因此原告的指控没有事实和法律基础。被告对《梅花烙》剧本存在与否、两部电视剧是否相似、琼瑶是否为著作权人这三个问题均存在很大疑问。被告律师指出，被告从小到大可能受到琼瑶的影响，但其借鉴的却是公有领域的一个材料，也就是说，被告借鉴的情节，是很多作品中都存在的，绝非仅仅是《梅花烙》所有。原告所主张的21个桥段，在包括《雍正王朝》《红楼梦》《京华烟云》等作品里都出现过。

一审法院认为：在本案中，余征、湖南经视公司、东阳欢娱公司、万达公司及东阳星瑞公司未经原告许可，擅自改编涉案作品创作剧本《宫锁连城》及对上述行为提供帮助，并以该剧本为基础拍摄、发行电视剧《宫锁连城》，侵害了陈喆依法对涉案作品享有的改编权及摄制权，需承担停止侵害、消除影响、赔礼道歉、赔偿损失的民事责任。

二审法院认为：被告方否认原告对该剧本享有著作权的上诉理由，依据不足，不能成立。且鉴于各方当事人在原审庭审中已就陈喆提供的人物关系对比图和情节对比表陈述了意见，原审法院予以采纳并无不当，对被告方的相关上诉理由，不予支持。另外，由于小说《梅花烙》由剧本《梅花烙》改编而来，发生了文学艺术形式的变化，是在剧本《梅花烙》基础上创作出来的具有独创性的新作品，原告拥有小说《梅花烙》的著作权；此外，由于《宫锁连城》基本包含了涉案作品故事内容架构【即原告主张的剧本《梅花烙》的21个情节（小说《梅花烙》的17个情节）】，以致于受众足以感知到来源于涉案作品,且上述情节是《梅花烙》的绝大部分内容,因此,剧本《宫锁连城》与涉案作品在整体上仍然构成实质性相似。剧本《宫锁连城》侵犯了陈喆对涉案作品享有的改编权。电视剧《宫锁连城》系根据剧本《宫锁连城》拍摄而成,剧本《宫锁连城》系未经许可对涉案作品进行改编而成,也未经原告许可即被摄制为电视剧,构成对涉案作品著作权人陈喆所享有的摄制权的侵害。

(二)间接侵权

网络视频的间接侵权相较于直接侵权更为复杂,涉及的法律责任和争议点较多。在直接侵权中,侵权行为直接由侵权者实施,而在间接侵权中,涉及第三方平台或服务提供商的帮助、参与或支持。他们并非直接制作或传播侵权内容,而是通过其提供的服务或平台的运作间接促成侵权行为。

在网络视频的间接侵权中,平台扮演的角色很关键。网络服务提供商、聚合视频平台等通过提供存储、分享或整合视频内容的服务,可能在未察觉或未采取足够措施的情况下成为侵权行为的间接参与者,对于平台的责任界定问题产生争议。在实践中,判断网络视频的间接侵权责任通常涉及对平台的知识、控制和纠正措施等方面的审查。平台是否知晓侵权行为、是否具备实质性的控制权以及是否采取了积极的纠正措施,都是评估其在侵权中的责任程度的关键因素。这使得间接侵权案件的处理更为复杂,需要综合考虑多方面的因素来确保公平公正的判决。

1.云平台侵权

随着互联网技术的发展,云存储类网站的出现使得网络服务提供者可能成为间接侵权行为人。例如,网络存储服务商为网络用户提供云存储服务,网络用户上传他人视频,并提供分享链接。如果网络服务提供者接到通知后没有及时移除侵权内容,则其可能承担侵权责任。此外,一些网络服务提供者以"避风港原则"为法律规避工具,将自行盗播行为伪装成网络用户上传,或者对网络用户明显的侵权行为视而不见甚至从中获益,此时网络服务提供者更加可能承担侵权责任。以百度网盘为例,其可以将视频链接分享给他人使用,他人无需下载视频,直接点开分享链接就能够欣赏视频。此类云平台服务商并无直接侵权的故意,但是云平台的盈利模式表明其必然难以在视频侵权中置身事外,或者说，云平台间接地获得了某种利益。

在云平台侵权的情境中，网络服务提供者的责任难以回避。一方面，随着用户数量的增加，云平台不可避免地成为大量用户存储和分享内容的场所。这使得网络服务提供者需要设立有效的侵权监管机制，以应对潜在的知识产权侵权行为。尽管这些平台通常在用户注册时要求同意遵守法律法规，但实际上监管大量用户上传的内容仍然是一项巨大的挑战。另一方面，一些云平台可能通过技术手段或法律规避策略，将责任推卸给用户。例如，一些平台可能采取自动化系统来过滤侵权内容，但这种系统可能存在误判和漏检的问题。同时，通过合理使用"避风港原则"，平台可能试图规避法律责任，将侵权行为归咎于用户自身。然而，法律对于网络服务提供者在侵权行为中的责任并非一概而论。在一些司法体系中，如果平台被发现过于宽松地处理侵权投诉，甚至从中获利，可能会被视为共同侵权行为的参与者。这就要求云平台提供者在设计其服务和管理机制时，需要更加慎重地考虑如何平衡用户权益和知识产权保护，以避免成为侵权责任的直接或间接承担者。

【典型案例】

北京百度网讯科技有限公司与北京焦点互动信息服务有限公司南京分公司侵害作品信息网络传播权纠纷案[1]

原告：北京焦点互动信息服务有限公司南京分公司

被告：北京百度网讯科技有限公司

时间：2019年12月

2017年1月1日，天津金狐文化传播有限公司（以下简称"金狐文化公司"）授予北京焦点互动信息服务有限公司（以下简称"焦点公司"）《匆匆那年》电视节目在中国（除港澳台外）的独占性信息网络传播权、独家维权权利以及前述两项权利的转授权。同日，焦点公司与原告签订《授权书》，与上述金狐文化公司和焦点公司签订的《授权书》的内容一致。

原告主张：被告允许网络用户将《匆匆那年》电视剧集秒传至百度网

---

[1] 参见江苏省高级人民法院（2022）苏民终1514号民事裁定书。

盘,并可以创建分享链接,供其他人打开该链接保存剧集,在线或下载观看。并在原告告知被告其公司享有独家信息网络传播权的影视作品,不仅存储在百度网盘中,也通过百度网盘的公开分享链接进行传播,希望被告7日内删除百度网盘服务器中的侵权文件、断开或删除此类侵权文件的分享链接,并不能通过百度网盘服务器向互联网用户上传、下载、分享或通过百度网盘在线播放。此外原告提供了其所检测到的侵权文件校验值和相关侵权文件的各种信息。但被告未删除百度网盘中的侵权文件,其侵害了原告享有的涉案《匆匆那年》影视作品的信息网络传播权。

被告辩称:其所提供的百度网盘属于信息存储空间服务,即向用户提供互联网信息存储空间服务,原告没有任何证据证明在百度网盘中存在涉案侵权作品,且百度网盘是由用户自行对其中的资源进行管理、分享和下载,不具有广泛传播性;其已经尽到了提示和合理注意的义务,应当适用避风港原则;原告通知不属于有效通知。此外被告陈述秒传是一种在网盘上的上传方式和技术,网盘中对于相同的文件只会保存一份,不需要重新保存,可以很快完成上传任务,因此百度网盘的存储功能不构成法律意义上的提供行为。故其未侵害原告涉案影视作品的信息网络传播权。

一审法院认为:首先,被告侵害了原告涉案《匆匆那年》影视作品的信息网络传播权,但是原告认为被告通过百度网盘以秒传、离线下载、分享三种形式传播和提供涉案《匆匆那年》影视作品构成直接侵权的主张不成立;其次,百度公司经焦点南京分公司书面通知后,未删除百度网盘中的侵权文件,构成间接侵权。

原告已证明百度网盘中存储了与其享有信息网络传播权的涉案《匆匆那年》影视作品相同的作品,并向被告出具告知函,被告也表示收到。但其并没有采取删除、屏蔽、断开链接等必要措施,也没有向原告提供技术支持等帮助行为,属于明知侵害涉案《匆匆那年》影视作品信息网络传播权的行为。此外,被告应当承担与百度网盘的性质和功能相适应的审查注意义务。

2.P2P 侵权

P2P(即"点对点")侵权的兴起不仅改变了文件传播的方式,也带来了一系列知识产权侵犯的挑战。在 P2P 网络中，文件可以从一个用户直接传输到另一个用户，与传统的以服务器为中心的网络传播模式不同，P2P 绕过了传统中央服务器的监管（即"去中心化"传播），使得侵权行为更加难以控制和打击。

对于 P2P 网站而言，它们往往通过在网站上展示广告来获取盈利。这种商业模式的盈利方式与侵权内容传播直接相关，因为更多的侵权内容意味着更多的用户流量，从而增加了广告曝光和点击率。这使得 P2P 网站在一定程度上与侵权行为形成了利益共谋。

在中国，类似东北大学 IPv6 资源共享平台和迅雷 BT 下载等 P2P 网站，它们通过提供下载链接或种子文件来方便用户获取侵权内容。虽然这些平台声称只是提供链接而非存储实际文件，但其在侵权内容传播过程中所起的关键角色难以忽视。这些 P2P 网站可能面临共谋侵权的指控，因为它们通过盈利模式间接支持和促进侵权行为，加剧了知识产权的侵犯问题。因此，对于 P2P 侵权问题，法律和技术手段的综合应对变得尤为重要，以确保知识产权得到有效的保护，同时平衡网络服务提供者的责任和用户的权益。这种 P2P 技术，虽然是网络传播的一个创新，但也引发了法律上的争议。

【典型案例】

乐视网信息技术（北京）股份有限公司与重庆电脑报经营有限责任公司侵害作品信息网络传播权纠纷[1]

原告：乐视网信息技术（北京）股份有限公司（以下简称"乐视"）

被告：重庆电脑报经营有限责任公司（以下简称"电脑报公司"）

时间：2021 年 12 月

原告发现被告在其经营的网站电脑报社，向公众提供了影视作品《罪与罚》的下载服务，而原告从未许可被告通过互联网向公众传播上述作品。2011 年 2 月 16 日，安乐公司将拥有信息网络传播权的影视节目《罪与罚》的信息网络传播权以独占许可的形式授予安乐（北京）电影发行有限公司，

---

[1] 北京互联网法院（2020）京民初 34639 号民事裁判书。

授权期限为5年。原告2次通过EMS向电脑报社、电脑报公司寄送律师函，要求电脑报社、电脑报公司立即停止侵权行为、确认涉案影视作品情况、并支付使用费和经济赔偿，上述邮件被被告签收。

原告主张：被告的行为侵害涉案作品著作权，严重影响原告的正版市场授权。

被告辩称：原告主张权利的涉案作品因超过授权期限已经丧失诉权。原告的律师函不具有真实性和合法性，不中断诉讼时效。原告取得的案涉作品的合同权利具有时效性，期满被授权许可的著作权及诉权应依约归属著作权人行使。

法院认为：被告网站用户未经乐视许可，擅自发布附涉案影片下载链接的相关文章，使不特定公众可以在个人选定的时间和地点获得涉案影片，侵害了乐视网北京公司对涉案影片享有的信息网络传播权。电脑报公司作为涉案网站的网络服务提供者，只有在应知或明知网络用户利用网络服务侵害信息网络传播权的情形下，才承担法律责任。网络经营者的被告对自己经营的网站中存在大量可供用户下载观看的视频分享帖子的情况，理应知晓。重庆电脑报公司对网络用户利用其网络服务侵害涉案作品信息网络传播权的行为，已构成应知，应承担相应的侵权责任。

3. 聚合视频平台侵权

随着移动互联网的兴起，聚合视频平台引发了一种新型视频侵权问题。聚合平台是网络服务提供商通过集成各种网络资源，为用户提供一站式服务的网络平台。这些平台不制作作品，而是将来自其他来源的视频链接整合到平台中供用户观看。例如，一些电视端的聚合视频平台可以整合来自优酷、爱奇艺、土豆等多个视频网站的内容，利用技术手段让用户选择最清晰、播放速度最快的视频，从而简化了用户在不同网站搜索视频的过程。

聚合视频平台引发的侵权争议核心在于，这种聚合链接的行为是否构成了信息网络传播侵权。聚合平台的侵权行为主要是通过链接盗用他站内容。在司法实践中，判定侵权行为时会考虑诸如聚合平台是否隐藏原网站标志、是否标明视频的源地址等因素。

【典型案例】

深圳市腾讯计算机系统有限公司诉北京易联伟达科技有限公司侵犯信息网络传播权[1]

原告：深圳市腾讯计算机系统有限公司
被告：北京易联伟达科技有限公司
日期：2016 年 11 月

原告依法享有《宫锁连城》的独家信息网络传播权，举证被告在其经营的"快看影视"手机端，向公众提供涉案作品的在线播放。被告在快看影视中对大量影视作品进行了编辑分类，且在播放时无显示来源，直接进入播放页面；被告在播放涉案作品时无任何前置广告及暂停播放时的广告，未显示乐视网水印。原告拥有《宫锁连城》一剧的独占专有的信息网络传播权，使用期限为 6 年。原告曾将涉案作品非独家授权给乐视网，但播出范围仅限于在乐视自有平台播放。腾讯公司与乐视网的授权书约定，乐视网的使用方式仅限于本站服务器存储方式，乐视网声明禁止任何第三方对其进行视频盗链。

原告主张：被告进行了涉案作品的编辑，具有恶意，为获取盈利屏蔽乐视网的禁链措施，直接设链播放涉案作品，未经任何权利人的同意，侵犯了原告的信息网络传播权。

被告辩称：原告涉案作品的授权无合法来源；涉案作品并非在快看影视上播放的，而是在腾讯 APP 上播放；快看影视播放无广告，未获得任何盈利，只提供设链服务，通过技术手段可自动抓取乐视网等视频网站相关视频，聚合到快看 APP 中，该 APP 并非信息存储空间。易联伟达公司收到起诉书后已经删除了涉案作品，认为其并不构成对原告的独家信息网络传播权的侵害。

一审法院认为：本案中，原告获得了涉案电视剧在授权期限内的独家信息网络传播权，聚合平台通过定向链接抓取的技术，将散布于视频网

---

[1] 北京知识产权法院（2016）京 73 民终 143 号民事判决书。

站上的视频资源通过深度链接的方式，抓取、集合在自己的平台上，并呈现给用户。快看影视 APP 的具体服务提供方式，扩大了作品的域名渠道、可接触用户群体等网络传播范围，分流了相关获得合法授权视频网站的流量和收益，客观上发挥了在聚合平台上向用户"提供"视频内容的作用，产生了实质性替代效果。盗链并非合法链接，而属于侵权行为。

（三）其他相关侵权

直接侵权行为或者其他明显的侵权行为发生的概率较大，但其他相关侵权行为也应得到相应的关注。如边缘性网络视听版权侵权行为，以字幕侵权为例，"字幕组"翻译境外电影和电视剧并通过分享技术由用户选用，此类行为并未经过著作权人授权，构成著作权侵权。

字幕侵权虽然不是视频侵权，但是与视频侵权存在关联性。一方面，字幕文件虽然有独立性，但是字幕文件只被有插入视频文件才有实际价值；另一方面，字幕文件虽然并非视频文件，但是也有的字幕直接被内嵌入视频。字幕提供者并非"文化义工"，其行为也并非"公益行为""做好事"，而是侵权行为。

【典型案例】

"人人影视字幕组"侵犯著作权罪案[1]

时间：2021 年 11 月

公诉机关：上海市人民检察院第三分院

被告：梁永平

案情介绍：2018 年起，被告人梁永平先后成立公司，指使王某航雇佣万某军、徐某、熊某等作为技术、运营人员，开发"人人影视字幕组"网站及 Android、IOS、Windows、MacOSX、TV 等客户端，由谢某洪等人组织翻译人员，从境外网站下载未经授权的影视作品，翻译、制作、上传至相关服务器，通过所经营的"人人影视字幕组"网站及相关客户端向

---

[1] 湖北省版权保护中心：《案例解析："字幕组"盗版型侵权罪司法探析》，载 http://www.ccct.net.cn/html/bqzx/2022/1025/3905.html，最后访问日期：2024 年 6 月 12 日。

用户提供在线观看和下载服务。经审计及鉴定,"人人影视字幕组"网站及相关客户端内共有未授权影视作品32824部,会员数量共计约683万人。其间,被告人梁永平以接受"捐赠"的名义通过涉案网站及客户端收取会员费;指使谢某翔以广西某公司的名义,对外招揽广告并收取广告费用;指使丛某凯对外销售拷贝有未授权影视作品的移动硬盘。经审计,自2018年1月至案发,通过上述各渠道,非法经营数额共计人民币1200余万元。

一审法院经审理后认为,被告人梁永平以营利为目的,未经著作权人许可,复制发行他人作品,且有其他特别严重情节,其行为已构成侵犯著作权罪。

【理论探讨】

"字幕组"翻译字幕行为性质

"字幕组"顾名思义就是翻译字幕的工作组,主要工作是将国外影视作品中的对白、信息等翻译成中文,并做成字幕供观众使用或观看。有的字幕组仅提供翻译后的字幕包供用户下载,用户自行寻找影视剧后,在观看时只需安装即可观看中文字幕。字幕组这种将原始作品从一种语言文字转换成另一种语言文字,从而再创作出具有一定创造性的智力成果,属于演绎作品范围中的翻译作品。

学理上将著作权作品分为原始作品和演绎作品两种类别,原始作品是独立创作的具有独创性的新作品;演绎作品,也称为派生作品,是在原有作品的基础上,通过改编、翻译、注释、整理而产生的新作品,翻译作品也在演绎作品的范围之内。对于演绎作品,《著作权法》规定的是"双层许可"保护结构,即对演绎作品的使用不仅需要获得演绎作品权利人的许可,还需要获得原权利人的许可。《著作权法》第13条规定,改编、翻译、注释、整理已有作品而产生的作品,其著作权由改编、翻译、注释、整理人享有,但行使著作权时不得侵犯原作品的著作权。那么"字幕组"将外文字幕翻译成中文字幕的翻译行为,是否也需要得到国外影视剧权利人的许可呢?答案是肯定的,"字幕组"不仅需要得到国外影视剧作品权利人的许可,还需要支付相应的报酬。《著作权法》第52条第⑥项规定,未经著作权人许可，以改编、翻译、注释等方式使用作品的，使用作品时应当支付报酬而未支付的，属于民事侵权行为的范畴。因此，若"人人影视字幕组"未经原权利人的许可，未支付相应的报酬，即使只是单纯地向公众提供中文字幕，也有可能构成对原权利人翻译权的侵犯。

被告人梁永平和早期"字幕组"以语言学习和交流的名义翻译分享海外影视作品，也曾经大量翻译公开课等具有公益性质的视频，对知识传播做出过一定贡献；早期"字幕组"还会发布相应的免责声明："本字幕仅供学习交流，严禁用于商业用途，请在下载后24小时内删除。""字幕组"虽然在此强调了字幕是为个人学习所用的合理使用之意，但该免责声明是否能真正"免责"？司法实践中对于合理使用的认定一般采用"三步检验"标准：第一步检验标准是合理使用只能在某些特殊情况下使用，若属于《著作权法》第24条中列举的情形则可以不经著作权人许可，不向其支付报酬；第二步和第三步的判断标准，主要来源于《著作权法实施条例》的相关规定，第二步检验标准是合理使用不得与作品的正常使用相冲突，第三步检验标准是不得损害原权利人的合法权益。依据上述三步判断标准，如果"字幕组"的翻译行为属于合理使用的范畴，则不构成民事侵权，否则即属于民事侵权行为。

二、通知——删除原则

网络视听版权的间接侵权的认定与其说是一个法律问题，不如说同时也是一个公共政策问题。"产业秩序政策对建立、维护良好的市场竞争秩序发挥着举足轻重的作用。"间接侵权认定宽松还是严紧，直接关系到网络视听版权人利益的保护力度。"避风港原则"的出现在一定程度上是一种可取的折中方案，网络服务提供者面对海量的用户，如果要求网络服务提供者采取主动的措施对网络用户的网络使用行为逐一审查，不但在成本上不可取，而且也难以实现监管目的，只会促使网络服务提供者退出市场。但是，如果放任网络用户的直接侵权行为或默认网络服务提供者的间接侵权行为，则也会侵害网络视听版权人的利益，不利于网络视听产业的健康发展，减损创作者的创作热情，最终不利于人们欣赏到更多的优秀网络视听作品。

我国《民法典》侵权责任编中对网络服务提供者侵权责任进行规定时，确定了"通知——删除"程序。权利人发现他人在网络平台上的侵权行为后，有权通过网络服务提供者采取必要措施。现实中各大网络视听平台都为权利人提供了投诉渠道，可以作为权利人自助解决版权侵权纠纷的途径。

该规则在我国的确立源于2005年《互联网著作权行政保护办法》。该办法第5条规定，互联网信息服务提供者接到版权人发出的侵权通知后，应立即采取措施予以删除。该办法第7条指出，互联网用户可以发出反通知证明自身并未侵权，互联网信息服务者在收到反通知后立即恢复用户内容。此外，该办法还明确了通知、反通知的具体内容，为应对互联网信息服务活动中的侵权行为，建立起一套"通知——删除——反通知——恢复"的程序。随着人工智能、大数据和云计算等新一代信息技术的涌现，以平台经济为代表的中国互联网产业快速发展，对社会、经济以及生活等各方面产生了深远的影响。2020年颁布的《民法典》第1194~1197条的内容基本延续了《侵权责任法》第36条的规定，并结合《中华人民共和国电子商务法》的内容，形成"通知——转通知——采取必要措施——反通知——恢复"的中国模式。主要体现在以下方面：其一，通知应包含侵权的初步证据和权利人的真实身份信息，增加了错误通知的法律后果；其二，网络服务提供者处理侵权行为时，依据提供的服务类型来采取不同的必要措施；其三，反通知等待期采取了"合理期限"的表述，由司法裁判者依据个案自由裁量期限长短。

然而在个案中，能够适用"通知——删除"规则并不代表着网络服务者对于网络用户利用其平台实施的侵权行为只负删除义务，事实上其同时负有采取删除、屏蔽、断开链接等各种必要措施的义务。在北京微播视界科技有限公司、深圳市腾讯计算机系统有限公司等非诉行为保全审查一案（〔2021〕渝01行保1号之一）中，法官认为，"通知——删除"规则的目的在于既要为互联网行业提供发展空间，又要保护权利人的利益。一方面，网络服务提供者不得利用该免责条款而对明知或应知的网络用户侵权行为不予制止，继而损害权利人的利益。因此，"通知——删除"规则适用的前提是网络服务提供者不知也不应知侵权行为的存在，否则不适用。另一方面，在"通知——删除"规则下，网络服务者对于网络用户利用其平台实施的侵权行为并非只负删除义务，而是负有采取删除、屏蔽、断开链接等必要措施的义务。至于必要措施的界定，则与技术发展密切相关。在现有技术无法实现过滤、拦截等功能或使用该现有技术的成本无法承受的情况下，该技术当然不应纳入必要措施范围，但当该技术本身已成为可能且成本可承受时，则平台在知道新侵权视频仍在不断上传的情况下，其在删除已有侵权视频外承担过滤、拦截义务则是理所当然。若法院不考虑技术发展现状而一味机械适用"通知——删除"规则并狭隘理解平台只有删除已发现侵权视频义务，不考虑技术发展使平台发现侵权和避免侵权能力提升的现实，这将使权利人和平台之间陷入通知——删除——再通知——再删除的无意义循环，使该规则成为平台怠于履行保护权利人义务的护身符，同时不当地增加了权利人的维权成本，使权利人的合法权益持续受到损害。基于此，必要措施的内容并非固定的、不变的、机械的，而是动态的、可变的与发展的，必须兼顾技术发展现状及当事人之间利益格局的变化。为了防止侵权行为的继续和侵害后果的扩大，当新的技术出现且该新技术可能实现的情况下，应当将新的技术纳入必要措施范畴。

三、行为保全救济措施

行为保全措施具有预防性和禁止性的特点。TRIPS 协定为保护知识产权设置了临时保全措施，早在 2001 年，我国就参照其规定引入了知识产权"临时禁令措施"。2018 年最高法发布了知识产权领域侵权纠纷行为保全的相关规定，知识产权领域率先适用了行为保全的救济措施，其中包括诉前行为保全、诉中行为保全两种类型。当权利人发现其作品相关权利有受到侵犯的危险或已经受到侵犯时，可适用此种救济措施。数字时代，侵权的传播速度是非常迅速的，行为保全对于保障著作权人的利益是非常关键的和有必要的。

【典型案例】

央视国际网络有限公司与珠海创嗨新网络科技有限公司等著作权侵权纠纷、不正当竞争纠纷民事裁定[1]

时间：2023 年 8 月

申请人：央视国际网络有限公司

---

[1] 参见上海市浦东新区人民法院（2022）沪 0115 行保 1 号民事裁定书。

被申请人：珠海创嗨新网络科技有限公司

申请人称：经授权，其享有北京冬奥会赛事节目的信息网络传播权。北京冬奥会开幕后，申请人发现被申请人运营的"手机电视直播大全"平台向公众提供北京冬奥会赛事节目的在线直播，构成了著作权侵权；被申请人运营的"2345手机助手"向公众提供"手机电视直播大全"软件，该软件不论是软件名称还是软件详情介绍及宣传图片均显示其明显的侵权性，被申请人对其上线的软件应进行相应审查，其对涉案侵权行为属明知、应知，构成帮助侵权。申请人提出诉前行为保全申请，请求裁定被申请人在北京冬奥会举办期间未经许可不得提供任何北京冬奥会赛事节目及开、闭幕式内容。

法院经审理认为：北京冬奥会举办期间，被申请人未经许可，通过其运营的"手机电视直播大全"软件转播中央广播电视总台CCTV5+等电视频道的方式，向公众提供北京冬奥会赛事节目的在线观看服务。申请人针对被申请人创嗨新公司的行为保全请求具有事实基础和法律依据。北京冬奥会赛事节目属于时效性极强的热播节目，具有极高的经济价值。申请人提出的行为保全申请系为防止其利益持续受损或损害结果扩大所采取的合理措施，不会实质影响"手机电视直播大全"软件的正常运营。该申请指向明确、范围适当，且申请人已提供担保，故不会造成当事人间利益的显著失衡。法院裁定支持了针对被申请人的诉前行为保全申请。

四、网络视听作品的合理使用

合理使用是指在一定范围内使用作品而不经著作权人同意亦不向其支付报酬的情形。著作权法中的合理使用制度，是调整在先作品著作权人、使用者、社会公众多方利益的重要衡平机制，是各国著作权法中不可或缺的基本制度之一。

目前，网络视听作品合理使用的一般认定标准，主要是通过我国《著作权法》第24条的法律条文予以规定。该条规定限制了使用者的使用目的，即在

13项法定情形范围内可使用他人已发表作品。该条还规定了使用者的相关权利，即在使用他人已发表作品时可以不经该作品著作权人的授权许可且不必向该作品著作权人支付报酬。该条亦规定了使用者的相关义务，即使用者应当指明作者姓名或者名称、作品名称，并且不得影响该作品的正常使用，也不得不合理地损害著作权人的合法权益。若使用者对在先作品的使用行为符合《著作权法》第24条的相关规定，则应当认定该使用行为构成著作权法意义上的合理使用；反之，该行为则构成著作权侵权行为，侵犯了在先作品著作权人的合法权益，侵权人应当就该侵权行为承担相应的侵权责任。

【典型案例】

央视国际网络有限公司与上海聚力传媒技术有限公司著作权侵权纠纷及不正当竞争纠纷[1]

时间：2021年3月

原告：央视国际网络有限公司

被告：上海聚力传媒技术有限公司

　　原告主张：原告是中央电视台官方网站（cctv.com和cntv.cn）及各类官方视频应用软件的运营机构，经国际足联和中央电视台授权，原告在中国境内享有通过信息网络，提供中央电视台制作、播出的2018俄罗斯世界杯足球比赛全部64场比赛电视节目实时转播、延时转播、点播服务的专有权利。2018世界杯进行期间，被告在其运营的"PPTV视频"网站（域名：pptv.com）设置"世界杯"专题页面，截录原告享有专有权利的2018世界杯电视节目，制作并通过前述专题页面向公众提供800余段GIF格式视频，覆盖了2018世界杯相关场次电视节目的全部精彩画面，被告故意遮挡原告台标和比分数据，破坏了节目画面的完整性。同时，被告明知其运营的"PPTV视频"网站用户未经许可通过直播间实时转播中央电视台播出的2018世界杯相关场次比赛电视节目，但没有及时制止。被告的行为对原告造成巨大损失，被告应当承担

---

[1] 参见北京互联网法院（2019）京0491民初17199号民事判决书。

相应的赔偿责任。

被告辩称：其将二次编辑的 GIF 动图用于新闻报道构成合理使用。涉案文章为在赛后战报以对客观发生的比赛事实为对象，进行的文字描述，配图均为客观事实记录且用于对文字描述的展现，时长均在 5 秒以内，动图界面小且无法进行扩大、放大。因此，被告对于涉案赛事内容属于合理使用行为，仅为文字内容提供生动说明，与原告的直播、点播服务没有任何可比性。而与此同时，GIF 动图实际上是多张视频静态图片的拼接，究竟属于摄影作品还是类电作品原告也未能清晰说明。

经过一审、二审法院的审理，法院对关于该案中合理使用的抗辩不予认定。2010 年《著作权法》第 22 条第 1 款第③项规定，为报道时事新闻，在报纸、期刊、广播电台、电视台等媒体中不可避免地再现或者引用已经发表的作品，可以不经著作权人许可，不向其支付报酬，但应指明作者姓名、作品名称，并不得侵犯著作权人享有的其他权利。本案中，被诉侵权 GIF 动图均系对涉案赛事节目的选取剪切生成，且多为涉案赛事节目的内容浓缩和核心看点，连续点击观看即可基本获得涉案作品的大致内容，与涉案作品具有较高相似性，甚至可以替代涉案作品，被诉侵权 GIF 动图从使用方式上并非属于不可避免的再现，从使用程度上也明显超出合理的范围，上海聚力公司主张构成合理使用并无依据。

问题与思考

视听作品表演者的二次获酬权

所谓二次获酬权，是指作品按合同约定使用过一次后，制片者或使用者又许可他人对该作品进行广播、出版或以其他形式进行二次使用甚至多次使用，从而表演者以及法律规定的其他权利人可以要求制片者或使用者再次支付报酬的权利。确切地说，二次获酬权，又称为"二次使用报酬权"，包括广义和狭义两种概念。其中，狭义的二次获酬权是指广播或向公众传播视听录制品录制的表演的报酬权，又称为合理报酬权。广义的概念里还包括其他使用视听录制品的报酬权，即涵盖了《视听表演北京条约》里指出的"任何使用"。对于表演者二次获酬权所包含的范围，通常包括以下三个方面：一是由于科技的进步或其他客观方面的原因而出现了使用表演的新方式，并因为此类新方式而获得了收益；二是由于该表演的成功获得了约定报酬时无法预见到的额外收益；三是现场表演活动结束后以录像制品出租的方式被使用而获得了附加收益。表演者二次获酬权是针对现场表演活动结束后以录制品或其他形式记录下来后被他人后续二次或多次使用的行为，赋予表演者的一项报酬获得权。

（一）外国对二次获酬权的规定

《法国知识产权法典》第 L131-3.4.25 条规定视听作品制片者需要对视听作品的每一种利用向作者支付合理报酬，且明确该报酬须由制片者以收入为基数按比例支付。但是按收入比例支付报酬也存在一些豁免比例酬金的例外性规定，即允许作者的报酬按一次性总付费计算。

德国《著作权法》第 27 条规定，出租电影作品的录制品时，出租人应该向作者付报酬，而且作者不得放弃该报酬请求权。并且规定了畅销作品条款，即作品取得成功时，可根据畅销作品条款请求额外付酬，该权利不可放弃，但要遵守时效的规定。

美国将视听作品视为"雇佣作品"，制片者是视听作品的原始版权所有人。作者获得报酬的权利内容主要通过与制片者的合同进行约定。美国发达的行业协会组织弥补了作者在与制片者协商中的弱势地位，并通过团体协商建立了作者酬劳的一系列标准。

英国存在两种二次获酬：一种是约定的二次获酬，即通过作者代理人与制片者约定的方式基于其参与创作作品的再次使用获取报酬；另一种是法定的二次获酬，法律明确规定以出租的方式使用作者作品的平等报酬权。

（二）国际条约对表演者二次获酬权的保护

1.《罗马公约》的相关规定

《罗马公约》第 12 条规定，如果某种为商业目的发行的录音制品或此类唱片的复制品直接用于广播或任何向公众的传播，使用者应当付一笔总的合理的报酬给表演者或录音制品制作者，或给二者。如有关各方之间没有协议，国内法律可以提出分享这些报酬的条件。此条可以作出以下四个方面的分析：其一，要求是为了"商业目的"的"直接"使用；其二，针对的使用范围是"广播或向公众传播"两类；其三，报酬支付对象中"或给二者"的表述，表明了"录音制品的二次使用"中表演者和录音制品制作者"可以"同时享有合理报酬；其四，这项规则对待有关各方之间没有协议的情形，其处理方式是由国内法设置分享报酬的条件。

2. WPPT 的相关规定

1996 年 12 月通过的 WPPT，是在《罗马公约》的基础上为更好地保护表演者和录音制品制作者权利而专门制定的国际条约。WPPT 第 15 条第 1 款规定：对于将为商业目的发行的录音制品直接或间接地用于广播或用于对公众的任何传播，表演者和录音制品制作者应享有获得一次性合理报酬的权利。各成员国在加入 WPPT 时，可以针对这条规定的获得报酬权声明保留，即对于该条所规定的合理报酬是约定还是法定给予了缔约各方制定国内法的自由。根据相关资料显示，我国就对该条约规定的一次性合理报酬权做出了保留。

此项规定较之《罗马公约》的第 12 条规定，相同点是两条规定所提出的"合理报酬"都有为"商业目的"而使用的要求，使用的范围都是"广播或向公众传播"两类。但是不同之处有两点：第一，WPPT 中保护的是"直接或间接"的使用，而《罗马公约》中仅仅是针对"直接"使用；第二，WPPT 中是表演者和录音制品制作者都"应当"享有获得一次性合理报酬的权利，而《罗马公约》中是给出了"或给二者"以表示可选择表演者和录音制品制作者其中一人或二者给付报酬。

3.《视听表演北京条约》的相关规定

《视听表演北京条约》首次规定了二次获酬权，但并没有将二次获酬权提升为一项专有权利。并且对于是否设定二次获酬权及其权利内容、使用的范围和报酬的获得方式都赋予了国内法选择权。这也就意味着如果国内法的规则设置允许同时使用二次获酬权和保护表演者的专有权，将能更有力地保护表演者的经济权利。

（三）引入"二次获酬权"的争议

二次获酬权直接影响了制片方的收入，因此关于引入"二次获酬权"的话题一经发表便引来了众多不满。制片方普遍认为，这种规定严重向各权利人倾斜，对视听作品的后续利用者将造成巨大的不利影响，最终将阻碍作品的传播。而导演等支持二次获酬的人则认为，现行著作权法未将主创人员列为电影作品的著作权人，未将其报酬与作品的经济效益挂钩，伤害了主创人员的积极性和责任心，不利于培养新人，不利于制作精品力作，不利于电影产业的繁荣和发展。著名导演贾樟柯曾在采访中指出，在互联网时代，随着终端传播渠道不断扩张，作品被分享次数越来越多，也给创作者带来二次获酬甚至多次获酬的机会。只有让创作者知道依靠创作可以有正常连续的回收，才能鼓励他们坚持自己的艺术方向，从而保证艺术文化创作的多样性。

第五章　网络新闻版权

本章导读

网络技术与媒体行业深度融合，加之自媒体的兴起和新闻聚合平台的入局，网络新闻行业呈现飞速发展的态势。人工智能在新闻领域的应用也改变了传统的新闻信息采集、加工和分发。融媒体时代，传统媒体业务向网络新闻转型，"两微一端"成为转型标配；自媒体抢占网络新闻份额，新闻聚合平台也给网络新闻行业带来了一系列的版权问题。[1]早在2015年，时任新华社社长蔡名照就提出新闻作品版权是媒体的核心资产。因此，关注新闻版权显得尤为重要。

本章主要内容分为三个部分：第一部分介绍了网络新闻的概念、特征，分析其作品属性；第二部分讨论了网络新闻版权的主体；第三部分探究了网络新闻版权的侵权与救济，以及侵权抗辩事由的内容和适用条件。

通过本章的学习，主要掌握以下几个方面：①了解网络新闻的定义、特点，掌握网络新闻的作品属性。②了解网络新闻版权的主体。③认识网络新闻版权的侵权类型、特点和判断，以及侵权抗辩事由的内容和适用条件。

第一节　网络新闻版权客体

一、网络新闻概述

网络新闻是指通过互联网发布、传播、评论的新闻。这种新闻以信

---

[1] 中国人民大学国家版权贸易基地编，白连永主编：《中国数字版权保护与发展报告2022》，知识产权出版社2022年版，第98页。

息的形式承载和传播，可以通过手机、电视、电脑等多种终端进行接收。网络新闻可以分为四个层次：第一层次是仅转述消息来源者提供的信息；第二层次是记者通过收集有关新闻事实的相关信息，然后对事实以及信息进行加工；第三层次是向公众解释事情如何发生、为什么发生；第四层次是描述新闻事实的发展前景或变化趋势来完成科学预测。综上所述可归纳为：纪实性网络新闻、调查性网络新闻、解释性网络新闻和预测性网络新闻。网络新闻具有以下特点：①时效性。随着融媒时代的到来，新闻信息传播的新媒体和载体层出不穷。对比传统的新闻传播渠道，多样化的传播方式加快了新闻更新的速度，而且通过这些新闻聚合服务平台和信息传播渠道，公众能够及时获取前沿新闻信息。②交互性。在融媒时代，新闻传播成为一个动态的过程。公众不再仅仅是信息的单一接收者，而是能够直接与新媒体和新闻信息的创作者进行互动。③开放性。在互联网时代，网络新闻传播的开放性指的是目标受众的广泛性。从微观角度来看，传播过程中的各个要素都是开放的，包括传播对象的开放性和信息消费的开放性。④广泛性。在互联网时代，传统的新闻传播方式发生改变，从特定传播主体——受众的单向传播方式转变为一种全民参与的新型新闻传播模式。任何人都可以作为网络的一分子发表自己的意见。⑤形式多样性。除了传统的图文、视频类新闻，融媒体时代产生了数据新闻、漫画新闻、H5新闻以及VR新闻等各种新的表现形式。⑥媒体进入"后真相"时代。在社交媒体中，网民带有强烈个人感情色彩的意见与评论往往比事实更容易引起他人的关注与互动，而完全依靠大数据与机器算法的智能新闻生产模式很可能会带来更多情绪的激化，而不是事实真相。因此，在智能媒体环境下，专业的新闻生产机构应更加重视对事实真相的追求。[1]

二、新闻类作品相关概念辨析

（一）单纯事实消息

单纯事实消息是用简明的语言对新近发生事实的客观报道。从《著作权法》

---

[1] 袁媛：《智媒体时代的新闻产业链重构》，载《传媒》2018年第8期。

基本原理来看，单纯事实消息就是符合5W（when、where、what、why、who）要素的新闻，是对事实的唯一表达，而不是事实本身。换言之，单纯事实消息不是具有独创性的表达。《TRIPS协议》第9条第2款规定，版权保护应延及表达，而不延及思想。这是《著作权法》基本原理"思想—表达"二分法的体现。

根据"混同原则"，对某种"思想"只有一种或极其有限的表达，那么这种表达也被视为"思想"而不受保护。[1]对于和思想同处于公有领域的事实而言，也可能会产生事实与表达的混同。单纯事实消息是对事实的"表达"。但是该表达需要以尽可能简洁的方式和既定的顺序规则陈述"时、地、人、事"等要素，这时表达形式就会十分有限，形成了"事实"与"表达"的混同，此时该"表达"不能受到《著作权法》的保护。

（二）时事新闻

2010年《著作权法》规定了"时事新闻"不受保护，其配套的《实施条例》将"时事新闻"解释为"单纯事实消息"，此种消息构成要素简单，表达形式单一，且为满足公众知情权需要尽快传播，因而不受著作权法保护[2]。因此，我们可以将时事新闻等同于单纯事实消息。为了避免理解的分歧，2020年《著作权法》将第24条第3项的"为报道时事新闻"改为"为报道新闻"。[3]自此，时事新闻这个法律概念消失。

实践中的新闻很多都是图文相结合的方式，5W规则认定"时事新闻"标准只针对文字新闻，判断图片新闻是否为单纯事实消息并不以其所配发的文字是否为单纯事实消息为标准，而应单独审查其独创性，因为一张图片的独创性并不会因其所配文字的变化而发生任何实质性改变。虽然所配文字属于单纯事实消息，但图片具有独创性，属于把单纯事实进行了独创性的表达，可以成为受著作权法保护的作品。

---

[1] 王迁:《知识产权法教程》，中国人民大学出版社2019年版，第91页。
[2] 李宗辉:《论移动网络时代新闻传播中的版权保护》，载《南京航空航天大学学报（社会科学版）》2020年第1期。
[3] 穆围围:《数字时代新闻作品合理使用制度研究》，广西民族大学2022年硕士学位论文。

【典型案例】

东方今报社与郑州新佳安网络科技有限公司侵害作品信息网络传播权纠纷案[1]

原告是《6月27日至30日,郑州市房管局暂停办理公积金业务》一文及图片作品版权的合法拥有者。2019年2月,原告发现被告在其管理并使用的《保险管家》网中非法转载使用了东方今报社拥有完全知识产权的该作品。

原告认为:根据相关法律规定,被告未经原告同意,擅自使用原告拥有完全知识产权作品的行为,侵犯了原告对该作品的网络信息传播权和依法获得报酬权,请求被告立即删除涉案文章以及赔偿相应损失。

被告辩称:本案所涉的文章及图片系时事新闻,不属于著作权法意义上的作品,不适用于著作权法保护。即使原告文章能够成新闻作品,被告的使用也系法律规定的合理使用范畴,可以不经许可,不付报酬。

法院认为:本案所涉图片是东方今报社记者借助相机、利用光线条件等记录的客观景象创作而成,从取图的画面、取图的角度、画面的亮度,局部的光彩等都凝聚了其创造性的劳动,属于具有独创性的作品,虽然所配文字属于单纯事实消息,但图片具有独创性,属于把单纯事实进行了独创性的表达,可以成为受著作权法保护的作品,但对于文章,其不含作者的情感表达,属于单纯事实消息,属于时事新闻,故不适用于著作权法。

作者评析:本案的争议焦点在于涉案文章及图片是否是时事新闻,是否受著作权法保护的问题。关于涉案文章是否属于时事新闻,本案所涉《6月27日至30日,郑州暂停办理住房公积金业务》文章以平铺直叙的方式和简洁的语言对郑州公积金管理中心事实在某时段停止办理业务进行了单纯性的事实报道,不存在独创性,故也就无法取得著作权法的保护。判断图片新闻是否为单纯事实消息并不以其所配发的文字是否为单纯事实消息为标准,而应单独审查其独创性,因为一张图片的独创性并不会因其所配文字的变化而发生任何实质性改变。本案图片是报社记者利用相机取景等

---

[1] 参见郑州市中级人民法院(2019)豫01民初787号民事判决书。

创作而成，包含创作性，应当属于著作权法保护范围。

（三）时事性文章

我国《著作权法》第24条规定，报纸、期刊、广播电台、电视台等媒体刊登或者播放其他报纸、期刊、广播电台、电视台等媒体已经发表的关于政治、经济、宗教问题的时事性文章，可以不经著作权人的同意，也不支付报酬。这是我国著作权法中唯一规定时事性文章的一处。全国人大法工委民法室编辑的《著作权法释解》认为，一般来说，时事性文章是为了宣传并贯彻党和国家在某一时期对某一方面的事情或者某一个重大事件的方针、政策而创作的。这种文章时事性强、政策性强、目的性强，往往需要以多种不同的宣传渠道使之更广泛深入地传播。对于时事性文章的内涵和外延没有统一规定，这导致学界和司法实务中的不统一，主要是以下一些观点:[1]一是时事性文章经常是党政机关为某一特定事件而发表的文章，类似于官方文件。由于这些时事性文章代表法人意志，因此其是宣传党政方针的官方文章。这个定义从创作主题和目的的角度界定了时事新闻，但是忽略了时事性文章的时效性和评论性。二是时事性文章等同于单纯事实消息。在"经济参考报社诉世华时代公司案"中，一审法院认为，"时事性文章是……单纯客观事实"。这属于概念的混淆。三是实时性文章等于关于单纯事实消息或者关于时事消息的文章。这类观点忽略了法条中政治、经济、宗教这几个界定词，没有对创作主体进行界定。

本书将时事性文章定义为关于政治、经济、宗教方面的时事问题的文章，常见于各类评论员的文章。通过政治、经济、宗教这三个词，不难发现时事性文章应当具有重大性的特征。在国家发生具有重大影响力的事件时，由特定的人做出的有关该特定事件的文章才可以被称之为时事性文章。同时，时事性文章的创作者应当是与私权所对应的公权力的党政机关的工作人员。除此之外，时事性文章应该具有时效性，时事性文章中"时事"二字反映了时事性文章应该是具有很强时效性的，不然则不能称之为时事性文章。因此，时事性文章需满足"重大性、时效性、创作主体是党政机关的工作人员"这三个条件。

---

[1] 梅术文、宋歌:《新兴媒体发展中时事性文章的认定》，载《中国出版》2019年第12期。

三、网络新闻的作品属性分析

在著作权法中没有新闻作品这个形式，网络新闻根据其表达形式，可以是文字作品、口述作品、美术作品、摄影作品、视听作品及其组合。在融媒体技术背景下，作者独立完成的融媒体新闻产品，无论是长图还是短文，抑或是H5新闻或者VR新闻，只要以具有新闻价值的客观事实信息为基本内容，表达上具备一定程度独创性，都属于著作权法中的作品。[1]

（一）网络文字新闻的作品属性

1. 纪录性网络文字新闻

网络文字新闻作品原创性的高低，决定了其版权属性。纪实性网络文字新闻是一种报道形式，其特点是仅传递消息者提供的信息和材料，主要包括新闻发布会、声明、公告、意见稿等网络新闻报道。记录性网络文字作品是将消息来源者提供的资料进行一定的选取和拼接，或加入少量的修改，记者的个人发挥空间有限，不具有独创性。

2. 调查性网络文字新闻

调查性网络文字新闻是一种形式独立、系统、科学和有针对性的调查，旨在揭示损害公共利益的行为以及被掩盖或忽视的社会问题。调查性网络文字新闻是一种成本高的新闻创作，其周期长、内容也多，对记者和管理团队提出了更高的要求。记者团队会根据调查得来的资料，通过独特的视角表达出来，因此具有独创性。

3. 解释性网络新闻

网络新闻分析，又称为网络新闻解释，它不仅报道新闻事件的"是什么"，还向公众介绍了新闻事件的原因、意义和后果（即"为什么"）。在此类网络新闻报道中，作者澄清和解释报道事实，在一定程度上偏离了对新闻事件客观真实描述的要求，表达了创作者的分析。换言之，这类作品包含创作者的个人观点、思想和表达，具有独创性。

4. 预测性网络新闻

预测性网络新闻是一种对引起公众关注的网络新闻事件及对其发展趋势进行预测的报道形式。它具有超前性、科学性、重要性、服务性和不确

---

〔1〕 吴伟超：《融媒体时代新闻作品的认定与保护》，载《中国广播》2017年第8期，第30页。

定性等特点，这些都增加了报道的难度。它旨在向读者展示未来可能发生的情况，并通过独创性的合理论述表达作者的观点和看法，其自然应该被认定为作品。

【理论探讨】

自动化新闻的可版权性

智能新闻是一种利用人工智能软件技术自动生成和推送新闻的新型新闻模式，也叫机器人新闻或自动化新闻。它不同于传统新闻体系，它可以输入一些数据、图片等，然后用人工智能技术算法对大量数据进行处理和分析，并将处理过的数据适配和组合，最后通过符合写作规范和语言逻辑的"文章模板"输出成新闻产品。关于智能新闻"作品"性质的界定一直是学界讨论的焦点，明确人工智能所生产的新闻作品是否符合著作权作品的独创性要求是探讨其著作权归属及侵权等问题的基础。

目前学界争论的内容是人工智能生成智能新闻的过程是否是创作行为？学界主要有两种观点：第一种观点，以王迁、刘影为代表的学者认为，智能新闻生成过程的本质特征是计算而非创作，它借助大数据分析、内容理解和自然语言生成等技术实现，是机械性的；退一步讲，即使部分人工智能已具备了"深度学习"的能力，但本质上依旧是通过算法分析数据并写出最优文章，本质上应当属于方法应用，不应认定为创作过程。[1]因此，人工智能创造物不具备独创性。第二种观点，以王小夏、熊琦为代表的学者认为，正是由于人工智能的飞速发展，才使得"作品的创作"爆发式增长，而这种"创作"也非算法、程序简单的累积和叠加，否则其难改变本质，或成为"文化垃圾"。未来随着人工智能技术的不断进步和完善，它的"学习和创作能力"会更加优化，当我们已无法区分人类创作与机器生成时，将意味着应当认定智能新闻生产为创作行为。[2]关于人工智能创造物的可版权性，由于目前是弱人工智能时代，基本都是人机写作的方式。因此，本书作者赞同人工智能工具论，如果写出来的新闻具有独创性，那

---

[1] 王迁：《论人工智能生成的内容在著作权法中的定性》，载《法律科学》2017年第5期。
[2] 王小夏、付强：《人工智能创作物著作权问题探析》，载《中国出版》2017年第17期。

么就是作品，但著作权归人所有。

【典型案例】

深圳市腾讯计算机系统有限公司与上海乾衡信息技术有限公司著作权权属、侵权纠纷、商业贿赂不正当竞争纠纷一审民事判决书

基本案情：原告是一家专业从事体育赛事报道文章生成和发布的公司，其产品是一款名为 Dreamwriter 的智能写作计算机软件及智能写作系统。原告对该软件享有著作权，并向腾讯科技授权使用该软件。原告利用该软件生成并发表了四篇体育赛事报道文章，并在文章末尾注明为"本文由腾讯机器人 Dreamwriter 自动撰写"。被告是一家运营华体网网站的公司，该网站提供专业的体育信息服务。被告未经原告许可，擅自使用原告的软件生成并发表了与原告四篇文章内容完全一致或仅有标题不一致的文章，并在文章末尾标注为"本文由机器人 Dreamwriter 自动撰写"。

原告主张：被告在其运营的华体网网站上，未经原告许可，擅自复制、发表了原告利用涉案软件生成并发表的四篇涉案文章，侵犯了原告对涉案软件及涉案文章的著作权，构成侵权行为。原告要求被告立即停止侵权行为，删除涉案文章，赔偿原告经济损失和合理维权支出。

被告辩称：其并未复制、发表原告的涉案文章，而是通过合法渠道获取了涉案软件的使用权，并根据自己的需求和意愿，利用涉案软件生成了与原告涉案文章相似的文章。被告认为，涉案软件是一种智能写作工具，其生成的文章不具有原创性和独创性，不属于著作权法保护的作品，因此，被告的行为不构成侵权。被告还质疑原告对涉案软件的著作权归属，认为原告并非涉案软件的开发者，而是腾讯科技的受许可方，没有权利主张涉案软件的著作权。

法院认定：原告是涉案软件的著作权人，其对涉案软件享有著作权，有权对涉案软件的使用进行授权。原告向腾讯科技出具的许可书，仅授权腾讯科技在中华人民共和国范围内使用涉案软件，不涉及对第三方的转授权。被告未经原告许可，擅自使用涉案软件生成并发表了与原告涉案文章内容完全一致或仅有标题不一致的文章，侵犯了原告对涉案软件及涉案文

章的复制权和发表权，构成侵权行为。

作者认为本案争议主要焦点有两个：①原告是否为本案适格的主体，即原告是否对涉案软件及涉案文章享有著作权？②被告是否侵犯了原告的著作权，即被告是否擅自复制、发表了原告的涉案文章？

关于焦点一，原告是涉案软件的著作权人，其对涉案软件享有著作权，有权对涉案软件的使用进行授权。原告向腾讯科技出具的许可书，仅授权腾讯科技在中华人民共和国范围内使用涉案软件，不涉及对第三方的转授权。原告利用涉案软件生成并发表的涉案文章，属于原告的法人作品，其著作权归原告所有。

关于焦点二，被告在其运营的华体网网站上，未经原告许可，擅自使用涉案软件生成并发表了与原告涉案文章内容完全一致或仅有标题不一致的文章，侵犯了原告对涉案软件及涉案文章的复制权和发表权，构成侵权行为。被告辩称，其通过合法渠道获取了涉案软件的使用权，缺乏证据支持，不予采信。被告辩称，涉案软件生成的文章不具有原创性和独创性，不属于著作权法保护的作品，也不成立。涉案软件生成的文章，是原告根据其独特的表达意愿，利用涉案软件的功能，根据文章结构、读者需求和数据信息，形成的具有一定文字结构和内容的文学作品，具有原创性和独创性，符合著作权法对作品的定义，应当受到著作权法的保护。

（二）网络视听新闻的作品属性

1. 新闻网络直播

新闻网络直播是通过网络平台实时传输新闻事件的视听节目。它们以现场图像报道新闻，展示记者所观察到的真实情况。虽然其满足了公众的知情权，但这类作品缺乏创意性和原创性，通常不被认定为作品。例如，新闻平台直播某场政府新闻发布会，就是一种机械式的直播。观众对于发布会直播画面的出现都具有一定的预见性，人们根据之前观看直播经验事实，对接下来的镜头的选择已经了如指掌，其不会因为不拍摄某个画面可能无法完整表达内容。在自媒体时代，众多自媒体也介入了新闻网络直播，尤其在非"政治、经济、宗教"等领域，如体育、文化、教育等，这些直播在具有独创性时均可以被认定为作品。本书"网络视听版权"部分，会着重分析体育赛事直播画面的可版权性。

2. 新闻专题片

新闻专题片是事件深度报道最常用的一种节目形态，新闻专题片的基本特征是新闻性较强，能够反映当前重大新闻事件或社会普遍关注的热点和难点问题，新闻专题片要求纪实，不可虚假操作，但同时其讲究艺术性，强调报道编辑词语与画面相结合。[1]这类节目通常围绕一个事件或人物展开，将新闻事实层层剖析呈现给观众。其制作涵盖了技术和艺术创作，如镜头运用、构图、色彩设计、后期剪辑等，赋予了专题片独特的表现力和独创性，因此被视为视听作品。

3. 新闻访谈节目

新闻访谈节目主要采用人物访谈模式，例如，中央广播电视总台的《高端访谈》主要是将世界各国元首、政府首脑以及社会各界知名人士作为节目的访谈对象，其中涵盖联合国秘书长安南、英国首相布莱尔、俄罗斯总统普京、世界首富比尔盖茨、新闻业大亨莫多克等。[2]但其缺乏在节目形式、视觉效果和叙事结构上的创新，就是一板一眼的问答。这类访谈节目在具体流程、提出问题和拍摄角度选择都较为固定。这种情况下不将其认定为作品进行保护。在自媒体时代，自媒体抢占新闻份额，进行新闻访谈的新闻平台增多，小平台邀请进行新闻访谈的类型多样化、非严肃化、非固定化，无论是在节目形式、个性提问、拍摄进度上都具有其独创性，因此在新视域下这些具有独创性的新闻访谈节目是可以将其认定为作品，并受到著作权法保护的。

4. 新闻纪录片

新闻纪录片采用纪实手法记录社会发展的面貌，通常聚焦于国家政治、历史意义和发展，承担着传承历史使命和民族文化的责任。由于它们的拍摄手法和叙事方式与电影相似，因此其具有独创性的表达方式。在选择典型人物、环境和细节时，并不会干扰新闻事件的本质，它们能够把握新闻纪录片的拍摄视角，并通过纪录片技术呈现事件的横向或纵向片段。其中的创造性表达体现了新闻纪录片的艺术美学，构成视听作品。

---

[1] 杨帆：《新闻专题片叙事手法及编辑技巧研究》，载《新闻传播》2022年第20期。

[2] 袁方：《论电视新闻访谈节目的现状及发展》，载《电视指南》2018年第14期。

（三）网络美术、摄影新闻作品属性

新闻美术作品，是指在新闻报道中除了新闻图片之外，主要用于辅助报道、评论事实的新闻漫画、图标、绘画等美术作品。[1]新闻摄影涵盖了新闻图片、特写等。美术新闻作品和摄影新闻作品很少单独存在，绝大多数的新闻都是图文形式共存。

当新闻图片被认定为作品时，其首要满足条件为"具有独创性"，而受新闻图片自身属性的影响，其独创性通常难以判定。如2019年人类历史上第一张"黑洞照片"引发了法律界对新闻图片的版权讨论。部分学者认为，该新闻图片是客观科学事实的真实反映，属于唯一性表达，不适用于新著作权法。[2]也有学者认为，尽管黑洞是客观事实，但是黑洞照片是作者独立构思的产物，而非对已有作品的模仿，应受新著作权法保护。[3]2012年，一则网络新闻《北京一地铁站现"瀑布"缘由消防水管爆裂》中拍摄了北京地铁8号线回龙观东大街站内因消防水管破裂，大量的水从站厅顶部倾泻而下，形成一道"瀑布"的图片。该新闻图片是对新闻事实的简单呈现，拍摄者在创作过程中投入的智力劳动较少、艺术价值较低，若判定其独创性具有一定难度。[4]

我国版权局曾经反向规定过时事新闻的定义：若摄影作品以新闻事件为主题，则该作品不属于时事新闻。因此，判断新闻摄影是否是著作权法保护的作品时，只需要去评估其独创性。

（四）融媒体时代下其他网络新闻作品

在融媒时代，许多媒体都追求多样化和可视化的新闻形式。H5交互动画作为一种新闻呈现形式，融合了文字、图片、声音、视频和全景等元素，具备更强的交互性，因此备受媒体的青睐。从各家媒体制作的作品来看，H5融合报道的形式多种多样，包括图文报道、视频报道、VR全景、问答型和互动游戏等。这些作品不仅传递信息，也为全国观众呈现了精彩的视听盛宴。

---

[1] 贾俱文：《网络环境下新闻作品的著作权保护问题研究》，兰州大学2019年硕士学位论文。

[2] 徐峰：《"黑洞照片侵权事件"背景下我国网络图片著作权保护研究》，载《中国出版》2019年第21期。

[3] 阚敬侠：《从视觉中国"黑洞照片门"事件看我国图片版权保护问题》，载《传媒》2021年第17期。

[4] 徐春成、林腾龙：《我国〈著作权法〉（2020修正）对新闻图片的版权保护》，载《出版广角》2023年第3期。

1. 动画新闻

这类报道以图文为主，通过动画、漫画等方式展示新闻内容，让受众在观看的同时参与其中，增加新闻的趣味性和可读性。例如，《典藏十九大》和《国务院常务会议这5年》就是这类作品的代表。这种制作方式将趣味性和可读性结合在一起，让受众在参与中了解党的最新政策。[1]这类报道从其组成部分进行分析，属于文字作品和图形作品的结合，因为它们以文字形式表现新闻内容，同时也使用了动画、漫画等图形元素来增强视觉效果，其应属于作品。

2. 游戏新闻

这类报道以游戏为主，通过设置不同的题目、关卡、奖励等，让受众在玩游戏的同时了解新闻信息。例如，《两会热词点点乐》、《幸福就要跳起来》和《习近平的这句话击中了我》就是这类作品的代表。这类H5作品让受众在沉浸式投入答题的同时了解到两会的关键词，起到了很好的宣传作用。[2]这类作品属于视听作品，因为它们需要借助一定的介质和装置，由一系列有伴音或者无伴音的画面组成，并且实现了与受众的互动。

3. VR新闻

所谓VR，即虚拟现实，是一种可以创建和体验虚拟世界的计算机仿真系统。它提供一种多源信息融合的交互式三维动态视景，使用户沉浸其中，带来一种身临其境的感觉。[3]VR新闻即是通过VR的技术手段，以VR作为媒介来对新闻中事件的动态进展、人物的真实动作进行全面的呈现。其特征有：现场感，即身临其境的冲击力；客观性，即媒体中介角色被削弱；自主性，即个性化需求的满足；交互性，即缩短从身到心的距离。[4]

VR新闻中存在哪些要素可以受到著作权法的保护呢？其一，视觉表达；VR新闻通常以虚拟现实技术呈现图像、动画和视频，这些视觉表达可以作为原创作品受到著作权保护。例如，《流离失所》、《战地记者》和《火星漫游》

---

[1] 何蓉：《H5交互动画在新闻报道中的应用和趋势——以党的十九大会议和2018年全国两会报道为例》，载《新闻研究导刊》2018年17期。

[2] 何蓉：《H5交互动画在新闻报道中的应用和趋势——以党的十九大会议和2018年全国两会报道为例》，载《新闻研究导刊》2018年17期。

[3] 喻国明、张文豪：《VR新闻：对新闻传媒业态的重构》，载《新闻与写作》2016年12期。

[4] 孙振虎、李玉荻：《"VR新闻"的沉浸模式及未来发展趋势》，载《新闻与写作》2016年9期。

这些 VR 新闻作品中的虚拟场景、人物模型、动画效果等，如果具备独创性并满足著作权法的要求，就可以受到保护。其二，剧本和叙事结构；如果 VR 新闻作品包含独创性的剧本或叙事结构，这些可以作为文学作品受到著作权保护。例如，《流离失所》中的情节、对话和叙述方式，如果其满足独创性和原创性的标准，可能受到著作权保护。其三，音频表达。VR 新闻作品中的音频元素，如原创音乐、声音效果、解说词等，可以作为音乐作品或音效作品受到著作权保护。例如，《战地记者》中使用的原创音乐和声音效果，如果其满足著作权法的要求，就可以受到保护。

【理论探讨】

数据新闻的可版权性

大数据时代，产生了一种新的新闻形式—数据新闻。数据新闻以数据分析和数据可视化为基础，基于"时间线""折线图""交互式地图"等信息可视化方式，呈现的新闻报道即可帮助读者快速掌握复杂数据背后的重要内容，也将跨领域技术手段融合于新闻的呈现之内。[1]

数据新闻是基于数据分析和可视化的新闻形式，数据新闻的作者通过对各类数据的收集、处理、展示和叙述，揭示新闻事实背后的内在规律和价值，从而为公众提供有数据支撑的可靠信息。数据新闻算是一种新兴的新闻形态，它的版权问题如今引起了广泛的关注和讨论。

数据新闻绝非是单纯的"数据＋新闻"的简单组合，而是一种融合了数据科学、计算机技术、可视化设计和新闻叙事等多种元素的新闻形态。数据新闻的核心是数据，新闻作者需要对数据进行加工、分析、解读和呈现，并加入自己具有独创性的表达才能形成具有新闻价值和公共利益的信息产品。

数据新闻的表现形式主要有两种：一种是数据可视化，另一种是数据叙事。数据新闻是基于新闻价值和公共利益，采用数据科学方法从各类数据中发现事实，通过数据可视化方法呈现数据的新闻形态。[2] 数据可视化

---

[1] 赵如涵、陈梓鑫：《全球数据新闻报道的创新路径——以"数据新闻奖"获奖作品为例》，载《新闻与写作》2018 年第 11 期。

[2] 张超：《数据分析在数据新闻生产中的应用、误区与提升路径》，载《编辑之友》2019 年第 6 期。

是指将数据通过图形、图表、地图、动画等方式呈现出来，使数据更加直观、美观和易懂。数据叙事是指将数据通过文字、音频、视频等方式讲述出来，使数据更加生动、有趣和有感染力。数据新闻的表现形式可以根据不同的平台、媒体、受众和主题进行选择和组合，形成多样化和个性化的数据新闻作品。

独创性是著作权法保护的基本要求，数据新闻根据不同平台的传播特性进行差异化的数据呈现，将原本枯燥的数字通过静态或是动态的方式，转化为清晰的信息传播作品，进而成为作者"字斟句酌"的非文字表达作品，使得数据即使隐去其中的文字，也不再是冰冷的数字堆叠，而是以图形图表、三维动画、音频视频等多模态的可视化综合呈现的新闻要素。[1]数据新闻是否具有独创性，需要从数据新闻的生产流程的每个环节进行分析。数据新闻的生产流程一般包括数据采集、数据处理、数据可视化和数据叙事四个步骤。在数据采集阶段，数据新闻的创作者需要根据新闻选题的需要，从各种渠道和来源获取数据。在数据处理阶段，数据新闻的创作者需要对所收集到的数据进行清洗、过滤、分析和解读。在数据可视化阶段，数据新闻的创作者需要对数据进行合适的图形、图表、地图、动画等方式的呈现。在数据叙事阶段，数据新闻的创作者需要对数据进行有逻辑、有情感、有故事的讲述。从上述分析可以看出，数据新闻的创作过程是一个充满创意和创新的过程，数据新闻的创作者在每个环节都需要发挥自己的主观能动性和思维创造力，从而形成具有独特风格和价值的数据新闻作品。因此，数据新闻是具有独创性的作品，应当受到著作权法的保护。[2]

【理论探讨】

"新黄色新闻"有独创性吗？

"新黄色新闻"是一种在网络短视频平台上流行的新闻形式，它通

---

[1] 翟红蕾、夏铭泽、谢晓枫等：《数据新闻的版权问题及侵权规避》，载《武汉理工大学学报（社会科学版）》2023年第2期。
[2] 翟红蕾、陈心怡、黄子吟：《数据新闻作品版权辨析》，载《新闻前哨》2017年第2期。

过夸张、煽情、搞笑等手段吸引用户的注意力，追求流量和点击，而忽视新闻的真实性、公正性和社会责任。其主要特征是：使用大字号煽动性标题；对不甚重要的新闻加以渲染、夸张；捏造访谈记录和新闻报道，采用易于引起歧义的标题和版式；报道内容流于肤浅等。[1]"新黄色新闻"之所以泛滥，一定程度上跟新闻内容供需矛盾、此类新闻满足用户心理需求有关。[2]

综观天下媒体，大致可以分为两种类型：知识型媒体和消遣型媒体。[3]知识型媒体提供各方面的有价值的信息，追求真实性、重要性、准确性等新闻价值，具有社会价值，但不一定有高流量。消遣型媒体提供娱乐性的内容，追求曝光量、点击量等可量化的指标，具有市场价值，但可能导致"劣币驱逐良币"的现象。"新黄色新闻"就是消遣型媒体批量加工的生产主体。

"新黄色新闻"的具体分类有以下几种：冷饭热炒，以偏概全。这种新闻通过对旧闻或片段的重新剪辑、解读和标题党，制造出新的话题和争议，满足人们的好奇心和批判欲。这种新闻通过对一些轻微或无关紧要的事件进行过分的渲染、嘲讽和娱乐化，忽略了真正的问题和价值。信息搬运，要素不全。这种新闻通过对一些电视节目、监控视频或其他来源的视频进行搬运、剪辑和配音，制造出一些看似为新闻，但实际上缺乏新闻要素的内容，如时间、地点、人物、原因、结果等，只是为了吸引眼球和制造笑点。这种新闻通过对一些虚构或夸大的事件进行拍摄、发布和传播，为了获取更多的流量和收益，不惜损害公共秩序和社会道德。不计真假，急于表达。这种新闻通过对一些未经核实或片面的信息进行拍摄、发布和评论，为了表达自己的观点和情绪，不考虑事实的真相和影响的后果。通篇说教，空洞罗列。这种新闻通过对一些社会现象或问题进行空泛的描述、评价和建议，没有调查、数据或案例的支撑，只是为了显示自己的立场和态度，缺乏说服力和价值。

---

[1] 杨林：《媒体发展应避免"黄色新闻"泛滥——关于媒体"故事化"叙事的反思》，载《今传媒》2015年第3期。

[2] 詹新惠：《"新黄色新闻"的源头之治》，载《青年记者》2023年14期。

[3] 窦锋昌、孙萌：《消遣型新闻的新闻价值与底层逻辑》，载《青年记者》2023年13期。

总之,"新黄色新闻"是一种在网络短视频平台上流行的新闻形式,它以流量为导向,追求娱乐性和煽情性,而忽视新闻的真实性和社会责任。"新黄色新闻"的表现形式有冷饭热炒、娱乐过度、信息搬运、追逐流量、不计真假、通篇说教等[1],这些形式都有一个共同的特点,就是缺乏独创性。"新黄色新闻"的内容多是对其他来源的信息的搬运、剪辑、解读和评论,没有自己的采访、调查和创作,也没有对新闻的价值和意义进行深入的思考和分析,只是为了吸引用户的注意力和时间,获取流量和收益。因此,"新黄色新闻"并不具有独创性,不符合著作权法的保护条件,其也不应该被视为新闻的正常形式,而应该被批判和监督,以维护新闻的真实性和社会责任。

【理论探讨】

虚假新闻受著作权法保护吗?

虚假新闻是指根本没有该事实的发生,却有了对该事实生动详实的报道。它的实质在于违背了新闻学的根本——新闻是人们主观对于客观的真实反映,一切脱离了客观存在的反映,只能是虚假的报道。[2]虚假新闻的表现形式包括了无中生有、捕风捉影、添油加醋、移花接木、掩耳盗铃、缺乏常识等。虚假新闻不仅会直接损害新闻的真实性和准确性,也有可能间接地侵犯了他人的合法权益,甚至存在危害社会稳定和安全的情况。

网络虚假新闻就是将上述的虚假新闻通过互联网传播或者发布。网络新闻的传播速度、范围和影响力均远超传统媒体,好处是社会公众对于新闻信息的获取和分享更加便捷和多元,同时其也为新闻事实的核实和辨别提供了更多的社会监督渠道。但是,网络虚假新闻的广泛极速传播也存在着一些不利因素,如信息的过载、碎片化、泛滥,以及网络舆论的操纵、误导、炒作等,这些都可能导致网络新闻内容失去真实性和准确性。不过网络新闻内容即使失去了真实性和准确性,也可以被认定为著作权法中的

---

[1] 王希忠:《警惕"新黄色新闻"消解新闻价值》,载《全媒体探索》2023年8期。
[2] 赵振宇:《进一步厘清虚假新闻概念的几个层次》,载《新闻记者》2011年6期。

作品，只要它具有一定的独创性。

综上所述，虚假的网络新闻只要满足最低独创性的要求仍然能够被认定为作品，从而享有著作权，但是由于其内容的虚假性，其将会被禁止在网络、现实中进行传播。

第二节 网络新闻版权主体

一、自然人作者

（一）自媒体人

自媒体人是指通过互联网平台，利用自己的个人账号，发布原创或者转载的新闻、评论、视频等内容，从而形成一定的影响力和受众的人。自媒体人的新闻作品可以以文字、视频、音乐等形式出现，具有代表性的自媒体平台有微信朋友圈、微信公众号、头条号、Facebook和微博等等。自媒体人的新闻作品，如果具有独创性并能以一定形式表现，就可以受到著作权法的保护。自媒体人作为新闻作品的作者，享有著作权法规定的人身权和财产权。融媒体时代，人人都是自媒体人，每个人的微信、微博大量地创作、转载和传播着新闻类作品，因此，几乎每一个自然人都有可能成为新闻类作品的著作权人。

【理论探讨】

人物访谈类新闻作品版权是归采访者还是受访者所有？是合作作品吗？

人物访谈类新闻一般是采访者问，被采访者答的这样一种创作模式。其涉及采访者、被采访者的权益。对于人物访谈类新闻作品的著作权归属问题，目前还没有明确的法律规范，只有一些司法实践和学术观点。

人物访谈类新闻作品的著作权归属可能有以下几种情形：[1]一是采访者独享著作权，被采访者和媒体单位放弃或者转让著作权；二是被

---

[1] 袁静：《网络时代新闻作品著作权问题案例分析》，兰州大学2017年硕士学位论文。

采访者独享著作权，采访者和媒体单位放弃或者转让著作权；三是媒体单位独享著作权，采访者和被采访者放弃或者转让著作权；四是采访者、被采访者和媒体单位共同享有著作权，按照各自的贡献比例分配权利和义务；五是采访者、被采访者和媒体单位分别享有不同的著作权，如采访者享有署名权，被采访者享有修改权，媒体单位享有发行权等。

人物访谈类新闻作品可以分为下列三类：问答实录式访谈作品是以一问一答的形式呈现采访内容的作品，如电视节目《杨澜访谈录》和《锵锵三人行》；自述式访谈作品则是直接呈现被采访者的自述言语，将其相关经历、思想、情感等以被采访者自述的口吻进行呈现，如伊格纳西奥·拉莫内与菲德尔·卡斯特罗的访谈整理成的《我的一生》；散文式访谈作品则是采访者根据采访内容进行整理和加工，采用散文的笔法进行写作，运用多种表达方法进行叙述、描写、抒情和议论，如奥里亚娜·法拉奇的《风云人物访谈记》。

对于这三类作品著作权的归属分析可知，问题问答实录式访谈作品的著作权归属通常被认为是合作作品，采访者和被采访者共同享有著作权。这是因为双方在访谈过程中共同创作了作品，采访者提问和引导访谈方向，被采访者提供观点和回答。自述式访谈作品的著作权归属存在争议：一些观点认为著作权应归被采访者，因为作品是以被采访者的口吻呈现的；然而，其他观点认为采访者在根据访谈的主题挑选整理，并对文章的脉络和框架进行搭设和建构，从而最终形成一篇口述式的人物访谈作品。这种作品的形成，是访谈双方共同的智力活动，因此应当将其认定为合作作品，由双方共同享有著作权。散文式访谈作品的著作权通常归属于采访者。在这种作品中，采访者根据采访内容进行整理和加工，并运用多种写作手法进行表达，被采访者提供素材的行为对于作品来说是一种辅助行为，采访者在创作过程中起到主导和主要创作的角色。

（二）新闻约稿作者

新闻约稿人的作品，可以为不同的媒体和领域提供多种形式的新闻内容。新闻约稿人是自由职业者，受新闻媒体或其他组织的委托，按要求创作并交付新闻作品。新闻约稿人与委托方的关系，一般是委托合同的关系，双方应明确约定作品的权利归属、责任承担等事项。根据著作权法的相关规定，如果委托合同对于约稿的著作权归属没有约定，此约稿新闻著作权归受托人，即约稿作者。

二、法人作者

法人作品是指由法人或者其他组织主持，代表法人或者其他组织意志创作，并由法人或者其他组织承担责任的作品，法人或者其他组织视为作者。[1]法人作品的特点是主持性、代表性和责任性，即法人或者其他组织对作品的创作过程、内容和结果具有决定权、代表权和承担相应责任的义务。

法人作品是一种特殊的作品类型，它体现了法人或者其他组织的创作意志和责任，也涉及了实际创作者的权利保护。法人作品与职务作品、委托作品、合作作品的区别在于法人作品是代表法人或者其他组织意志创作的作品，而其他类型作品则是代表创作者个人意志创作的作品。一般来说，法人或者其他组织享有法人作品的全部著作权，包括人身权和财产权，但实际创作者仍然可以享有署名权，以及在法人或者其他组织许可的范围内行使其他权利。

【典型案例】

新华社记者拍摄的党和国家领导人照片是法人作品吗？

基本案情：为纪念毛泽东同志诞辰110周年，由中共文献研究室、中共江苏省委、中央电视台联合摄制，中唱公司出版、中唱公司上海公司发行的二十集大型电视文献记录片《独领风骚—诗人毛泽东》。在该剧中32次使用了吕厚民拍摄的24幅摄影作品，其中作品大部分为吕厚民拍摄的毛主席照片。

2003年11月，中唱公司取得独家版权。原告吕方认为中唱公司侵犯了其摄影作品的著作权。一审二审法院认为吕厚民为国家领导人拍摄的照片享有著作权，被告中唱公司应承担侵权责任。

---

[1] 许黎：《人工智能生成内容可版权性的判断路径》，载《梧州学院学报》2021年2期。

此后再审申请人中唱公司认为"领导人照片"属于法人作品,拍摄者不享有著作权,遂向北京市高级人民法院提起再审,认为涉案作品是由新华社安排拍摄,属于新华社的法人作品。

法院认为:对于历史形成的照片版权,应纳入到当时年代的具体社会环境来评析,争议摄影作品在拍摄年代都属于国家财产,其著作权应归属于新华社,故涉案作品属于法人作品。

作者观点:为党和国家领导人拍摄照片,既不同于普通的新闻采访,也不同于一般意义上的摄影创作,记者基本没有自主的创作空间,对该类摄影作品的版权归属和保护,应当有别于一般的摄影作品和职务作品。改革开放前,我国没有著作权法,也不存在个人执行公务的成果应属私人财产的法律基础,因此从法律解释角度出发,判定涉案作品属于法人作品也有利于此类珍贵照片的使用。

【理论探讨】

单位和个人之间能否约定作品为法人作品?

在实践中,法人或非法人组织为了自身的利益,与自然人签订合同,约定自然人创作的作品属于法人作品。这种做法是否合法有效,是一个值得探讨的问题。

首先,从法人作品的概念和特征来看,法人作品是一种由法人或非法人组织主导的集体创作,它表达的是法人或非法人组织的意志,而不是自然人创作者的个人思想和感情。法人或非法人组织在法人作品的创作过程中,不仅提供物质技术条件,还对作品的内容、形式、风格等进行指导、审核、修改等,以确保作品符合其目的和要求。因此,法人或非法人组织是法人作品的主体,而自然人创作者只是其工具或手段。如果仅凭单位和个人之间的约定,就将自然人创作的作品视为法人作品,那么就忽视了法人作品的本质特征,也不符合著作权法的立法目的。

其次,从法人作品的著作权归属来看,法人作品的著作权由法人或非法人组织享有,而自然人创作者不享有任何著作权,包括署名权。这是因为法人作品是以法人或非法人组织的名义公开发表的,其署名权是法人或非法人组织的法人人格权的一种体现，也是法人或非法人组织对作品的责任承担的前提。如果允许自然人创作者在法人作品上署名，那么就会造成法人作品与特殊职务作品的混淆，也会影响法人或非法人组织对作品的控制和管理。因此，法人作品的著作权归属是法定的，不能由单位和个人之间的约定改变。

最后，从法人作品的社会功能来看，法人作品是为了满足法人或非法人组织的特定目的而创作的，它具有一定的社会效益和公共性。法人作品的创作往往需要投入大量的资金、人力、物力等资源，也需要承担较高的风险和责任。法人或非法人组织享有法人作品的著作权，是为了保护其在法人作品创作中的投入和回报，也是为了鼓励其继续创作更多的法人作品，促进社会文化的进步和发展。如果单位和个人之间可以随意约定作品为法人作品，那么就会削弱法人或非法人组织的创作动力，也会损害自然人创作者的创作自由和创作激励，不利于文化创新的繁荣。

综上所述，单位和个人之间不能仅凭约定就将作品认定为法人作品，其必须符合著作权法规定的法人作品的三个构成要件，即法人或非法人组织主持创作、代表其意志、由其承担责任。国家版权局《中国著作权实用手册》规定，应该根据作品的性质和用途来判断，只有那些由实际作者署名发布不能达到预期创作目的，不能实现预期社会意义的作品，才视为法人作品。

三、特殊职务作品

我国《著作权法》第16条规定，报社、期刊社、通讯社、广播电台、电视台的工作人员创作的职务作品，其著作权归单位所有。国家版权局政策法规司负责人对此解释道：传统媒体向版权局反映，认为他们为记者提供了工资、设备、时间、经费等必要条件，使记者能够完成网络新闻报道。因此，传统媒体认为他们对这些新闻报道享有著作权，希望有明确规定来保障他们的权益。从判断角度来看，特殊职务新闻通常有两个方面的考量：首先，作者与单位之间是否存在雇佣关系，这通常通过书面合同来确立。例如，记者与新闻单位之间存在书面劳动合同，记者是受雇于新闻单位的，为其完成新闻报道。其次，作者写作的目的是完成新闻单位分配的任务。[1]

【理论探讨】

特殊职务作品中新闻单位和记者之间劳动关系是否包含实习生，劳务派遣？

关于"劳动关系"的剖析，何谓劳动关系？有学者认为，与单位有实质意义上的劳动或雇佣关系，包括正式工作人员、临时工、实习生或试用人员。[2]有学者则认为，如果双方之间不存在明确的雇佣关系，则有关作品即使与雇主或单位的业务关系非常密切，也不能纳入雇佣作品或职务作品的范围。也有学者认为，作者应当是在该机构或社会组织领取薪金的工作人员，非临时专为创作某作品而缔结非劳动关系的人员。还有学者则认为，劳动合同关系包括书面合同关系和事实劳动合同关系，是否构成事实劳动关系，应按照劳动合同法进行判断。[3]

新闻单位和记者之间的劳动关系是特殊职务作品认定的重要依据。根据劳动与社会保障部《关于确立劳动关系有关事项的通知》（2005）的规定，当事人对于新闻单位和记者之间是否存在劳动关系，应当提交劳动合同、社会保险缴纳凭证、工资发放凭证、工作证、工作证明等证据。如果当事人无法提供上述证据，也可以提交其他能够证明劳动关系存在的证据，如工作任务分配、工作报告、工作评价、工作成果等。由此可见，此劳动关系是广义的劳动关系。

新闻单位和记者之间的劳动关系是否包含实习生，劳务派遣，需要具体分析。一般来说，实习生和劳务派遣人员不属于新闻单位的工作人员，因此他们创作的作品不属于特殊职务作品，他们享有著作权的全部权利，除非他们与新闻单位另有约定。但是，如果实习生和劳务派遣人员与新闻单位签订了明确规定著作权归属的协议，或者实习生和劳务派遣人员在新闻单位的工作任务分配、工作报告、工作评价、工作成果等方面与正式工作人员没有区别，那么他们创作的作品可能被认定为特殊职务作品，他们

---

[1] 于芳：《网络新闻作品的著作权问题分析》，载《绥化学院学报》2020年2期。
[2] 王迁：《著作权法》，中国人民大学出版社2023年版，第276页。
[3] 李扬：《著作权法基本原理》，知识产权出版社2019年版，第122页。

只享有署名权，著作权的其他权利由新闻单位享有。

【典型案例】

江苏现代快报新媒体发展有限公司与广州市房掌柜网络技术有限公司侵害作品信息网络传播权纠纷案[1]

基本案情：原告为案外人江苏现代快报传媒有限公司（以下简称现代快报传媒公司）的全资子公司。经授权，原告拥有本案涉案作品的独占性信息网络传播权。原告发现被告于2018年4月17日在其主办网站上使用了原告享有著作权的名为《公婆房屋拆迁儿媳离婚时要补偿款21万》的文字作品。

原告认为：被告作为一家大型商业公司，未经原告或涉案作品原始权利人的许可，擅自使用侵权作品且大范围传播，严重侵犯了原告的合法权益。判令被告广州市房掌柜网络技术有限公司立即停止侵权行为并赔偿经济损失。

被告辩称：被告使用的涉案作品并非是在原告的网站或纸媒上转载的，而是在《云律网》下载，原告没有提供证据证明其曾发表过涉诉作品，且原告所提供的证据材料中，并没有证据证明其拥有《公婆房屋拆迁，儿媳离婚时要补偿款21万》的版权。

法院认为：《现代快报》于2018年4月17日发布的涉案作品署名为"现代快报/ZAKER南京记者邓雯婷"，且根据现代快报传媒公司与邓雯婷签订的《职务作品创作合同》，涉案作品为邓雯婷在任职期间为完成工作任务而创作的与工作性质相关的新闻作品，其应属于职务作品，其著作权除署名权之外归原告，故原告有权进行维权起诉。

作者评议：现代快报传媒公司（甲方）与邓雯婷（乙方）签订合同，乙方接受甲方的领导、指示和安排，负责全媒体新闻采编等工作，为完成甲方的工作任务创作作品。故邓雯婷在任职期间，为完成工作任务而创作的与工作性质相关的新闻作品属于职务作品，其著作权除署名权之外归案外人现代快报传媒公司。原告现代快报新媒体公司经现代快报传媒公司授权，获得该作品的信息网络传播权，必然有权以其自己名义对侵权行为采取诉讼等维权行为。

---

[1] 参见南京铁路运输法院（2019）苏8602民初155号民事裁判书。

第三节　网络新闻版权侵权及救济

一、直接侵权

（一）直接转载新闻侵权

直接转载是指作品已经公开发表，其他媒体对其进行再次转发和传播。[1]最直接、最明显的侵权方式是通过网络媒体直接转载原文进行。在这种侵权行为中，转发者通常不标明网络新闻的来源，也不为作者署名，有些甚至会直接无改动地转发网络新闻内容。例如2016年10月，字节公司利用技术手段抓取，或由其公司员工以人工复制方式大规模获取源发自新浪微博的内容，并紧随其后发布、展示在今日头条中，向用户进行传播。这种侵权行为相对容易识别，而且相对较容易进行维权。

直接转载的侵权行为不仅损害了原作者的网络新闻著作权，也违反了网络新闻传播的基本规范和职业道德。

【典型案例】

李帅民与上海市东方网股份有限公司侵害作品信息网络传播权纠纷案[2]

基本案情：李帅民系90后自由撰稿人、背包旅行家、旅行体验师，个人亦爱好旅行摄影，在生活和旅行中创作了大量的作品。为方便作品的交流，李帅民开设了头条号、搜狐号、百家号、微博等自媒体空间，标明笔名背包客李小波。长期以来，通过作品的不断传播，李帅民拥有了大量的粉丝，具有了一定的市场知名度。"东方网"（网址：×××.com）网站系由被告东方网所经营管理，在国内享有较高的知名度，拥有较多的用户群。经公证证实，被告东方网未经许可擅自在其经营的网站直接使用了李帅民享有著作权的涉案作品，侵犯了李帅民对涉案作品的信息网络传播权。

---

[1] 邵亚萍：《网络转载中的版权保护问题及其对策》，载《中国出版》2016年12期。
[2] 参见潍坊市中级人民法院（2020）鲁07民初152号民事裁判书。

原告主张被告立即停止在线传播原告涉案作品《贵阳有家餐厅竟横行霸道，进去后就说蟹蟹你，这是要搞哪样？》并赔偿原告经济损失及合理费用共计73500元。

被告承认涉案事实，但这种转发行为并不影响原告作品的正常使用，原告作品主要是在搜狐号上做个人兴趣抒发，其是以引发社会关注为目的创作的，并非是基于职业化的、具有显著商业目的摄影创作，原告此类创作活动成果的经济价值、商业价值以及客观的创作高度，均无法构成职业的摄影创作。

法院认为：原告提交了其运营者信息，涉案作品在搜狐网发表的内容及摄影图片的原图信息。原告提交的在搜狐网开设账号的运营者信息，可以确认其在搜狐网使用的名称为"背包客李小波"，另结合原告提交了摄影作品的原图信息，且被告对于原告系涉案作品的权利人无异议，足以确认涉案五部作品的著作权人为原告李帅民，应当予以保护。

作者评析：《中华人民共和国著作权法》第10条第1款第⑫项规定，信息网络传播权，即以有线或者无线方式向公众提供作品，使公众可以在其个人选定的时间和地点获得作品的权利。因此未经著作权人许可，通过信息网络向公众传播其作品的，属于侵权行为，应当根据情况，承担停止侵害、赔偿损失的民事责任。本案中，被告未经原告许可，在其网站中发布了与上述原告作品完全相同的作品，侵犯了原告就涉案作品享有的信息网络传播权，应当依法承担停止侵权、赔偿损失的民事责任。

（二）"洗稿"侵权

学者张红显对于"洗稿"的定义是指通过对他人的创作内容进行语序、词序、含义、构成等表达方面的转换，或经过修改、删除、添加新内容从而得到表现形式上的新创作，但其中心价值和内涵仍是抄袭原作者创作的行为。"洗稿"的方式有多种，比如更换标题、调整段落、增删细节、添加评论等。

【典型案例】

《甘柴劣火》事件

1. 2019年1月11日，自媒体呦呦鹿鸣发表文章《甘柴劣火》，以武威记者被抓事件切入，介绍王三运、火荣贵、马顺龙等人在甘肃任职期间的违法违纪行为，并由此引发对甘肃在改革中经济落后局面的思考。

2. 同日，财新网王和岩在社交媒体指责《甘柴劣火》抄袭，即文中主要内容均出自财新的几篇报道，并质问难道自媒体时代就可以不采访不花成本，躺着吃别的媒体的报道了吗？

3. 2019年1月12日，呦呦鹿鸣发出反击，不同意抄袭并称，《甘柴劣火》原文使用了接近20处消息源，财经网提供了关于武威事件火荣贵的一部分事实，但是不等于它可以垄断新闻事实的传播。且其文中并未据为己有，而是三次注明来自财经网。

4. 呦呦鹿鸣再次回应财新网记者的洗稿质疑，发表了《社会在崩塌——关于财新网记者攻击呦呦鹿鸣一事的说明》一文。

5. 2019年1月13日，针对自媒体"呦呦鹿鸣"的文章《甘柴劣火》疑似洗稿《财新》一事，财新传媒主编凌华薇发文称，《甘柴劣火》是赤裸裸的抄袭和侵权，从全文结构看，其核心事实都来自财新；从文字比例上看，全文23.7%来自财新。此文13000字，8节，其中第三节95%的内容、第四节90%的内容和第五节30%的内容全部抄自财新的独家报道。

1. 传统视域下的"洗稿"

一是"洗题"，把他人文章拿来，改个标题，然后公开发表；二是"洗词"，把文章中非意义核心又无伤大雅的词汇替换掉，用以降低复制比，获得检测上的通过；三是"洗序"，把文章的句子语序、段落顺序进行调换，以逃避检测和公众识别；四是"洗材"，在原文基础上，增加或减少素材，或通过"脑补"来进行缩写、改写、扩写，以形成与原文较大的区别；五是"洗意"，在原材料的基础上，借助他人的文章成果提炼自己的观点并发表看法；还有一种"洗"法比较隐蔽，为多稿整合，把多篇文章的内容拼接在一起，重新"洗牌"和编写，使稿子看起来更像"原创"。

2. 生成式人工智能时代下的技术"洗稿"

立足于 AI 快速发展的时代,传统洗稿的直接运用方式快速减少,而传统洗稿的思路沿用了下来,并通过结合 AI 技术产生了新的特点。AI 新闻洗稿对模型进行投喂训练,这种投喂训练就是新时代下的"洗稿"。训练模型首先将作为训练数据摄取的作品内容标记为组件元素,其次该模型使用这些标记来识别正在训练模型的内容特征之间的统计相关性(通常是惊人的大规模,例如将一万篇新闻文章合成一篇)。从本质上讲,模型是通过提取和分析关于作品的离散元素之间的精确事实和相关性,以确定哪些其他离散元素遵循或不遵循或接近这些元素,以及在不同的上下文中相关性存在或不存在的频率。具有讽刺意味的是,训练生成模型的数据集越大、越多样化,侵权输出的可能性就越小。[1]

(三)网络新闻中使用他人在先美术、摄影等作品侵权

网络新闻中使用他人在先美术、摄影等作品侵权是指网络新闻创作者未经著作权人的授权或者许可,擅自在新闻作品中使用他人的美术、摄影等作品,这种行为不仅损害了著作权人的合法权益,也影响了网络新闻的真实性和公信力。

网络新闻中使用他人在先美术、摄影等作品侵权主要是未经著作权人的同意,也未注明来源和作者,在网络新闻中通过以下方式使用他人的摄影作品:①直接将他人的美术、摄影等作品作为网络新闻的配图或者内容;②对他人的美术、摄影等作品进行修改、剪裁、合成等处理,改变其原有的表现形式或者含义;③以他人的美术、摄影等作品为基础,进行二次创作;④以他人的美术、摄影等作品为素材,进行商业推广、广告宣传、社会评论等活动。

【典型案例】

北京河图创意图片有限公司与山东省互联网传媒集团股份有限公司枣庄分公司侵害作品信息网络传播权纠纷案[2]

基本案情:2021 年作品 EP-379920096 等 7 张图片的著作权人将涉案

---

[1] Pamela Samuelson, Generative AI meets copyright, Science, 381 (2023).p.161.
[2] 参见枣庄市中级人民法院(2021)鲁 04 民初 142 号民事裁判书。

作品的信息网络传播权及相关权利转让给河图公司,并授权河图公司以自己名义对涉案作品的任何未经授权使用或涉嫌未经授权进行信息网络传播的行为向司法机关申请、提起任何形式的法律行动。互联网传媒枣庄分公司在没有得到授权的情况下,擅自使用涉案摄影作品。

原告认为:被告对涉案作品造成严重侵权,要求被告互联网传媒枣庄分公司立即停止侵权,删除涉案摄影作品并要求被告承担相应损失与合理开支,承担全部诉讼费用。

被告辩称:著作权侵权的成立,主观上须以故意为目的而被告主观上并不存在故意,互联网上的图片随时都能下载;被告方的单位属性为省级新闻媒体,大众网枣庄、大众网滕州为大众网微信公众号,属性为媒体号,所发布的新闻无商业用途,未产生任何实际收益,均为向公众告知其目的的正向文章;被告对于图片的使用属于合理使用。

法院认定:被告未经授权或许可使用了涉案图片,并不符合合理使用的情形,故对于被告的相关抗辩不予采信。被告未经许可使用涉案图片,使公众可以在其个人选定的时间和地点获得涉案图片,侵害了原告对涉案图片享有的信息网络传播权,应当承担相应的侵权责任。

作者认为本案的争议焦点为:①原告对涉案图片是否享有著作权;②被告是否构成侵权。

关于焦点一,根据《中华人民共和国著作权法》(2010年)第十一条第四款:"如无相反证明,在作品上署名的公民、法人或者其他组织为作者"规定,原告提交的包含拍摄信息的涉案七张图片的电子原图、《协议》等证据,能够证明涉案图片的原著作权人已将涉案图片的信息网络传播权转让给原告。被告虽不认可上述证据,但并未提交反证,故法院对被告关于原告不享有著作权的抗辩不予采信,依法认定原告享有涉案七张图片的信息网络传播权,有权提起本案诉讼。他人未经授权或者许可不得擅自使用涉案图片。

关于焦点二,被告未经授权或许可,在其运营的微信公众号"大众网枣庄""大众网滕州"上发布的文章中使用了涉案七张图片,并不符合《中华人民共和国著作权法》(2010年)第二十二条规定的合理使用的情形,故对于被告的相关抗辩不予采信。被告未经许可使用涉案图片,使公众可以在其个人选定的时间和地点获得涉案图片,侵害了原告对涉案图片享有的信息网络传播权,应当承担相应的侵权责任。

二、间接侵权

(一)深度链接侵权

深度链接,又称内链、深层链接,是指设链网站所提供的链接服务使得用户在未脱离设链网站页面的情况下,即可感知被链接网站上的作品内容。此时页面地址栏里显示的是设链网站的网址,而非被链接网站的网址。但该作品并非储存于设链网站,而是储存于被链接网站。[1]

深度链接是最常见的侵权形式,其通常将原文链接放置在自己文章的内页,不直接以原文的形式呈现,这样的侵权方式在一定程度上为自己的侵权行为穿上了一件不可靠的外衣,使侵权行为不被直接发现。[2]深度链接与普通链接有所区别。深度链接允许直接从目标网页调取新闻作品,而无需经过源网站的主页。在客户端呈现的新闻中,内容只是对原有新闻信息的整理,或者是加入其他新闻的链接来形成新的新闻。这种使用深度链接的方式可能会导致用户在浏览时无法注意到真正的内容提供者,特别是在使用手机或平板电脑访问信息时。由于这些电子设备的屏幕较小,网址内容呈现不完整,用户可能会错误地认为所浏览的新闻内容是由设置深度链接的网站提供的。因此,深度链接的使用方式可能会产生这种误导效果。目前司法实践中一般依据《最高人民法院关于审理利用信息网络侵害人身权益民事纠纷案件适用法律若干问题的规定》第3条的规定,认为网络设链者通过网络参与他人侵犯著作权行为,帮助他人实施侵犯著作权行为的,设链者应承担共同侵权责任。但这往往遭到设链者引用该规定第6条和第7条进行抗辩,即网络服务提供商只要收到有效通知并及时采取措施断开链接,就不承担侵权责任。

---

[1] 李欲晓、吴敏:《深层链接与信息网络传播权关系之探析》,载《电子知识产权》2015年10期。
[2] 王霞、汪莉:《新媒体时代新闻作品版权的侵权方式与解决方案》,载《新媒体研究》2018年17期。

第五章 网络新闻版权

【典型案例】

中国电信股份有限公司舟山分公司与北京舜元坤文化发展有限公司侵犯信息网络传播权纠纷上诉案[1]

基本案情：北京舜元坤公司经授权依法独家享有电视连续剧《对攻》的信息网络传播权。2009年5月20日，北京舜元坤公司发现有网站未经授权私自在线播放该电视连续剧，遂向法院提起诉讼，诉讼时，电信公司www.qiandao.net（千岛热线）网站已停止电视连续剧《对攻》的在线播放。

原告诉称：本公司依法对电视连续剧《对攻》拥有独家的信息网络传播权。电信公司在未取得有效授权且未支付任何费用情况下，在其所经营的网站www.qiandao.net上以营利为目的向其用户提供了电视连续剧《对攻》的在线播放服务，侵犯了原告的合法权益，给原告造成了经济损失。

被告电信公司辩称：电信公司只提供首页链接，并未进行深度链接，更未对《对攻》作品进行复制和传播，也不知道"星空快看"中的电视连续剧《对攻》可能存在或确实已存在权利瑕疵；电信公司在收到起诉书后已采取了积极的审查措施，及时履行了通知义务。

法院认为虽然电信公司网站服务器中并未存储涉案的电视连续剧，但分析整个观看的操作步骤和方式：用户点击电信公司www.qiandao.net（千岛热线）网站首页上设置的浙江互联星空栏目后，即可在打开的新的页面上进行搜索观看。电信公司侵权事实成立，应承担相应的法律责任。

【理论探讨】

深度链接是否属于信息网络传播行为的性质认定

深度链接是指通过设置超链接，直接链接到他人网站的内部页面，而不经过其首页或者其他导航页面的行为。深度链接的特点是直接性、跳跃性和隐蔽性，即用户可以直接访问他人网站的某一部分内容，而不

---

[1] 参见浙江省高级人民法院（2009）浙知终字第152号民事判决书。

需要经过多层点击，也不容易发现被链接网站的其他内容。判断深度链接是否属于信息网络传播行为的性质认定以及深度链接是否构成侵权，主要取决于作品提供行为的认定，而作品提供行为的认定标准主要有服务器标准、用户感知标准和实质呈现标准三种。服务器标准是一种较为严格的认定标准，它认为只有将作品上传至公众开放的服务器的行为，才是受信息网络传播权控制的网络传播行为。根据服务器标准，深度链接如果没有将作品上传到自己的服务器中，只是设链跳转到第三方网页上，作品是存储在被链的第三方网站的服务器中，那么深度链接行为就不属于信息网络传播行为。因此，深度链接行为不需要经过权利人的许可或者法律的允许，也不构成侵权。用户感知标准是一种较为宽松的认定标准，它认为当普通用户感觉其获取信息资源直接来源于设链网站，一般公众的判断力无法得知其获得信息资源实质上来源于被链第三方网站时，应当认定设链直接提供了信息网络传播行为。根据用户感知标准，深度链接通常是不脱离设链网页直接跳转到第三方网页，不需要进入第三方网站，用户往往难以准确分辨出作品是来源于第三方网页的，在这种情况下深度链接的行为则会被认定为属于信息网络传播行为的一种。因此，深度链接行为需要经过权利人的许可或者法律的允许，否则就构成侵权。实质呈现标准是一种折中的认定标准，它认为以作品的实质展示为标准，如果链接方在自己的平台上实质呈现了他人的作品，让用户可以不再访问被链接方的网站就能获得作品，那么链接方就是作品的提供者，实施了信息网络传播行为。根据实质呈现标准，如果只是提供了一个链接，没有在自己的平台上实质呈现被链的作品，那么深度链接行为就不属于信息网络传播行为。因此，深度链接行为不需要经过权利人的许可或者法律的允许，也不构成侵权。

目前，我国司法实践中采用的是服务器标准来确定信息网络传播行为的法律属性。然而，学界对此标准提出了批评，在确定实施信息网络传播行为的行为人时，谁是形成这种事实的行为人以及其行为的确定，具有法律意义。实际上，以实际存储地址确定行为人的做法与法律规范行为的意图并不完全一致。因此，另一种观点提出了基于作品的实际上传者的服务器标准，即将作品置于向公众开放的服务器中传播的行为人被视为作品的提供者，从而实施了信息网络传播行为。在司法实践中，我们采用了后一种理解的服务器标准。

然而，也有观点认为服务器标准是基于技术概念的，过于关注技术细节问题会使人们容易忽略著作权法禁止他人向公众展示作品的立法初衷。主张用户感知标准的观点认为，服务器标准更适合用于技术性判断，不能等同于法律标准。服务器标准是确定相应信息网络传播行为法律属性的事实基础。

（二）内容转码的复制侵权

内容转码，是利用WAP转码技术，将WEB页面（HTML格式）转换为WAP页面（XHTML或WML格式）。[1]用户若想在移动通信设备上阅读原本在PC客户端发布的网络链接中的内容，其就需要依靠移动通信服务商使用WAP转码技术。这种技术能够将互联网WEB页面上的内容转换成适合移动终端浏览的WEB页面内容。换言之，移动通信服务商会对原始的WEB页面进行转码，使其适应移动设备的浏览需求。这样用户就能够在移动通信设备上方便地阅读原本在PC客户端发布的内容了。通过WAP转码技术，移动通信服务商将互联网上的内容进行适配，以满足移动设备用户的浏览要求。

内容转码在一定程度上可以提高网络新闻作品的可访问性和可用性，但也可能导致对原作品的不正当复制和修改。转码的形式有临时复制和永久复制。临时复制将作品暂时存储在网络服务器上，当用户浏览结束后，这个临时复制形成的作品复制件也会自动删除，不会永久保留。所以不构成侵权。但在实际中，许多网络媒体往往将转码后的网页存储在自己的服务器上，用户点击链接，则将直接从自己的服务器中调取。这种存储方式属于永久复制，构成了侵权。[2]

内容转码的复制侵权不仅侵犯了原作者的复制权和信息网络传播权，也破坏了原作品的完整性和真实性。内容转码可能会对原作品进行删减、修改、替换等操作，其可能会改变原作品的表达方式和意义，损害原作者的署名权和修改权。

---

[1] 贾俱文：《网络环境下新闻作品的著作权保护问题研究》，兰州大学2019年硕士学位论文。
[2] 刘志颖、崔子瑶：《网络新闻版权问题研究》，载《传播力研究》2019年7期。

【典型案例】

广州阿里巴巴文学信息技术有限公司等与北京搜狗科技发展有限公司侵害作品信息网络传播权纠纷[1]

基本案情：广州阿里巴巴文学信息技术有限公司经原权利人授权，依法享有文字作品《重生之嫡女光环》（以下称"涉案作品"）的独家信息网络传播权及就涉案作品进行维权的权利。经广州阿里巴巴文学信息技术有限公司授权，广州阿里巴巴文学信息技术有限公司北京分公司有权就擅自使用涉案作品的侵权行为进行维权。被告未经许可，擅自通过其运营的"多多读书"APP向不特定公众提供涉案作品的在线阅读，并在作品阅读页面投放大量广告，借此牟取非法利益。

原告认为：被告擅自通过其运营的"多多读书"向公众提供涉案作品在线阅读，并投放大量广告牟取非法利益。请求判令被告停止通过"多多读书"APP提供涉案作品，判令被告赔偿原告经济损失及合理支出。

被告辩称：搜狗公司系提供信息定位（搜索链接）服务，通过用户提交的关键词自动搜索第三方网站并提供"技术性"转码服务，未直接提供涉案作品内容，不构成对涉案作品信息网络传播权的直接侵害。并且搜狗公司对原第三方网站提供涉案作品是否侵犯他人合法权利不明知也不应知，其收到起诉材料之后，已经及时断开链接，不存在过错，不构成对涉案作品信息网络传播权的间接侵害。

法院认为：涉案作品的作者将信息网络传播权许可给阿里巴巴公司，阿里巴巴公司将相关权利转授权给阿里巴巴北京分公司，故原告有权就侵害作品信息网络传播权的行为提起诉讼。搜狗公司对其提供的网络服务应当负有更高的注意义务。综合考虑搜狗公司提供的服务类型、搜索结果的有限性、搜狗公司应当具备的管理能力以及其负有的注意义务标准，可以确定搜狗公司对涉案侵权行为的发生存在过错，构成帮助侵权。

作者观点：首先，搜狗搜索涉案作品的结果来源仅显示两个，与全网搜索存在区别，且搜狗公司未提供证据证明该网站系有合法授权

---

[1] 参见北京互联网法院（2022）京0491民初27108号民事判决书。

的正规网站。其次,搜狗公司提供的转码服务不同于普通的转码服务,搜狗公司提供的转码改变了原网页的具体内容,抹去了原网页的痕迹,即对原网页呈现内容进行了更改。据此,搜狗公司对其提供的网络服务应当负有更高的注意义务。搜狗公司主张其仅提供搜索+转码的网络技术服务,且不存在过错,不应承担帮助侵权责任。认定网络服务提供者对于网络用户利用其网络服务实施的侵权行为是否应知,其核心在于确定网络服务提供者是否尽到了应尽的合理注意义务。关于网络服务提供者应尽的注意义务,应在坚守诚信善意之人注意义务基本标准的基础上,充分考虑网络服务提供者系为他人信息传播提供中介服务的特点进行综合判断。

三、侵权抗辩事由

(一)合理使用

1. 网络新闻作品合理使用的法理来源

(1)言论自由。《宪法》第 35 条规定了中华人民共和国公民享有言论自由,公民对于国家与社会的重大事件与热点问题有自由发表意见的权利。新闻作品的合理使用使得公众实现了这项政治权利,新闻自由是公民言论自由的重要组成部分,既包括媒体工作者可以自由地开展新闻工作,发表自己的观点,也包括社会公众从新闻作品中获取信息,进行交流。随着新媒体的出现,社会大众通过微博、微信公众号等了解新闻作品、转载新闻作品。社会公众对新闻作品的使用往往不具有商业目的,而是为了能够畅所欲言,发表自己的看法。著作权赋予了作者享有与作品相关的权利,未经同意,不得使用,这在一定程度上限制了公民的言论自由,使得社会公众无法对网络新闻报道进行转发、评论,不利于新闻的传播。合理使用制度使公众在符合一定条件的前提下接近、评论或者使用作品,为公众保留一定合理的知识共享空间,加速信息的传播。

(2)知情权。公民享有知情权,有权利了解近期发生的时事新闻,国家也应该保障公民的知情权不受侵犯,对新闻信息的获取是公民知情权得到保障的体现。公民通过网络新闻报道了解国家、社会、生活的方方面面,其丰富了公民的博识,提高了公民的素质。著作权的保护应当在适当限度内,若严格地通过著作权对作者的权利进行过度保护,会使得信息的传播受到阻碍;反之如果没有了著作权的保护,新闻作品就会大幅度地"贬值",新闻工作者的付出与回报不成比例,从而阻碍新闻产业的发展。著作权法能够维护著作权人的合法权益,鼓励创作者继续创作。但同时,其也需要保障公众的知情权,使社会公众及时了解新闻信息,否则将与新闻作品创作的宗旨相背离。

数字时代,每个人都可能成为媒体,通过微博、公众号创作作品、转载作品。严格执行著作权制度,可能会造成严重的知情权问题,而社会需要一个制度切实保障公民了解社会资讯的权利。新闻作品的合理使用实现新闻作品的公益性,既能够保障信息的流通与传播,也使得社会公众能够通过微博、公众号及时获得新闻资讯,保障社会公众的知情权。

2. 网络新闻作品合理使用的法律依据

对网络新闻作品而言,在最新著作权法中,合理使用情形的条款分类主要包括适当引用、时事新闻报道中的使用、对公众集会上讲话的使用和对时事性文章的使用四种。

(1)适当引用。《著作权法》第 24 条第 1 款第②项规定,为介绍、评论某一作品或者说明某一问题,在作品中适当引用他人已经发表的作品。在传统新闻领域的一些新闻专题片中,为了更好地描述新闻事件,往往会配上一些其他电影中的相关镜头,或者在新闻稿件中可以看到对他人作品的评价,这个时候就会涉及对他人作品中的一些内容加以引用。在自媒体时代,对他人作品的引用随处可见,但由于网络时代侵权的隐蔽性,很多作品的引用无法达到"适当"这一条件,超过了"介绍,评价或说明"的合理需要。

【典型案例】

山西日报社、厦门新亚美图文化传播有限公司侵害作品信息网络传播权纠纷案[1]

基本案情:作品名称为《XYMT00019》的摄影作品登记证书显示,登记日期为 2020 年 11 月 23 日,创作完成日期 2011 年 6 月 13 日,首次发表时间为 2011 年 6 月 14 日,作者为张向阳,新亚美图公司为著作权人。山西日报社未经新亚美图公司许可在山西日报社管理运营的微信公众号三

---

[1] 参见厦门市中级人民法院(2021)闽 02 民初 2056 号民事判决书。

晋都市报中使用其享有著作权的作品。

原告新亚美图公司认为：山西日报社的行为侵害了其作品的信息网络传播权及获得报酬的权利，严重损害了其合法权益。应依法应停止上述侵权行为，并承担赔偿损失的法律责任。

被告认为：其作为新闻单位，只是适当引用了涉案图片，根据《信息网络传播权保护条例》规定，其情况属于合理使用，新亚美图公司无权主张侵权赔偿。

法院认为：通过对涉案文章篇幅、知名度、创作难度、使用涉案作品的方式、侵权行为的性质、规模等因素进行认定，并结合有关权利人为维权进行数据保全公证和委托律师的事实，酌定由山西日报社赔偿经济损失及维权合理开支共计 500 元。

作者认为：介绍、评论某一作品应限于对涉案作品本身的介绍、评论，说明某一问题应限于使用涉案作品说明其他问题，适当引用的目的不是单纯展示作品而是介绍、评论和说明。涉案文章并未对涉案作品本身进行介绍和评论，也未引用涉案作品说明其他问题，故对于被告此项抗辩主张，应当不予采信。

（2）为报道新闻使用。《著作权法》第 24 条第 1 款第③项规定，为报道新闻，在报纸、期刊、广播电台、电视台等媒体中不可避免地再现或者引用已经发表的作品。这一合理使用允许在进行新闻报道时附带性地复制作品，以保障公民对时事新闻的知情权。只要这种行为没有超过报道新闻的必要限度，就可以构成合理使用，且这个必要限度在法律条文中可以给出了清晰的文字界定，即"不可避免"。例如，如果为了报道某一新闻，不可避免地将他人的作品完整的复制或展现，仍然可以构成合理使用。

【理论探讨】

2020 年《著作权法》第三次修改第二十四条第一款第三项"不可避免"的标准如何界定？

2020 年《著作权法》第三次修改后，第 24 条第 1 款第③项规定了合理使用新闻作品的一种情形，即为了报道新闻，不可避免地再现或者引用他人的已经发表的作品，不需要取得著作权人的许可，也不需要向其支付报酬，但应当注明作者姓名、作品名称，并遵守其他法律规定。这一规定对使用他人的新闻作品作出了限制，只有当使用者的行为构成"不可避免"的使用时，才属于合理使用。然而，该规定并没有明确"不可避免"的具体标准，其导致理论界和实务界对于"不可避免"的认定存在不同的理解和做法，影响了合理使用新闻作品的适用效果。

在理论界，对于"不可避免"的界定，主要有以下几种观点：一种观点认为，"不可避免"是指在报道新闻时，如果不使用他人的作品，就无法达到报道的目的，或者使用他人的作品是报道新闻的必要条件。这种观点强调了使用他人作品的必要性，认为只有当使用他人作品是报道新闻的必不可少的手段时，才构成"不可避免"的使用。例如，报道一起交通事故时，使用事故现场的照片或视频，就属于"不可避免"的使用，因为这些作品能够直观地反映事故的情况，而其他的表达方式则难以达到同样的效果。另一种观点认为，"不可避免"是指在报道新闻时，使用他人的作品是为了更好地传达新闻的内容，或者使用他人的作品是报道新闻的合理选择。这种观点强调了使用他人作品的合理性，认为只有当使用他人作品是为了提高新闻的质量或者效果时，才构成"不可避免"的使用。例如，报道一场音乐会时，使用音乐会的片段或者歌曲，就属于"不可避免"的使用，因为这些作品能够更好地展示音乐会的氛围和特色，而其他的表达方式则难以传达同样的感受。还有一种观点认为，"不可避免"是指在报道新闻时，使用他人的作品是为了保持新闻的真实性和完整性，或者使用他人的作品是报道新闻的客观要求。这种观点强调了使用他人作品的真实性和完整性，认为只有当使用他人作品是为了还原新闻的本来面貌或者全面反映新闻的细节时，才构成"不可避免"的使用。例如，报道一次政治讲话时，使用讲话者的语录或者视频，就属于"不可避免"的使用，因为这些作品能够准确地表达讲话者的观点和态度，而其他的表达方式则难以保证同样的真实性和完整性。

在实务界，对于"不可避免"的认定，主要呈现以下几种情形：一种情形是，法院认为当存在多种选择或表达的情况下，使用他人作品，不属于"不可避免"的情形。这种情形体现了对使用他人作品的必要性的要求，认为如果使用者可以自己创作或者选择其他的作品来报道新闻，就没有必要使用他人的作品。例如，在一起著作权纠纷案中，被告制作的明月岛风景区宣传片中，未经作者许可使用了原告的《向往》作品。法院认为对于"不可避免"的标准是如果不使用某一特定作品，则无法达到目的，而本案中宣传明月岛风景区具有很大的选择与表达空间，不存在不使用《向往》就无法表达主题的情形，因此不能认定广播电台构成合理使用。另一种情形是，法院从关联性的角度界定"不可避免"。这种情形体现了对使用他人作品的合理性的要求，认为只有当使用的作品与报道的新闻有密切的关联时，才属于"不可避免"的使用。例如，在一起信息网络传播权纠纷案中，法院认为被告转载的文章内容与其使用的图片的关联度不大，对于涉案图片的使用不属于不可避免的再现情形。还有一种情形是，法院将"不可避免"等同于"报道目的正当需要范围内"。这种情形体现了对使用他人作品的真实性和完整性的要求，认为只有当使用的作品是报道新闻的必要组成部分时，才属于"不可避免"的使用。例如，在一起信息网络传播权纠纷案中，法院在判决书中针对"不可避免"的判断标准使用了"报道事件过程中看到或听到的""在目的正当需要范围内"的措辞，并指出涉案图片即属于新闻本身，而非新闻中不得不再现或引用的他人作品，被告的抗辩理由不能成立。综上所述，可以看出，理论界和实务界对于"不可避免"的界定存在一定的差异和分歧，这可能会导致合理使用新闻作品的适用标准不统一，由此影响著作权的保护和新闻的传播。

因此，有必要对"不可避免"的标准进行明确和统一，以便于使用者和著作权人的权益的平衡和协调。可以从以下几个方面来界定"不可避免"的标准：其一，要考虑使用的作品与报道的新闻的关联性，即使用的作品是否与报道的新闻有直接的联系，是否能够反映或者说明新闻的内容。如果使用的作品与报道的新闻无关或者关联度很低，就不属于"不可避免"的使用。其二，要考虑使用的作品对于报道新闻的必要性，即使用的作品是否是报道新闻的必要条件。其三，要考虑使用的作品对于报道新闻的合理性，即使用的作品是否是报道新闻的合理选择，是否能够提高新闻的质量或者效果。如果使用的作品与报道的新闻没有必要的联系，或者可以用其他的更好的方式来表达，就不属于"不可避免"的使用。其四，要考虑使用的作品的数量和范围，即使用的作品是否是在合理的限度内，是否超过了报道新闻的需要。如果使用的作品过多或者过广，就不属于"不可避免"的使用。

【典型案例】

潮州市潮玩家文化传播有限公司、潮州市广播电视台著作权权属、侵权纠纷案[1]

基本案情：涉案作品《实施"微更新"让潮州影剧院重焕生机》与《潮州又一公园将开放！高颜值，还免费！》于2018年分别在潮州电视台和潮州电视台微信公众号发布，被告潮玩家公司在其运营的潮玩家公众号平台发布转载了自原告的两部涉案作品，且未经潮州电视台许可，亦未向原告支付报酬。

原告认为：被告行为已经严重侵犯原告的著作权权益，要求被告在《潮州日报》赔礼道歉，并在其微信公众号删除涉案作品，赔偿相应损失。

潮玩家公司辩称：其转载的内容属于潮州电视台的时事新闻，不属于著作权法保护的范围，并且其转载涉案作品属于合理使用行为，且有标明出处，其并未构成侵权。

法院认为潮玩家公司在其经营的微信公众号所转载两部涉案作品在影像摄取角度、取景、同步声录取、配音配乐等诸多环节均存在表达的多样化，不属于合理使用规定中的不可避免。此外，潮玩家公司涉案作品视频中插入了45秒商业广告。综上，被告的行为不属于合理使用规定中的"不可避免"规定，故对被告的抗辩不予采纳。

作者认为：根据《信息网络传播权保护条例》（2013修订）第6条规定："通过信息网络提供他人作品，属于下列情形的，可以不经著作权人许可，不向其支付报酬：……（二）为报道时事新闻，在向公众提供的作品

---

[1] 参见广东省高级人民法院（2020）粤民终1993号民事判决书。

中不可避免地再现或者引用已经发表的作品；……"本案中被告转载原告的两部涉案作品均不存在法律规定的合理使用于不可避免的免责事由，且被告行为带有商业性质不属于公益行为，故其行为构成侵权。

（3）对时事性文章的使用。《著作权法》第24条第1款第④项规定，报纸、期刊、广播电台、电视台等媒体刊登或者播放其他报纸、期刊、广播电台、电视台等媒体已经发表的关于政治、经济、宗教问题的时事性文章，但著作权人声明不许刊登、播放的除外。

对于时事性文章的合理使用的认定，要从以下几个方面着手：①时事性文章的界定。仅当文章涉及当前社会重大问题且具有强烈时效性时，方可视为时事性文章，其他情况不属于时事性文章，无法享受合理使用的权益。②使用的公共性。只有在传播信息、促进公共利益、满足公众需求等目的下使用时事性文章，而非为了谋取私利或损害作者利益时，方可视为合理使用，否则将构成侵权行为。③使用有限性原则。仅当使用时事性文章的方式、数量、范围等在合理限度内，不对作者的正常利益和声誉造成影响时，方可视为合理使用，否则需获得作者同意或支付报酬。

【典型案例】

南阳人民广播电台、营口法信法律咨询服务有限公司侵害作品信息网络传播权纠纷二审民事判决书[1]

基本案情：邓昕（笔名米粒）是一位网络作家，他于2016年9月19日在简书号上发表了一篇名为《你不是讨厌工作，你是讨厌你自己》的文章，该文章属于文字作品，字数为3091字。2017年11月19日，邓昕出具了《版权声明书》，声明其拥有该文章及其他作品的著作权，并将其信息网络传播权转让给南京原创宝信息科技有限公司，同时授权该公司以其名义提起诉讼。后来，南京原创宝信息科技有限公司又将这些作品的信息网络传播权转让给营口法信公司。2017年12月29日，邓昕的委托代理人孟娜向北京市方圆公证处申请证据保全，公证了邓昕

---

〔1〕参见辽宁省高级人民法院（2019）辽民终1489号民事判决书。

在简书号上发表该文章的事实。2018 年 3 月 28 日，北京文章无忧信息科技公司出具了《说明》，证明营口法信公司与其系合作关系，且使用了厦门市美亚柏科公司的存证云技术和存证文件。经存证云保全的证据显示，南阳人民广播电台在其经营的南阳城市广播公众号上于 2016 年 10 月 8 日全文转载了邓昕的文章，未注明作者，标注来源为人民日报微信公众号。

原告主张：营口法信公司作为邓昕的文章的信息网络传播权的受让人，主张南阳人民广播电台未经许可，在其公众号上转载了邓昕的文章，构成了侵害信息网络传播权的行为，要求南阳人民广播电台停止侵权，消除影响，赔礼道歉，并赔偿经济损失和合理开支。

被告辩称：其转载邓昕的文章是出于公益目的，没有获得任何经济利益，也没有损害邓昕的名誉，且已经标注了来源为人民日报微信公众号，不存在侵权行为。即使存在侵权行为，也应当由人民日报微信公众号承担责任，而不是南阳人民广播电台。此外，南阳人民广播电台还质疑营口法信公司对邓昕的文章的信息网络传播权的取得是否合法有效。

法院认为：根据原审查明的事实，邓昕（笔名米粒）将案涉作品的信息网络传播权及其相关权利全部转让给南京原创宝信息科技有限公司，营口法信公司通过《信息网络传播权转让协议》从南京原创宝信息科技有限公司获得上述权利，故营口法信公司具备本案诉讼主体资格，有权维护案涉信息网络传播权不受侵害并有权获得赔偿。一审法院在庭审过程中充分尊重未到庭当事人的书面质证意见，不存在忽视或回避情况。一审法院确定的赔偿数额是在充分考虑各种因素基础上作出的，符合事实和法律规定。

作者评析：邓昕是该文章的作者，享有著作权，且已经将其信息网络传播权转让给营口法信公司，营口法信公司有权提起诉讼。南阳人民广播电台未经许可，在其公众号上转载了邓昕的文章，使公众可以在其个人选定的时间和地点获得该文章，其行为已经侵犯了营口法信公司对该文章所享有的信息网络传播权，南阳人民广播电台应当承担相应的法律责任。南阳人民广播电台的公益目的、未获利益、标注来源等情况，不能免除其侵权责任，且南阳人民广播电台未能证明其转载的来源为人民日报微信公众号,也未能证明人民日报微信公众号已经取得邓昕的文章的合法授权。营口法信公司对邓昕的文章的信息网络传播权的取得,有相关的合同和证明文件,不存在无效的情形。

(4)对公众集会上讲话的使用。《著作权法》第24条第5款规定,报纸、期刊、广播电台、电视台等媒体刊登或者播放在公众集会上发表的讲话,但作者声明不许刊登、播放的除外。

对公众集会上讲话的使用合理使用是指在不损害讲话者的合法权益的前提下,为了传播信息、促进公共利益、满足公众需求等目的,报纸、期刊、广播电台、电视台等媒体刊登或者播放在公众集会上发表的讲话,或者通过信息网络向公众提供在公众集会上发表的讲话,无需征得讲话者的同意或支付报酬。

(二)法定许可

1. 报刊转载的法定许可概念

我国《著作权法》第35条第2款规定:"作品刊登后,除著作权人声明不得转载、摘编的以外,其他报刊可以转载或者作为文摘、资料刊登,但应当按照规定向著作权人支付报酬。"

该项法定许可应符合下述两个条件:首先,被转载、摘编的是发表在报刊上的作品;其次,能够转载、摘编的主体同样是报社、期刊社。其他媒体如出版图书的出版社的使用不适用法定许可。值得注意的是,有权发表不得转载、摘编声明的是著作权人,而不是刊登作品的报刊。实践中,许多报纸杂志经常声称"未经本刊同意,不得转载和摘编本刊发表的作品",此类声明必须经过著作权人的授权才有效。

2. 数字技术冲击"报刊转载"法定许可制度

数字技术的发展和应用,使得新闻作品的传播方式发生了根本性的变化,对传统的以"复制权"为核心的版权理论构成了巨大的挑战,网络环境下,版权的利用和保护的重点逐渐从"复制权"转向"传播权"。然而,现行的"报刊转载"法定许可制度是建立在印刷技术基础上的,其只适用于传统媒体之间的转载行为,不涵盖互联网媒体的转载范围,已经不能适应新闻作品高效传播、实现版权价值最大化的需要,因此其需要从理论和制度上进行创新和完善。

（1）数字技术动摇以"复制权"为根基的版权理论。版权法是随着印刷技术的出现而产生的，印刷技术为作品的广泛复制和传播提供了可能性，并在此基础上形成了版权利益分配模式、版权权利体系和权利限制机制。数字技术的运用，使得新闻作品从传统媒介向以互联网为代表的新型平台转移，从报刊、广播、电视等多种媒介向基于互联网的融合模式演进，从单向传播向个性化互动传播转变，传播方式的革命性变化对版权法现有规则体系造成了巨大冲击。在新闻聚合模式下，新闻作品的传播不再仅仅依赖于传统的"复制"方式，新闻聚合平台利用网页转码、深度链接等技术，在不进行"复制"的情况下直接呈现新闻作品内容并实现传播，即使是针对互联网应用而设立的新型版权财产权——"信息网络传播权"也无法对此进行有效约束，版权人和新闻出版者对新闻作品的控制力丧失，传统以"复制权"为根基的版权理论受到强烈挑战，在"流量为王"的数字时代，"传播权"的重要性日益凸显，版权制度应当围绕"传播权"进行体系化重构。

（2）当前"报刊转载"法定许可制约数字环境下新闻作品传播效率。法定许可是对版权人"复制权"的一种限制，是促进作品高效传播、保障公众知情权的重要制度。有学者从经济学交易成本角度认为法定许可制度的重要功能是降低交易成本，有学者认为法定许可制度是对传统新闻出版传媒事业的一种保护。"报刊转载"法定许可制度对于保护新闻出版产业、降低交易成本、满足公众信息获取等方面发挥了积极作用，但是该制度在互联网时代存在明显缺陷。无论是传统媒体向互联网拓展还是新兴新闻聚合平台，均有"转载"新闻作品的需求，如果每一次转载都需要遵循版权授权许可的规则，其将大大增加交易成本、降低信息传播效率，使得新闻作品的传播效率并不能因为数字技术的利用而得到提升，反而因为版权制度的限制而受到阻碍。

（3）创新媒体融合时代新闻作品法定许可制度。为了适应数字技术的发展，法律制度必须进行创新，重构新闻作品版权领域的利益格局，在平衡版权人、新闻出版者和公众三方的利益关系的基础上，创新法定许可制度的设计，赋予互联网媒体"转载"法定许可的资格，并细化"转载"规则和完善计酬规则。

第一，赋予互联网媒体与传统媒体同等"转载"法定许可资格。我国现行制度将互联网媒体排除在"报刊转载"法定许可的适用范围之外，这一做法已经暴露出弊端，必须进行改革创新，将互联网媒体纳入转载法定许可制度。这样做有以下好处：其一，符合《民法典》确立的平等原则，互联网媒体和传统媒体在宗旨、功能上具有相同性或相似性，应当享有同等的法律地位，不应当存在差别对待，否则将违反平等原则并背离著作权法的立法本意；其二，有利于实现新闻作品的"传播"价值最大化，版权人的权利在网络空间得到延伸和保护，公众的知情权得到更便捷、高效的满足；其三，有利于增加传统媒体的法定许可收益，反对者认为排除互联网媒体适用法定许可有利于保护传统媒体，但实际上由于新闻作品具有强烈的"时效性"且授权许可的交易成本较高，互联网媒体往往为了追求"时效性"采取各种方式规避授权，导致传统媒体不仅收不到授权许可费用，而且收不到法定许可费用，加速了其衰落，赋予互联网媒体转载法定许可资格有利于重新平衡二者利益。

第二，细化互联网媒体"转载"法定许可具体使用规则。应当在现有法定许可制度基础上，进一步构建互联网媒体"转载"法定许可具体使用规则：其一，明确互联网媒体范围，根据国家互联网信息办公室发布的《互联网新闻信息服务管理规定》第5条规定，互联网媒体包括互联网站、应用程序、论坛、博客、微博客、公众账号、即时通信工具、网络直播等形式，其采用许可制管理，即必须取得"互联网新闻信息服务许可"，普通公众个人开设的"自媒体"，未取得许可的不属于"互联网媒体"范畴；其二，"转载"使用的方式，一是充分尊重和保护作者的署名权、修改权和保护作品完整权，互联网媒体在"转载"时确保作者署名正确且不擅自修改或篡改内容，二是保护原刊发媒体的权利，互联网媒体在"转载"时须"注明来源"，并在原刊发媒体同意的情况下，提供原刊发媒体的链接或者其他方式引导用户访问原刊发媒体；其三，法定许可"转载"的媒体类别，赋予互联网媒体"转载"法定许可资格后，应当打破互联网媒体和传统媒体"转载"的界限，"转载"的媒体类别除传统媒体之间的转载外，还包括互联网媒体和传统媒体之间的转载，以及互联网媒体之间的转载。

此外，完善的计酬规则是保障新闻作品版权法定许可制度得以长远发展的重要基石。其一，制定专门的新闻作品版权法定许可付酬标准，1993年的《报刊转载、摘编法定许可付酬标准暂行规定》已于2016年4月26日国家版权局局务会议通过废止，现行有效的是2014年《使用文字作品支付报酬办法》涉及报刊转载、摘编法定许可付酬标准，由于新闻作品的时效性及数字环境下新闻传播方式的特殊性，其法定许可不同于普通文字作品，应该以部门规章的形式，结合其特点制定专门的法定许可付酬标准；其二，建立数字环境下转载、摘编法定许可计酬标准，当前计酬标准为每千字100元的固定标准，价格低廉而且固化，属于印刷术时代的计酬规则，数字时代应当采取与新闻作品传播量、转化率挂钩的利益共享动态计酬标准；其三，对于不同于传统转载、摘编方式的新闻聚合平台，可参照欧盟"链接税"规则，根据传播量、转化率构建付酬标准，促使新闻作品有效传播，版权价值得到最大化实现。[1]

问题与思考

（1）美国政治家和传播学家发现，用户在利用算法派发信息的新媒体平台上搜索相关新闻时会无可避免地被"过滤气泡"所包裹，平台根据用户先前的历史记录对内容进行筛选，使其愈来愈难以接触他们不同意的资讯和观点，从而被牢牢包裹于已有的意识形态气泡当中，最终影响大选结果。

算法所造成的"信息茧房"现象被广泛认为侵害了用户知情权。从表面上看，"信息茧房"使用户无法知晓其喜好之外的信息，确有知情权侵害之虞。此外，"信息茧房"还会产生另一损害事实，即对错误信息过度传播而导致相关主体的名誉权损害。"好事不出门，坏事传千里"，社会公众对负面信息的传播速度之快本具有受众心理和社会环境的传播学成因，而人工智能算法的出现能够成倍地加剧这一传播局面：当某人搜索过一条虚假新闻，相关的虚假新闻将会通过算法推荐向该用户袭来，谣言将以前所未有的速度在算法所操控的网络社会中进行扩散。请思考：网民对于网络新闻内容知情权是否能在法律上成立？网络平台作为提供空间服务的主体，对于谣言的兴起和扩散是否应承担侵权责任？

（2）在著作权法的现实应用中会碰到合作作品著作权保护的归属问题。严格来说，数据新闻因数据可能并非来源于同一作者，所以应当属于一般合作作

---

[1] 陈星：《媒体融合时代新闻作品版权法定许可制度完善对策》，载《传媒》2022年17期。

品。在新媒体情境中，信息的复制、转载以及传播非常便捷。请思考：数据新闻合作作品版权由谁享有？该著作权在不违反相关政策法律的基础之上，是否可以有条件地进行单方行使？如果可以，条件应该如何规定？

（3）自媒体侵权责任的惩罚成本相对较低，使得侵权行为更加猖獗。美国在网络暴力受害人的民事赔偿中广泛采用了惩罚性赔偿，如将惩罚性赔偿应用于网络侵权案件，特别是针对网络语言暴力、人肉搜索、捏造传播网络谣言等侵权行为。考虑到这一现实，我们是否应该引入惩罚性赔偿制度，以遏制未来的过错行为？

第六章 网络动漫版权

本章导读

目前，随着我国经济的迅猛增长以及国际文化交流的日益密切，动漫产业以其独特的二次元视角、丰富的种类、新颖的内容映入大众眼帘。动漫的表现形式主要为动漫作品及其种类繁多的衍生品。全产业链成为动漫产业的布局趋势，虚拟偶像呈变现延展渠道，NFT 数字藏品中很大部分也取材自动漫作品。然而，我国现存相关法律仍滞后于动漫产业的高速发展现状，法律体系的不完善导致该领域还存在大量模糊甚至是空白地带，法律法规很难对在该产业高速发展过程中出现的各类侵权行为进行有效规制。由此导致在具体的司法实践中有大量的动漫版权难以得到有效且规范的保护。

本章内容主要对网络动漫的属性、分类以及侵权救济等方面进行阐述，通过本章的学习，旨在掌握具体司法实践中网络动漫数字版权的主体、客体的范围以及侵权救济等相关内容，并对网络动漫版权的保护有进一步的理解。

第一节 网络动漫版权客体

一、网络动漫的概述

动漫是一种以动画为主要表现形式的文化作品，包含丰富多彩的故事情节、性格鲜明的人物角色、情感丰富的各类音乐等多种元素。其通常由漫画家先创作出故事和角色，然后交由动画创作公司制作。根据《中国网络版权产业发展报告（2020）》的定义，网络动漫是指以互联网为发行渠道，以漫画、动画为内容载体，展现超现实内容的图片和视听类作品，包括网络漫画平台发布的数字格式漫画作品、网络视频平台放映的动画剧集和动画电影等。同时含低幼向和非低幼向作品。

网络动漫有以下特点：

第一，传播速度快；网络动漫的受众群体可以足不出户就在终端欣赏到自己喜爱的动漫内容以及动漫主题曲等，这些资源通过在线数据传播的方式共享，可达到上传即可视可听的效果，无形之中拉近了动漫作品与相关动漫爱好者之间的空间距离。同时，由于网络的传播速度加快，也加强了动漫作品和观众之间、不同观众之间有关动漫交流的频率，观众群体可以通过转载、论坛发帖、评论、转发等诸多方式进一步提高网络动漫的传播速度，通过这种现代高科技作用下的网型传播形式，使网络动漫呈现出传播速度飞快的特点。

第二，观看方式便捷；在互联网诞生之前，动漫载体比较单一且传统，以书本、光碟等形式为主，这就导致观看较为麻烦，比如在看光碟作为载体的动漫作品时就需要先购买或租借光碟，[1]还需准备相应的设备来播放。此外，大多数动漫通常以连载的形式开始更新，其篇幅较大且更新周期较长，这就需要受众群体不断购买或租借，导致早期的动漫传播具有观看成本过高、不便于储存等缺点。而现今随着科技与网络的迅猛发展，网络动漫的载体不再拘泥于传统形式，观看者往往只需要一部连接网络的移动终端就能够随时随地欣赏已经完结抑或是正在连载中的动漫作品。

第三，沟通交流更方便。传统的动漫爱好者通过写信、漫画书交友栏等古早方式进行网络动漫交流，进入"互联网＋动漫"的产业时代后，动漫爱好者享有更加广泛且便捷的沟通方式。动漫爱好者可以在专门的APP中任意搜寻自己想看的内容，并且可以在微博等网络平台寻找相同的动漫爱好者，以网络为媒介进行便捷的动漫观赏与交流，这样不仅可以使动漫的受众群体找到归属感，同时也能够促进网络动漫的多样化传播。除此之外，通过网络进行相关动漫活动的宣传，也在一定程度上加快了网络动漫的发展进程。[2]

---

〔1〕严慧雯：《"互联网＋"背景下的国内动漫产业发展研究》，载《河北企业》2017年第12期。
〔2〕李文丽：《"互联网＋"背景下网络动漫产业的发展》，载《现代信息科技》2019年第1期。

二、网络动漫的作品属性分析

（一）网络动漫中的美术作品

美术作品，是指绘画、书法、雕塑等以线条、色彩或者其他方式构成的平面或者立体的造型艺术作品。动漫与美术作品的联系是非常密切的，每一个动漫角色，每一个动漫场景、动漫宣传海报都是由美术家预通过线条、色彩组合绘制出来的，具有比较强的审美价值。其如果具有独创性，当然构成美术作品。当前理论和司法实务界主要对于动漫角色的作品属性，存有争议。

网络动漫中的角色形象一般是指以二次元风格为主的动漫作品中的主要或次要人物。同时，在动漫作品中动漫角色的配饰以及具有明显角色标志性的服化道、场景的布置等也应为动漫角色的一部分。

对于动漫角色的著作权法保护，有一部分学者认为，动漫角色是动漫作品的一部分，因此，动漫角色不能单独成为著作权法中的作品。这一说法与现实立法和司法实务不符。动漫角色先于动漫作品形成，作为美术作品，具有独立的审美价值，且可以从动漫中抽离出来使用。

通说认为，可以将动漫角色视为美术作品加以著作权保护。动漫角色是作者通过手绘的方式，运用线条、色彩等美术元素，并结合夸张、神似、变形等手法形成了特定化、固定化的角色造型，具有审美意义和独创性、可复制性，符合我国著作权法规定的美术作品的构成要件。很多动漫角色设计图在进行作品登记时，也是作为美术作品登记的。但是，以美术作品的方式对动漫角色进行保护会存在一定的不足：其一，美术作品不能涵盖动漫角色的名称、独特的语音语调；其二，有的动漫角色是采取简笔画的方式完成的，对于公共元素的借鉴可能比较多，独创性不高。其三，动漫角色是丰满的动态的角色，与美术作品的静态保护不相匹配。

1. 美术作品的保护范围不包含动漫作品角色的名称

从美术作品的定义中可以看出，动漫角色的名称不是创作者对线条、色彩、手法和具体形象设计的独特的美学选择和判断。所以动漫角色的名称不是美术作品。因此，如果侵权者不直接使用动漫角色而是使用动漫角色的名称，比如注册文字商标等，根据著作权法的相关规定是不构成侵权的。

【典型案例】

梦工场动画影片公司诉苏州蜗牛公司有关"驯龙高手"商标侵权案[1]

目前,梦工场动画影片公司因不服北京市第一中级人民法院有关"驯龙高手 HOW TO TRAIN YOUR DRAGON"异议商标的行政判决而向法院提起上诉。

原告主张:"驯龙高手 HOW TO TRAIN YOUR DRAGON"是梦工场公司制作的知名电影,梦工场公司对其享有商标权,且对相关美术作品享有著作权。"HOW TO TRAIN YOUR DRAGON(驯龙高手)"作为梦工场公司同名电影作品的名称,也是梦工场公司电影所塑造的知名虚拟人物的名称,被异议商标的注册和使用会引起相关公众的混淆和误认,引发不良影响。被异议商标是对"驯龙高手 HOW TO TRAIN YOUR DRAGON"商标的恶意抄袭和摹仿。

在此之前,商标评审委员会认为:"驯龙高手 HOW TO TRAIN YOUR DRAGON"虽为电影名称,但就其文字本身而言,其并不能独立表达作品的思想和情感,不具备法律意义上作品的要素,并非著作权法保护的作品。著作权法意义上的美术作品是指绘画、书法、雕塑等以线条、色彩或者其他方式构成的有审美意义的平面或者立体的造型艺术作品,保护的是其表现形式,而不包括作品名称。"驯龙高手 HOW TO TRAIN YOUR DRAGON"作为美术作品的名称,其不属于著作权法关于美术作品的保护范畴,故梦工场公司称被异议商标的注册损害其在先著作权的复审理由不成立。"商品化权"在我国并非法定权利或者法定权益类型,且梦工场公司并未指出请求保护的"商品化权"的权利内容和权利边界,亦不能意味着其对"驯龙高手 HOW TO TRAIN YOUR DRAGON"名称在商标领域享有绝对的、排他的权利空间,故对其主张不予支持。

北京市第一中级人民法院认为:首先,被异议商标"驯龙高手"的使用与引证商标在消费群体、销售渠道上存在较大差异,关联性较弱,未构成同一种或类似商品或服务。因此,被异议商标与引证商标未构成使用

---

[1] 参见北京市高级人民法院(2015)高行(知)终字第1020号判决书。

在同一种或类似商品或服务上的近似商标。其次，"驯龙高手"可泛指众多人物形象，无法与片中某一主要角色唯一对应。在案证据亦无法证明电影虚拟人物名称与"驯龙高手"之间形成唯一对应关系并已构成清晰明确的指代。因此，"驯龙高手"系电影名称，梦工场公司关于"HOW TO TRAIN YOUR DRAGON"为电影所塑造的虚拟人物名称的主张，遂不予支持。

作者评析：尽管本案最终的结果是商标评审委员会重新作出裁定，维护了梦工厂的权益，但其裁判的理由并不是保护动漫角色名称，而是梦工场公司对于"驯龙高手"依法享有的知名电影作品名称的商品化权。法院认为：电影名称具有被商业化运用的价值，一旦作为商标使用在相关商品或服务上，必将增加商标注册人的交易机会，给其带来商业利益。本案中，"驯龙高手"作为电影名称，市场知名度源于梦工场公司的智力和财产投入，苏州蜗牛公司将"驯龙高手"注册于第41类教育、组织教育或娱乐竞赛、安排和组织学术讨论会、组织文化或教育展览、书籍出版、提供在线电子出版物（非下载的）、节目制作、娱乐、娱乐信息、（在计算机网络上）提供在线游戏服务上，容易导致相关公众误认为其经过梦工场公司的许可，或与梦工厂公司存在其他特定联系。因此，被异议商标的注册挤占了梦工场公司对"驯龙高手"在衍生商品及服务上享有的商业价值和交易机会，损害了梦工场公司对于"驯龙高手"依法享有的知名电影作品名称的商品化权。

2. 美术作品的独创性要求高，有些动漫角色可能无法达到

动漫形象的种类并非是单一的，与大多数造型复杂色彩浓烈的动漫形象不同的是，有许多动漫形象是由简单的线条和图形组成的。《巴巴爸爸》（Les Barbapapa）是联邦德国于1975年制作的动画片，1981年在美国首播，1988年在中国中央电视台《七巧板》栏目中播出。在这部动漫作品中所有角色的形象具有较高相似度且都较为简单，均是躯体呈椭圆形且没有双脚的造型，仅由不同颜色加以区分。但不同的人物都有各自鲜明的性格特征，在播出后也受到许多观众的喜爱。由此可见，若单纯地按照美术作品的独创性标准来进行要求，有些作品中的动漫角色将无法得到应有的保护。

第六章 网络动漫版权

【典型案例】

火柴棍小人诉黑棍小人案[1]

2000年4月至2001年9月间，朱志强陆续创作完成了含有"火柴棍小人"形象的《独孤求败》《过关斩将》《小小3号》《小小5号》《小小特警》等作品，并向吉林省版权局进行了美术作品的著作权登记。朱志强创作的"火柴棍小人"形象特征为：头部为黑色圆球体，没有面孔；身体的躯干、四肢和足部均由黑色线条构成；小人的头和身体呈相连状。2003年10月，耐克公司、耐克（苏州）公司为举办"2003NIKE—Freestyle酷炫之王全国大搜索"活动及宣传推广其新产品"NIKE SHOXSTATUSTB"，分别在新浪等网站、大街、地铁站台及电视台上发布广告。这些广告中使用的"黑棍小人"形象特征为：头部为黑色圆球体，没有面孔；身体的躯干、四肢和足部均由黑色线条构成；小人的头和身体呈分离状；小人的四肢呈拉长状。

原告朱志强主张：耐克公司的"黑棍小人"剽窃了他的"火柴棍小人"形象，于2003年12月将美国耐克公司、耐克（苏州）体育用品公司、广告经营者元太世纪广告公司、发布者新浪公司告上法庭，要求停止播放广告并承担200万元赔偿责任。

被告耐克主张：其所涉及的广告形象由耐克及其广告代理公司原创，类似的形象在日常生活中早已多见，例如人行道指示灯里表示"停"和"行"的小人等。"火柴棍小人"和"小黑人"都是从通用的"线条小人"演化而来，一个这样简单的图形不具有著作权法要求的独创性，因此也不应该受到保护。

北京市高级人民法院认为，朱志强主张的是静态的"火柴棍小人"的著作权。"黑棍小人"和"火柴棍小人"形象有相同之处，但相同部分主要存在于公有领域，不应得到著作权法保护。不能认定"黑棍小人"使用了"火柴棍小人"形象的独创性劳动，"黑棍小人"没有侵犯"火柴棍小人"的著作权，耐克公司、广告经营者元太世纪广告公司和发布者不承担

---

[1] 参见北京市高级人民法院（2005）高级民终字第538民事判决书。

侵权责任，故判决驳回朱志强的诉讼请求。

3. 动漫角色作为美术作品的静态保护与动漫角色的动态个性不匹配

动漫角色不同于普通的美术作品，其所承载的精神也不限于线条、形状以及颜色运用的独特性，动漫角色的独特之处在于表达方式的活性和多样性。动漫角色在创作后以新面貌示人时，是以角色本身的外貌姿态、声音、动作语言风格性格等来传达思想。在动漫角色为大众所熟知后，其自身所具有的特征便可以单独诠释这一角色。例如大力水手波比手持烟斗、爱吃菠菜、吃菠菜后总是力大无穷、要英雄救美时身体的夸张变化等都塑造了这一英雄形象，而其需要力量时吃菠菜的典型特点就足以单独表达这个角色；一休在遇到困难问题时就会用手在脑门上画个圈来思考答案，其小和尚的普通造型也就在这个角色特点中略显暗淡了；还有功夫熊猫，在外貌上与普通熊猫相差无几，但其神态、表情和动作中所彰显出嫉恶如仇的善良本性和劫富济贫的侠义心肠，使其具有独特的风格和个性，这也是功夫熊猫这一角色的独特表达。[1]

若侵权者将其角色形象进行细微修改，置之于动漫的大背景下，扭曲其角色的特质，将其随意改造成邪恶负能量的进行商业化使用，那么就难以通过著作权保护。虽然动漫角色的表现形式往往是片段式的画面，但角色留给人们的印象却是角色整体的性格容貌、姿态等特征。因此当他人擅自用该角色时并不会机械地复制角色的某一画面，其只要在画面中采用确定该角色的一些特征即可达到使人联想其角色整体的目的。例如即使将米老鼠这一憨态可掬的经典形象改变成手拿香烟、满口脏话的老鼠形象，人们在第一眼看到时还是会不由自主地联想到迪士尼的米老鼠。因此该特质决定了对动漫角色的保护要延伸到动漫角色的性格、神态、个性、习惯等方面，从而使动漫角色权利的客体多元化、立体化。

【理论探讨】

动漫角色商品化权的设立

动漫角色商业化现象最初起源于美国，美国的迪士尼公司曾创立专门

---

[1] 李扬：《动漫角色版权保护法律问题研究》，北方工业大学2013年硕士学位论文。

研究商品化的二次开发部门，主要负责公司旗下角色的商品化开发并从中获得经济效益。近年来随着动漫产业的迅猛发展，国外诸多法学学者开始对商品化权进行不同程度的研究，但目前对于商品化权并未有统一的定义。在1994年12月，世界知识产权组织（WIPO）将角色商品化权定义为，顾客通常会基于对某些角色所具有的特征的认可而购买商品，或者要求服务。为了迎合顾客的这些需求，虚构角色的创作者、该角色的真实人物以及一个或多个被授权的合法的第三方，在不同的商品或服务上改编或二次开发利用该角色的实质人格特征。[1] 由于商品化权是一项舶来权益，在我国关于是否引进商品化权存在争议：一种观点认为，我国应当设立独立的商品化权，完善法律对于角色商品化权益的保护；另一种观点认为，我国不应该单独设立商品化权，应当将角色商品化使用过程中的行为规制到已有的法律体系之中，例如《商标法》《反不正当竞争法》等。承认虚拟角色名称等客体的商品化权，将会破坏现有法律体系已经确立的竞争规则。[2]

　　商品化问题的产生，源自市场经济发展到一定阶段，诸多原本不具有或不直接具有商品性质的元素，开始具有了商品的交换价值，使得使用者可以之换取经济利益。[3] 动漫角色商品化便属于其中之一，动漫角色商品化主要体现在以动漫角色为基础的玩具、服装、装饰品中，商家典型的经营策略是利用动漫角色自身所带的流量与特定的产品或服务相结合，利用粉丝效应，从而吸引其产生消费意愿。动漫角色商品化是对动漫角色的二次开发和利用，在整个商品化过程中，其涉及的不仅仅是动漫角色本身，还包括了：动漫角色的名称、声音、行为习惯等。因此可以将动漫角色商品化权的定义概括为：动漫形象的作者及被合法授权的相关权利人，将具有特殊个性特征，被大众所广泛熟知且具备商业流通价值的动漫形象的名称、造型、特有的声音、动作等动漫形象的组成元素进行商业性使用，借助消费者对其的喜爱之情，达到扩大商品或服务销售的目的，从而获得收益的一种权利。

　　在我国立法上，著作权法并未对动漫角色保护作出具体规定。并且，

---

〔1〕门睿智：《动漫形象商品化权知识产权法的多元化保护》，吉林大学2015年硕士学位论文。
〔2〕蒋利玮：《论商品化权的非正当性》，载《知识产权》2017年第3期。
〔3〕刘丽娟：《我国司法如何确认商品化权（上）》，载《电子知识产权》2017年第10期。

在我国司法实践中，由于没有明确的法律依据，对于动漫角色无法进行直接保护，因此通常会将动漫角色认定为美术作品进行保护。但正如上文所述，虽然动漫角色作为美术作品的可版权性得到了我国司法实践的认可，但在实践中，将动漫角色作品归类于美术作品类型进行保护仍然存在不足。此外，随着我国动漫产业的快速发展，我国动漫角色商业化现象愈发频繁，动漫角色开始独立于动漫作品本身，其创造的经济价值越来越大。由于知名的动漫卡通形象作为一种稀缺资源，具有对顾客的吸引力和识别性的可观经济价值，正不断地吸引着越来越多的市场投资者及其他经济主体的关注。在这巨大的利益吸引之下，动漫卡通形象侵权行为日趋增多，擅自将他人的卡通形象运用到商业中的行为屡见不鲜。驯龙高手案中商标局驳回商标异议申请的一个重要理由也是虚拟形象的商品化权并不是一个独立的权利，不是在先权利。因此，有必要在立法中增加商品化权的概念，将文创产业的商品化权作为一个独立的权利。当然，具体在著作权法还是民法、商标法、反不正当竞争法中引入这个概念，有待立法者的进一步考量。

（二）网络动漫中的文字作品

根据著作权法的规定，文字作品是指小说、诗词、散文、论文等以文字形式表现的作品。在动漫的制作过程中，剧本创作是至关重要的一个环节，它关乎动漫的质量以及能否受到大众的欢迎。有些动漫台词可能比动漫还有名，大家都听过，甚至引用过，但并不知道其出处。剧本创作中对白、旁白、故事情节等以文字形式表现的内容就构成文字作品。动漫文字作品不仅是文字的组合，而且是类似于小说、戏剧那样包括情节设计的文字作品。所以，简单的"嗯""啊""对""什么"等日常对白，不足以成为文字作品。而是要体现出一定的创作者的特殊意志。比如，2022 年 8 月 7 日，郑渊洁控诉浙江卫视正在播放的电视剧《第二次拥抱》部分台词与其在先作品《皮皮鲁总动员》相关内容高度相同，并对抄袭台词与其作品内容进行了比对。电视剧《第二次拥抱》涉嫌侵权的内容为：成功的人生啊，永远都是另辟蹊径，失败的人才随波逐流呢。火车，怎么样？风驰电掣，气吞山河，但它最后永远只是行走在别人为它设定的轨道上。这段文字并不是简单的日常用语，而是包含了作者的独创性，是与动漫故事情节相吻合的，所以是文字作品。

动漫作品的作品名称、角色名称、场景和道具名称等，由于字数非常少，司法实践中一般认为其不具有独创性，不是文字作品。

（三）网络动漫中的音乐作品

随着动漫作品市场发展越发壮大，人们对于动漫作品的要求也有所提高，单单内容精彩尚且不足，其还要关注动漫的插曲、片头片尾曲等制作是否贴合作品。这就导致某些传唱度较高的歌曲其名气甚至超过了所属的动漫作品。

在提到动漫作品时，许多动漫爱好者一定对宫崎骏的名字并不陌生，而提到宫崎骏的动漫作品的诸多经典元素时就不得不提到久石让先生的经典配乐。久石让先生的音乐总能调动起人们最纯真的情谊，他与宫崎骏进行绝妙组合，《天空之城》《千与千寻》《哈尔的移动城堡》《幽灵公主》等经典作品让人耳熟能详，成为中国年轻一代动漫迷的最爱。自2015年起，北京爱乐经典管弦乐团在其举办的音乐会中，多次使用日本著名音乐家久石让先生等创作的知名作品，如：《菊次郎的夏天》《月光的云海》《那个夏天》《水之旅人》《再度（千与千寻）》等。根据我国《著作权法》第38条的规定，使用他人作品演出，表演者应当取得著作权人许可，并支付报酬。演出组织者组织演出，由该组织者取得著作权人许可，并支付报酬。就此，音著协曾多次与北京爱乐经典管弦乐团沟通其演出中使用这些作品的许可问题。沟通未果，音著协于2022年10月向法院提起诉讼，请求法院判决北京爱乐经典管弦乐团停止侵权行为并承担赔偿责任。北京市西城区人民法院在一审判决书中，认定被告北京爱乐经典管弦乐团未经许可使用他人音乐作品演出的行为构成侵权，应当停止侵权行为。

（四）网络动漫整体作为视听作品

2021年6月1日，新修改的《中华人民共和国著作权法》开始实施，著作权法这次的修改涉及的范围广，内容多，尤其是关于作品种类的规定中，将原有的"电影作品和以类似摄制电影的方法创作的作品"改为视听作品。这打破了动画作品作为类电作品保护的障碍。

随着诸多高新拍摄技术的发展，很多视听成果的创作手段已不再拘泥于传统的拍摄过程，例如，一些动画视频或者电影特效等完全可以在电脑上直接进行合成。因此继续使用"以类似摄制电影的方法创作"这一定义势必会在具体的司法实践中产生了法律保护的空白区域。继续采用"电影和类电作品的分类"，会导致网络游戏画面、电影电视剧中穿插的合成动漫片段等相关图像、视频难以找到归属定性。而视听作品类型的规定不仅填补了法律规定上的空缺，而且将更多的创作成果纳入著作权保护的范围。从这个意义上讲，视听作品的出现是现代社会及技术发展的产物。[1]

第二节　网络动漫版权主体

一、自然人作者

自然人作品常见于传统的漫画创作过程中。在漫画开始流行的早期，动漫作品的创作基本由单独的自然人完成。当时几乎所有的漫画家都是个人面对稿纸，构思故事情节，编写说明文字、构图、擦掉草稿线条、添加背景、涂抹油彩等。那时没有透明坐标纸那样方便的东西，甚至着装的模样和背景的斜线也全部由漫画家个人完成。

然而，随着漫画产业的不断发展，特别是出现了周刊这种更新速度较快的漫画杂刊形式，漫画家如果仍独自一人包揽所有工作那势必会导致漫画质量下降、更新速度减缓等问题。于是针对这种情况，就出现了一部漫画作品有可能是由不同的人来完成的情况。那么，原来漫画作品的单一著作权主体，就可能演变为多人，从而产生了漫画作品著作权主体之间的法律关系问题。当一部漫画作品的文字部分和绘画部分是由不同作者来完成的，此时文字作者和绘画作者之间的法律关系就值得探讨。

【理论探讨】

演绎作品与合作作品之分

2011年11月20日，画师MOTH参加"VOCALOIDCHINAPROJECT中文形象"最终入围大赏，后经画师ideolo修改后，于2012年3月22日正式定名为"洛天依"，并公布正式形象。在这种动漫角色由多个创作主体共同完成的情况下，洛天依究竟是作为合作作品还是演绎作品存在？

---

[1] 龙头知识产权集团：《如何理解新著作权法规定的"视听作品"？》，载https://baijiahao.baidu.com/s?id=1704497633484242187&wfr=spider&for=pc，最后引用时间：2023年11月8日。

演绎作品，是指改编、翻译、注释、整理现存作品而产生的新作品。其著作权由改编、翻译、注释、整理人享有，但其行使著作权时应以保护原作品的著作权为基础，不得侵犯原作品的著作权。它的创造性就在于对前已存在的作品进行具有创新精神的改编，或存在将其译成其他语言的创新成分。演绎作品作者的著作权是有限制的而非独立的。新作中保留原作多少情节或结构是划分演绎作品与原作的标准之所在。

合作作品，是指两人以上合作创作的作品。其构成要件是：①作者为两人或两人以上；②作者之间有共同创作的主观合意；合意，是指作者之间有共同创作的意图，既可表现为"明示约定"也可表现为"默示推定"；③有共同创作作品的行为，即各方都为作品的完成作出了直接的、实质性的贡献。合作作品的著作权由合作作者共同享有。如果合作作品不可以分割使用，如共同创作的小说、绘画等，其著作权由各合作作者通过协商一致行使；若不能协商一致且无正当理由的，任何一方不得阻止他人行使除转让以外的其他权利，但是所得收益应当进行合理分配。[1]

因此洛天依到底属于合作作品还是演绎作品应该根据两位画师之间是否有合意来判断。

二、法人作品与职务作品著作权归属

（一）法人作品

法人作品，一般是指由法人主持、代表法人意志创作并由法人承担责任的作品。法人作品著作权归属于法人机构。这意味着真正创作完成作品的自然人丧失了包括署名权在内的作者的法律地位。[2] 法人作品在范围上是进行比较严格地限制的，不能简单地将单位工作指示都等同于代表单位意志，以免过度限制自然人创作者的权利。在上海美术电影制片厂诉曲建方与电子工业出版社一

---

[1]《演绎作品与合作作品的区别》，载亿百出版网，http://www.ybchuban.com/cbcs/16693.html，最后访问日期：2023 年 11 月 15 日。

[2]《法人作品的概念》，载百度文库，https://wenku.baidu.com/view/093d80048d9951e79b89680203d8ce2f00666591.html?_wkts_=1698837844798&bdQuery=%E6%B3%95%E4%BA%BA%E4%BD%9C%E7%89%88%E6%9D%8，最后访问日期：2023 年 12 月 1 日。

案中，终审法院认定，作者运用变形夸张的艺术手段，创作出的角色造型表现出阿凡提的智慧、犀利、善辩和机智幽默，巴依的贪婪、狡猾、阴险和愚蠢，小毛驴的活泼可爱的性格特征，体现了作者的匠心独运和绘画技巧，构成美术作品而获著作权法的保护。因此，涉案角色造型的设计带有强烈的作者个性化色彩，体现的是作者个人的思想、意志、情感和艺术造诣，而不是法人的意志。

（二）职务作品

职务作品，是指公民为完成法人或者其他组织工作任务所创作的作品。职务作品可分为一般职务作品和特殊职务作品。一般职务作品的著作权由作者享有，但法人或其他组织有权在其业务范围内优先使用。在其作品完成后两年内未经单位同意，作者不得许可第三人以与单位使用的相同方式使用该作品。

根据《著作权法》第18条第2款规定，特殊职务作品是指利用法人或其他组织的物质技术条件制作，并由法人或其他组织承担责任的工程设计图、产品设计图、地图、计算机软件等职务作品，或报社、期刊社、通讯社、广播电台、电视台的工作人员创作的职务作品，或法律、行政法规规定或合同约定著作权由法人或者其他组织享有的职务作品。特殊职务作品的构成要件包括：①该作品的创作主要是利用了单位的物质技术条件；②该作品由单位对外承担责任。特殊职务作品的作者享有署名权，著作权人的其他权利由法人或者其他组织享有，法人或者其他组织可以给予作者奖励。

其中，"主要是利用本单位的物质技术条件"的含义是：

第一，必须是利用了单位的"物质技术条件"；所谓物质技术条件，是指单位的资金、设备、零部件、原材料或者不向外公开的技术资料等。特别是属于单位所有的技术资料。

第二，必须是利用了"本单位"的物质技术条件；也就是说，在发明创造完成过程中，利用外单位物质技术条件的，本单位无权作为实际权利人提出异议。

第三，必须"主要是"利用了本单位的物质技术条件；这里有一个质与量的界限，可根据具体情况作出认定。比如，使用人是否及时支付了费用或者以双方同意的方式支付了费用、利用本单位的物质条件对发明创造的作用等。如果已经支付了费用或对发明创造的完成并不起主要作用，则不宜认定为"主要是"利用了本单位的物质技术条件。

只有同时符合上述三个条件,才能认为该发明创造的完成"主要是利用本单位的物质技术条件",也才能认定为职务发明。

一般情况而言,绘制漫画作品是不需要特殊的物质技术条件辅助的,作者在产生灵感后仅需具备简单的绘画工具即可完成。但进行动画片、动漫短视频等作品创作时,就离不开单位团队资金、设备、高新技术拍摄设备等的支持。因此可以得出动画片属于特殊职务作品,但漫画作品大多不符合特殊职务作品的构成要件。

【典型案例】

《大头儿子和小头爸爸》著作权权属纠纷案[1]

1994年,受《大头儿子和小头爸爸》95版动画片导演等人委托,刘泽岱创作了"大头儿子""小头爸爸""围裙妈妈"人物形象正面图,双方并未就该作品的著作权归属签署任何书面协议。95版动画片演职人员列表中载明:人物设计:刘泽岱。2012年,刘泽岱将"大头儿子"等三件作品所有著作权转让给洪亮。2014年3月10日,洪亮与大头儿子文化公司签订《著作权转让合同》,将"大头儿子""小头爸爸""围裙妈妈"三幅美术作品的著作权全部转让给大头儿子文化公司。2013年,刘泽岱与央视动漫集团有限公司(以下简称央视动漫公司)先后签订委托创作协议和补充协议,约定央视动漫公司拥有"大头儿子"等三个人物造型除署名权以外的全部知识产权。后刘泽岱签署说明确认了上述事实,并称与洪亮签订转让合同属于被误导。央视动漫公司还向法院提交了落款为1995年刘泽岱的书面声明,该声明确认三个人物造型权属归央视。杭州大头儿子文化发展有限公司诉至法院,主张央视动漫公司侵犯其著作权。

一审法院认为,因双方没有签订合同约定著作权归属,故刘泽岱对三幅美术作品享有著作权。原告依据转让合同取得了上述作品著作权,被告未经许可使用构成侵权,应承担侵权责任。

被告的上诉和申请再审均被驳回,依法向最高人民法院提出申诉。最

---

[1] 参见中华人民共和国最高人民法院(2022)最高法民再46号判决书。

高人民法院提审后改判，认定涉案作品系委托创作，除署名权以外的著作权及其他知识产权属于被告所有，判决驳回原告全部诉讼请求。

争议焦点在于刘泽岱在1994年创作的"大头儿子""小头爸爸"和"围裙妈妈"三幅美术作品初稿属于委托创作作品还是法人作品或特殊职务作品。

根据再审查明的事实，《大头儿子和小头爸爸》美术设计和造型设计系被告动画部委托上海科影厂创作，版权全部归被告所有。虽然一审、二审法院查明，刘泽岱创作94年草图时，系作为上海美术电影制片厂工作人员借调到上海科影厂工作，但是94年草图的创作系95版动画片导演崔世昱等人到刘泽岱家中专门委托其创作的。因此，现有证据不足以证明刘泽岱创作94年草图是代表上海科影厂意志进行创作或者是为完成借调工作任务而创作。故94年草图不应当被认定为法人作品或者特殊职务作品，应当被认定为委托创作作品。

著作权法第19条规定："受委托创作的作品，著作权的归属由委托人和受托人通过合同约定。合同未作明确约定或者没有订立合同的，著作权属于受托人。"根据95年声明、刘泽岱后续与央视动画公司签订的协议、补充协议以及说明和其他相关事实，应当认定94年草图除署名权以外的著作权及其他知识产权属于被告所有，刘泽岱无权就94年草图著作权再转让至洪亮。因此，原告不享有94年草图的著作权。[1]

作者评析：值得注意的是，对于动画片《大头儿子小头爸爸》的著作权归属，法院认定为法人作品。央视95版动画片美术创作团队根据动画片艺术表现的需要，在原初稿基础上进行了艺术加工，增添了新的艺术创作成分。由于这种加工并没有脱离原作品中三个人物形象的"基本形态"，系由原作品派生而成，故构成对原作品的演绎作品。由于该演绎作品是由央视支持，代表央视意志创作，并最终由央视承担责任的作品，故央视应视为该演绎作品的作者，对该演绎作品享有著作权。

---

〔1〕参见浙江省杭州市滨江区人民法院（2014）杭滨知初字第636号一审民事判决书。

三、网络动漫整体著作权人与可单独使用作品著作权人两分

我国著作权法第 17 条第 3 款规定："视听作品中的剧本、音乐等可以单独使用的作品的作者有权单独行使其著作权。"由于动漫作品角色形象可以单独构成美术作品，故动漫作品的著作权人并不能当然的享有作品中角色形象的著作权，而只能通过与角色形象的作者建立劳动关系形成职务作品或者签订委托创作合同、著作权转让合同等方式取得角色形象的著作权。如果动漫作品著作权人或者被许可人不能提供其对角色形象享有著作权的证明材料，则在此类诉讼中将面临败诉风险。

【典型案例】

上海世纪华创文化形象管理有限公司与武汉百佳超级市场有限公司著作权权属、侵权纠纷民事案[1]

原告申请再审称：原告提交的《著作权授权证明公证书》能证明圆谷制作株式会社对《D 某某》系列影视作品及其人物形象拥有著作权，原告也依法享有上述影视作品及其人物形象的著作权。

被告提交意见称：原告主张的"D 某某"形象不受法律保护。原告主张圆谷制作以制片人身份享有《D 某某》系列影视片的著作权，并主张其自圆谷制作处获得了《D 某某》影视作品及其人物形象在中国大陆地区的著作权财产权，原告自圆谷制作获得的权利，不应超出圆谷制作以制片人身份所享有著作权的范围。

法院认为：本案再审复查期间双方当事人的争议焦点是原告是否享有影视作品《D 某某》中"D 某某"角色形象的著作权。

本案中，圆谷制作系《D 某某》影视作品的著作权人，原告经圆谷制作授权取得了《D 某某》等影视作品在中国大陆地区的复制、发行、出租、展览、表演、放映、广播、信息网络传播、翻译、汇编等著作财产权，当事人对此均无异议。原告主张被告销售的"百帅"童装侵害其享有的"D 某某"形象的著作权，而判断原告是否构成侵权，需审查原告是否享有"D 某某"形象的著作权。

---

[1] 参见上海市中级人民法院（2013）民申字第 368 号民事判决书。

关于"D某某"角色形象是否能独立于《D某某》影视作品之外受到保护。《著作权法》第17条规定："视听作品中的电影作品，电视剧作品的著作权由制片者享有，但编剧、导演、摄影、作词、作曲等作者享有署名权，并有权按照与制片者签订的合同获得报酬。视听作品中的剧本、音乐等可以单独使用的作品的作者有权单独行使其著作权。"影视作品是利用技术手段将众多相关作者和表演者及其创作活动凝结在一起的复合体，相关作者的创作成果被融入影视作品之中，故著作权法规定制片者享有影视作品著作权，同时规定相关作者享有署名权。除剧本、音乐外，美术作品也属于能独立于影视作品之外的作品，其作者有权单独行使著作权。本案中，"D某某"角色形象与影视作品是整体与部分的关系，二者可以分离，即"D某某"角色形象的作者可以依法单独行使美术作品的著作权。在没有约定的情况下，影视作品《D某某》的著作权人并不当然享有"D某某"角色形象美术作品的著作权。因此，二审法院认定华创公司只是从圆谷制作取得了《D某某》影视作品在中国大陆地区使用的相关著作财产权，但其是否同时取得了"D某某"角色形象美术作品的著作权仍应承担举证责任，并无不当。

关于原告是否享有"D某某"角色形象美术作品的著作权。因原告在一审、二审期间均未提交其有权行使"D某某"角色形象美术作品著作权的证据，一审、二审法院据此认为华创公司应承担举证不能的法律后果并无不妥。原告申请再审期间提交的《著作权登记证书》系二审判决之后颁发，况且，该证书仅能证明圆谷制作对美术作品《"奥特曼"系列作品图（1-6）》享有著作权，不能证明原告享有该美术作品的著作权。结合华创公司在一审、二审期间提交的圆谷制作出具的《著作权授权证明》与上海市版权局颁发的《著作权合同备案证书》的内容：2009年2月13日，圆谷制作在其出具的《著作权授权证明》中，将《D某某》影视作品及人物形象在中国大陆的复制、发行、商品化权等项权利独占许可给华创公司，期限自2007年2月1日至2012年1月31日。同年4月13日，上海市版权局颁发的《著作权合同备案证书》载明：圆谷制作将《D某某》系列影视作品在中国大陆地区的复制、发行等权利专有许可给华创公司，期限自2009年2月13日至2012年1月31日。上述在后的"备案证书"与在先的"授权证明"相比，去掉了圆谷制作将上述影视作品中人物形象的复制权、发行权、商品化权等权利授予华创公司内容。鉴于本案原告公证购买被诉侵权商品的时间2010年7月9日在《著作权合同备案证书》所记载圆谷制作授权华创公司的期限内，故一审、二审法院以原告提交的证据不能证明其享有"D某某"角色形象美术作品的著作权，未支持华创公司的诉讼请求，亦无不当。

第三节 网络动漫版权侵权及救济

一、侵权形式

著作权侵权主要分为直接侵权和间接侵权。如果他人在未经著作权人的许可和缺乏法律依据的情况下实施受著作权专有权利控制的行为，则构成对著作权的直接侵权。[1]而教唆、引诱他人实施著作权侵权，或在知晓他人侵权行为的情况下，对该侵权行为提供实质性帮助，则构成对著作权的间接侵权。[2]

（一）直接侵权

1.短视频搬运剪辑动漫作品侵权

网络动漫是基于网络传播的动画和漫画。在现代科技的推动下，网络动漫的传播性虽然得到了极大的增强，但也引起了侵权现象的频繁发生。公众可以通过各种各样的网络平台去满足自己的观看需求。在我国的市场上，新媒体动漫传播平台如哔哩哔哩、快看漫画、腾讯动漫等占据了大量的市场份额。公众虽然可以通过这些新媒体平台去观看动漫，但多数新媒体传播平台对于其动漫都要求付费观看，而大部分动漫的观看者是青少年群体，对于其付费要求并不太愿意支付相应的价格，这就导致了一些短视频软件中的部分制作者或商家在未得到著作权人的授权情况下会利用搬运或剪辑动漫片段的手段作为动漫的传播方式。一方面，此行为吸引了视频的播放量，增加了收益；另一方面，此行为也满足了大量动漫爱好者的需求。这也是非常典型的直接侵权方式。

---

[1] 王迁：《著作权法》（第二版），中国人民大学出版社2023年版，第492页。
[2] 王迁：《著作权法》（第二版），中国人民大学出版社2023年版，第492页。

【典型案例】

《黑猫警长之翡翠之星》信息网络传播权纠纷案[1]

时间：2022

原告：上海美术电影制片厂有限公司

被告：中国电信股份有限公司甘肃分公司

在本案中，原告拥有网络动漫《黑猫警长之翡翠之星》的著作权，其起诉被告在未经授权的情况下，提供了作品的点播服务，侵害其作品的信息网络传播权。

案情介绍：2018年8月16日，被告的微信公众号发布标题为"甘肃电信电视新版4K界面正式上线啦！附使用指南"的文章，文章内容显示：新版优品影视专区聚合百视通、优朋影视、炫酷影视，影片内容更丰富。公众在点击"优朋影视"选项后，再点击进入"电影"选项再点击进入"华语"选项，选中影片"黑猫警长之翡翠之星"，就可以进行观看。

被告辩称：关于《黑猫警长之翡翠之星》影视作品的点播，上述作品的片源是第三方向其提供，并非其直接以非法的方式获取。

法院观点：一审法院认为，点播《黑猫警长之翡翠之星》影片，需要进入的观看平台是"优朋影视"。2018年8月16日，被告发布的微信公众号显示"优朋影视"系被告推出使用，故本院认定案涉"优朋影视"平台系被告所有。根据《最高人民法院关于审理侵害信息网络传播权民事纠纷案件适用法律若干问题的规定》第3条第1款规定："网络用户、网络服务提供者未经许可，通过信息网络提供权利人享有信息网络传播权的作品、表演、录音录像制品，除法律、行政法规另有规定外，人民法院应当认定其构成侵害信息网络传播权行为。"现被告未经原告许可或得到合法授权，在其所有的"优朋影视"平台向用户提供涉案作品的在线播放服务，侵害了原告对涉案作品享有的信息网络传播权，应承担停止侵权、赔偿损失的法律责任。

---

[1] 参见兰州市城关区人民法院（2022）甘0102民初20547号。

2. 未经许可，在游戏、展销蛋糕模型、饮品包装等使用知名动漫形象

未经许可在游戏、展销蛋糕模型、饮品包装等使用知名动漫形象，侵害的是著作权人的复制权和发行权。首先，复制权在我国《著作权法》中被定义为"以印刷、复印、拓印、录音、录像、翻录、翻拍、数字化等方式将作品制作一份或者多份的权利"[1]。动漫形象通常被认为是一个独立的美术作品，当然也享受著作权法保护。复制权的侵权须满足两个要件：其一，该行为应当在有形物质载体（有体物）上再现作品；其二，该行为应当使作品被相对稳定和持久地"固定"在有形物质载体上，形成作品的有形复制件。[2]通常对于网络动漫中动漫形象的侵权是在未授权的情况下，将动漫形象这一美术作品再现成衍生品，例如玩具、招牌等。其次，对于动漫形象复制权的侵犯往往也会侵犯其发行权。根据我国《著作权法》的规定，发行权是以出售或者赠与方式向公众提供作品的原件或者复制件的权利。[3]动漫形象侵权方通常是一些生产、销售企业，为了谋取更多的经济效益，侵权企业一般会将侵权产品投入市场之中进行销售从而获得收益。在侵权表现上，由于侵权方一般无法获得原件，侵权方主要是通过向公众提供复制件的形式去施行。在实践中，一旦某部网络动漫的热度一直居高不下，市场就会出现有关该动漫形象的侵权产品。侵权者一般会在未经授权的情况下，擅自将动漫版权方创作的动漫形象印制在自己的产品上，或者直接制作该动漫形象的外观用于销售。笔者在中国裁判文书网以动漫形象作为全文搜索词语，以侵害作品复制权纠纷为案由，共检索出文书319篇（截止于2023年10月），以侵害作品发行权纠纷为案由，共检索出文书645篇（截止于2023年10月），其中大部分法院判决支持了原告诉求。在判决理由部分，大部分法院认为动漫形象可以作为美术作品并受到著作权法的保护。在这些案件中，被告的侵权方式是五花八门，如将动漫形象制作成毛绒玩具出售，如将其制作成自己的门店标识吸引公众等。

---

[1]《著作权法》第10条第1款第⑤项。
[2] 王迁：《著作权法》（第二版），中国人民大学出版社2023年版，第204页。
[3]《著作权法》第10条第1款第⑥项。

【典型案例】

《熊出没》动漫形象著作权纠纷案[1]

时间：2013

原告：深圳市盟世奇商贸有限公司

被告：广东高乐玩具股份有限公司、山东华润万家生活超市有限公司

案情介绍：动画片《熊出没》是由深圳华强数字动漫有限公司出品，其中深圳华强数字动漫有限公司享有动画片中"光头强""熊大""熊二"等动画形象的著作权，并于2012年4月2日授权给原告使用，授权范围是在中国大陆独占性（专有）使用上述形象生产、销售毛绒公仔，并有权就未经许可使用上述形象生产、销售毛绒公仔的行为进行维权，期限自2013年4月2日至2014年12月31日。原告经调查，发现上述被告未经原告许可，擅自生产、销售"光头强"动画形象美术作品的毛绒玩具商品，侵犯了原告享有的复制权、发行权、获酬权等著作权权利，给原告造成了经济损失，故提起诉讼。

法院观点：本案中，被控侵权的毛绒玩具与涉案"光头强"作品比较，整体外观形象、姿势、颜色、主要特征等均较为接近，仅有几处细节略有不同，特别在原告作品更加具有创造性和识别性的人物面部表情、服饰等方面，高度雷同，有的产品更是明确标注"熊出没"并有动画片中相应的"光头强""熊大""熊二"等形象的剧照，实际销售中又多将"熊大""熊二"毛绒玩具一起销售。综合上述因素，本院认为，被告广东高乐玩具股份有限公司未经授权，擅自生产侵犯原告享有著作权益的光头强的美术作品的复制件的行为，构成侵权，应依法承担停止侵权并赔偿原告经济损失的民事责任。被告山东华润万家生活超市有限公司已经证明其所销售的产品有合法来源，只承担停止销售行为的责任。

---

[1] 参见山东省济南市中级人民法院（2013）济民三初字第960号。

3. 网剧，剧本杀，游戏抄袭动漫情节

网剧，剧本杀，游戏抄袭动漫情节同样也是实践中常常出现的形式。抄袭现象通常涉及的是改编权侵权，根据我国《著作权法》规定，改编权是改变作品，创作出具有独创性的新作品的权利。[1]一部火热动漫作品往往是由于其人物刻画、情节设计、背景渲染等要素来吸引公众观看。在实践中，侵权者往往是针对动漫中的人物、情节、背景来进行改编。例如，将动漫作品中的经典人物改编成游戏角色。在广东原创动力文化传播有限公司与厦门诗泽网络科技有限公司侵害作品信息网络传播权纠纷、侵害作品改编权纠纷案中，侵权者（厦门诗泽网络科技有限公司）就是在未经过原告（广东原创动力文化传播有限公司）同意下，也未支付报酬，擅自在其经营的网站yx.1111.com上提供《红太狼逼婚4》Flash游戏，其在游戏中使用了原告享有著作权的"喜洋洋""慢羊羊""美羊羊""灰太狼"四个美术作品形象。此外，网剧抄袭动漫情节也是侵权现象之一。对于网剧抄袭现象，其在判定是否构成抄袭上往往会产生不同的观点，而产生不同观点的原因就在于对思想与表达的划分不同。根据著作权法的原理，著作权法只保护表达，不保护思想。在侵权诉讼中，法院必须要明确网剧中所涉及到的思想与表达的界限。

【典型案例】

《整容游戏》侵权案[2]

时间：2021

原告：快看世界（北京）科技有限公司（以下简称"快看公司"）、金丘奉

被告：北京田宥盈文化传媒有限公司、重庆天成合影视文化传媒有限公司……

案情介绍：漫画《整容游戏》是由原告快看公司与原告金丘奉共同完成的合作作品，其中的图片部分构成美术作品，文字部分构成文字作品，快看公司、金丘奉共同享有该漫画的著作权。在诉讼中，原告认为

---

[1]《著作权法》第10条第1款第⑭项。
[2] 参见上海知识产权法院（2020）沪73民终57号。

被告所创作的剧本《欲·望》和网剧《欲望》侵害漫画《整容游戏》的改编权。

本案历经一审和二审,并且一审与二审对于是否侵犯其改编权分别持不同意见。一审和二审法院都从两者的剧情、故事背景设定、故事题材、故事主线等方面进行了相似性认定。

法院观点：一审法院认为,在人物设置与人物关系比对上,快看公司、金丘奉主张漫画《整容游戏》与剧本《欲·望》、网剧《欲望》中相关人物设置及人物关系的相似之处或属于思想范畴的内容,或属于公知素材,而与其主张的人物相关的特定情节、故事发展等独创性表达上存在明显差异。此外,一审法院注意到漫画《整容游戏》中其他主要人物小黑在剧本《欲·望》与网剧《欲望》中也未有对应的人物设置。因此,快看公司、金丘奉提出剧本《欲·望》与网剧《欲望》的人物设置与人物关系与漫画《整容游戏》具有相似性的主张,法院不予支持。在情节对比上,快看公司、金丘奉主张构成相似的19处剧情均构成具体情节,其中剧情17、18中漫画《整容游戏》中的相关情节出现于第44话之后,不属于比对的范围,剩余17处具体情节比对如下：剧情1、10的相关情节属于公知素材,漫画《整容游戏》的相关情节不具有独创性,不受著作权法保护；剧情2、3、6、7、9、11、12、13、15、16、19的漫画《整容游戏》相关情节具有独创性,但剧本《欲·望》与网剧《欲望》的相关情节与漫画《整容游戏》相关情节不构成实质性相似；剧情4、5、8、14的漫画《整容游戏》相关情节具有独创性且剧本《欲·望》与网剧《欲望》的相关情节与漫画《整容游戏》相关情节构成实质性相似。在其他对比上,法院也不认为其构成侵权。最终,法院认为,漫画《整容游戏》与剧本《欲·望》、网剧《欲望》构成实质性相似的内容仅系其中的部分具体情节,而该部分的具体情节在整体故事中所占比重较小,漫画《整容游戏》与剧本《欲·望》、网剧《欲望》无论从人物设置、人物关系还是具体情节的设计以及情节排布及推演过程均存在较大差异,故一审法院认为剧本《欲·望》、网剧《欲望》与漫画《整容游戏》在基本表达上不构成实质性相似,因此剧本《欲·望》并非根据漫画《整容游戏》改编而成,剧本《欲·望》并未侵害漫画《整容游戏》的改编权。[1]

而二审法院认为，权利作品和被控侵权作品的核心内容是"整容游戏"APP 的特殊功能及由该 APP 引发的相应剧情，通过这个 APP 女主可以变美，周围的人却察觉不到。女主变美之后，其他人对她的态度发生了转变。如果女主完不成 APP 要求的任务，她就变回原貌。这些任务都是邪恶的，违背人性善良的。女主一方面想保持美丽容貌，而另一方面在面对邪恶任务时会挣扎，有时为了良心会放弃任务，就会回到丑陋的容貌。另外两作品在基本的人物、人物关系的设置以及由"整容游戏"APP 引发的主要情节的推动上均有一致性。上述核心情节在权利作品之前的小说、戏剧或其他文字作品中都没有出现过，系原告独创的作品内容。两作品在上述高度独创的核心情节上构成实质性相似。虽然被控侵权作品人物设置和人物关系更为丰富，并且增设了其他的情节内容，除摄影棚任务中的部分剧情外，"整容游戏"APP 设置的其他任务与权利作品亦不同。但上述不同点是建立在被控侵权作品使用了与权利作品相同的人物和情节的框架内容的基础上展开和设置的，即都是在"整容游戏"APP 让人变美这一特殊功能的基础上设置的相同的主要人物关系而推进相应的故事情节。没有这些相同的核心内容，被控侵权作品所添附的其他人物和情节的独创性将大幅减弱，而上述框架内容已经足够具体，可以作为表达受到我国著作权法的保护。故被控侵权作品使用了权利作品的核心表达内容，构成对快看公司、金丘奉就权利作品所享有的改编权的侵害。

4. 未经动漫形象著作权人许可，以真人装扮成动漫形象进行表演

随着动漫产业规模的不断扩大，动漫产业的衍生品商业化使用不仅仅局限于玩具等产业，一种新型的商业化使用现象正逐渐流行于青少年之间，即角色扮演，又称为 Cosplay。Cosplay 通常指利用服装、道具进行装扮，再借助化妆等方法来扮演动漫中的角色形象。对动漫形象进行真人装扮兴起于一些动漫爱好者，其借此来表达对于某部动漫角色的热爱。但随着社会的发展，动漫角色

---

[1] 参见上海市徐汇区人民法院（2018）沪 0104 民初 242 号。

扮演不仅仅是为了表达粉丝的热爱，一些动漫角色扮演者和一些商家更是另辟蹊径，延伸出了商演、直播、综艺等商业化活动为自己创造收入。通过这些商业化活动，动漫角色扮演者既表达了自己对于动漫角色的热爱，商家也为自己创造了巨大的经济收入。此外，在实践中，动漫角色扮演者通常也是借助某些大型平台表演自己所装扮的动漫角色形象，从中获取流量收益。例如，在哔哩哔哩网站上，大量的动漫爱好者会通过发布自己 Cosplay 视频获取点赞量和投币，从而通过该平台将流量收益变现。但值得注意的是，真人化的动漫角色扮演也需要得到著作权人的认可。真人扮演本身就是一种从平面到立体的复制行为，其目的是将动漫角色形象进行真人化再现。在这个过程中如果扮演者仅仅是出于喜欢某部动漫形象的原因，而不是出于商业目的，那么这种情况是可以构成合理使用，并不会构成侵权。但如果要进行商业化使用就必须要得到著作权人的许可，因为在商业化使用过程中，动漫形象扮演者具有营利目的，是通过装扮的动漫形象来获取收益，实际上是利用了动漫形象著作权人的智力成果。

【典型案例】

圆谷制作株式会社与广州蓝弧动画传媒有限公司等著作权侵权纠纷案[1]

时间：2018

原告：圆谷制作株式会社

被告：广州蓝弧动画传媒有限公司、乐视影业（北京）有限公司、上海聚力传媒技术有限公司、广州蓝弧文化传播有限公司、广州蓝奇文化传播有限公司

案情介绍：原告系初代奥特曼角色形象的著作权人，被告在未得到原告授权的情况下使用被诉奥特曼形象制作电影《钢铁飞龙之再见奥特曼》并进行放映，还在发布会上组织演员身着奥特曼形象制成的面具和人体彩绘形象进行表演。原告主张各被告使用的奥特曼形象系对初代奥特曼形象的改编，使用被诉奥特曼形象拍摄电影的行为侵犯其作品的摄制权；各被

---

[1] 参见上海市浦东新区法院（2018）沪 0115 民初 14920 号。

告组织身着奥特曼形象制成的面具和人体彩绘形象进行表演的行为侵犯其作品的表演权。因此,原告诉请法院判令各被告停止侵害、消除影响,并赔偿损失。蓝弧动画公司等公司辩称其系从案外人处获得使用奥特曼形象的授权,不构成侵权。

争议焦点:被诉奥特曼形象是否构成对初代奥特曼形象、杰克奥特曼形象的复制或改编。

法院观点:本案中,被诉奥特曼形象与原告主张的初代奥特曼形象、杰克奥特曼形象的共同点在于:均为戴银色头套、眼睛为外突的黄色鸭蛋形、穿银色底色与红色花纹的连体衣、胸前有蓝色计时器的英雄形象。以上共同点均系在初代奥特曼形象中首创,且从鞋子的设计、连体衣上的红色花纹的形状、面积等细节方面来看,被诉奥特曼形象与初代奥特曼形象更为接近。根据被诉奥特曼形象与初代奥特曼形象存在的前述共同点,可以认定被诉奥特曼形象的造型来自于初代奥特曼形象,被告对此亦予以认可。被诉奥特曼形象与初代奥特曼形象之间的区别主要在于身材比例不同,且被诉奥特曼形象有着极为发达的全身肌肉,使得两个奥特曼形象在线条方面存在一些不同,从而导致整体气质方面也产生差异。以上美术作品中,原作品(即初代奥特曼形象)的造型特征主要集中在两大方面:一是面部造型(银色面具、面中部的突起造型、眼睛和嘴巴的具体造型及其排列);二是以银色为底色、在具体身体部位有红色花纹的连体衣。以上两大特征构成了该美术作品的主要表达特征。经比对,无论是原告后续推出的杰克奥特曼形象,还是被诉奥特曼形象,均完整保留以上主要表达特征。被诉奥特曼形象与初代奥特曼形象相比,改变的主要是身体比例和肌肉分布。对英雄形象而言,这只是身材状态的改变,很难认为其主要造型发生了显著性改变。可见,被诉奥特曼形象是在保持初代奥特曼形象主要表达特征不变的基础上,在身材比例、线条等细节方面作出一定改动,但该改动并未使得初代奥特曼形象中的主要表达特征产生实质性变化。从公众的观感上来看,即便存在以上改动,一般公众也会认为被诉奥特曼形象与初代奥特曼形象本质上还是同一个动漫形象。因此,被诉奥特曼形象与初代奥特曼形象间并不存在足以构成新作品的显著性差异,二者在线条、颜色等构成的造型方面仍构成实质性相似,被诉奥特曼形象构成对初代奥特曼形象的复制而非改编。同理,原告主张的杰克奥特曼形象与初代奥特曼形象相比，只是在连体衣上红色花纹的形状和面积方面有一定差别，并将鞋子改为中筒靴，但在主要表达特征方面仍相同，故杰克奥特曼形象亦构成对初代奥特曼形象的复制。据此，被诉奥特曼形象若侵权，其侵害的也是原告对初代奥特曼形象所享有的复制权，对原告认为被诉奥特曼形象构成对初代奥特曼形象和杰克奥特曼形象的改编并侵犯其改编权的主张，法院不予支持。

　　作者看法：在判断真人角色扮演是否构成著作权侵权时，必须要坚持"接触"+"实质性相似"模式。首先，扮演者应注意动漫作品是否被著作权人公开发表、公开传播。其次，还应当从扮演者的妆容、服装、道具等多方面考虑，区分出哪些是属于公有领域，哪些是属于动漫角色独创。例如，在进行真人角色扮演时，扮演者的外形构造是否使用了动漫角色的独特部分。最后，也应当考虑真人角色扮演的目的，目前真人角色扮演商业化使用现象明显，大部分扮演者并不局限于自我欣赏、使用，而是通过与商家合作进行商业化利用来获取经济收益。而在进行这种商业化模式时，扮演者和厂商必须要明确是否获得了著作权人的授权，从而避免不必要的侵权风险。

5. 使用动漫形象拍摄视频侵权

　　二次元文化兴起为动漫产业创造了一个良好的市场环境，在整部动漫作品中，动漫形象是动漫作品的核心元素，动漫产业也主要以动漫形象来创造巨大的经济价值。在实践中，一部优秀动漫作品中的动漫形象能够为著作权人带来非常可观的经济收益。但经济大热的背后必然会引起侵权的风险，特别是在数字版权时代，侵权形式更加多样化，部分商家在未经授权的前提下，利用动漫形象拍摄视频，用作商业用途。其利用方式通常是借助该动漫形象自带的网络流量，吸引公众目光，从而达到自己的商业目的。动漫形象本身就属于知识产权的一部分，应当受到法律的保护。未经版权所有人许可，擅自使用他人的作品进行二次创作或者商业使用，都属于侵权行为。侵权行为不仅会损害原作品方的利益，还会对整个知识产权体系造成破坏。

【典型案例】

上海新创华文化发展有限公司与悠然自在（北京）影视文化传播有限公司著作权侵权案[1]

时间：2020
原告：上海新创华文化发展有限公司
被告：悠然自在（北京）影视文化传播有限公司

案情介绍：原告在中国大陆地区范围内对"奥特曼"系列影视作品及其人物形象享有独占信息网络传播权等著作权，被告未经许可，擅自使用其购买的动漫玩具拍摄、制作包含有"奥特曼"系列人物形象的短视频，并将其上传至其微信公众号，供公众观看或下载。原告认为被告的行为侵犯了其对"奥特曼"系列影视作品及其人物形象所享有的复制权、信息网络传播权、摄制权，故请求法院判令被告停止侵权行为并赔偿经济损失。

本案争议焦点之一：被告是否侵害了新创华公司的复制权、摄制权、信息网络传播权。

法院观点：本案中，原告所诉被告的涉案行为有二：其一，被告使用包含奥特曼系列人物形象的玩具拍摄视频并上传至网络的行为；其二，被告在涉案微信公众号中发布带有奥特曼形象的图片、动图、短视频的行为。

被告对原告享有著作权的奥特曼系列人物形象，通过编写剧本、加入旁白并加以录制的方式进行使用，其行为已构成以类似摄制电影的方法将作品固定在载体上，该行为侵犯了新创华公司对涉案作品享有的摄制权。同时被告还截取了视频中带有涉案作品的图片发布在其公众号上。上述视频和图像被被告上传至网络后，使得公众可以在其个人选定的时间和地点获得涉案作品，该一系列行为侵害了原告享有的复制权、信息网络传播权。

本案的争议焦点之二：被告的行为是否构成合理使用。

法院观点：根据《中华人民共和国著作权法实施细则》第二十七条

---

[1] 参见北京市互联网法院（2020）京0491民初2234号。

规定:"著作权法第二十二条第(二)项规定的适当引用他人已经发表的作品,必须具备下列条件:(一)引用目的仅限于介绍、评论某一作品或者说明某一问题;(二)所引用部分不能构成引用人作品的主要部分或者实质部分;(三)不得损害被引用作品著作权人的利益。判定是否符合上述条件构成合理使用,可以从使用行为的目的和性质、被使用作品的性质、被使用作品的数量和程度、对作品的潜在市场或价值的影响等因素综合予以考量。

本案中,被告使用奥特曼形象的主要表现形式为,被告以诸如像奥特曼、小猪佩奇、小黄人等耳熟能详的卡通形象以及被告的自主品牌小熊瑞恩形象为角色,通过设置一定的场景编写剧本,插入旁白,使得这些角色之间发生关联,演绎出不同的情景小故事,并拍摄成小视频上传至网络。在每一段视频结尾都有"小熊玩具"微信公众号的二维码展示,观众在获取视频的同时能够通过扫描二维码直接进入"小熊玩具"微信公众号。经当庭勘验,进入名称为"小熊玩具"的微信公众号,下方菜单显示有"图版小熊""知识积累""往期抽奖"三个栏目,其中"知识积累"项下有"小熊英语"和"小熊科普"两个子项目。点击微信公众号文章查看,在每篇文章底部有喜马拉雅小程序链接,点击后可进入"小熊玩具故事会"。从上述过程可以看出,被告在使用涉案作品的过程中,客观上拓宽了"小熊玩具"微信公众号、"小熊玩具故事会"喜马拉雅平台的用户流量,对于提升小熊瑞恩形象的知名度、推广其自主品牌有很大的积极、促进作用,该种使用具有一定的商业目的。另外,被告拍摄上传的"小熊玩具-奥特曼故事"系列视频中带有"奥特曼"系列人物形象的有437段,共涉及原告享有著作权的33个奥特曼形象,无论是使用的涉案作品数量还是拍摄视频的数量都较多。不论是被告使用的目的还是使用的数量,都不符合合理使用的要件。

作者看法:首先,本案的典型意义在于明确了使用者在未取得著作权人许可的情况下,使用购买的动漫玩具形象制作短视频是存在侵权行为的。其次,本案明确了利用动漫形象制作短视频是否构成合理使用的判断方法。最后,智力成果的创造必要要明确合理使用和侵权的界限,保证每一次的创作都是符合法律的规定。

（二）间接侵权

作为平台方，如果在知晓其平台下视频制作者具有侵权行为的情况下，并未实施通知删除等阻却行为，那么网络服务提供商极有可能构成间接侵权。在实践中，判断网络服务提供商是否构成间接侵权、是否承担侵权责任就在于其是否尽到了应尽的合理注意义务，并且是否在知晓自己平台下出现侵权的情况下，及时采取了删除、断开链接等必要措施。在数字版权时代，网络动漫间接侵权的构成前提是存在直接侵权，如果网络服务提供商在平台上提供有关网络动漫相关服务时并未尽到合理审查义务，也没有在发现侵权行为时及时删除，那么网络服务提供商很可能构成针对网络动漫著作权人的间接侵权。此外，作为新生行业的 NFT 数字藏品交易也面临着一系列的法律风险，例如，整个数字藏品交易行为是否应当受到著作权法的规制，作为数字交易平台方应该尽到何种程度的审查义务。

【典型案例】

"NFT 侵权第一案"[1]

时间：2022

原告：深圳奇策迭出文化创意有限公司

被告：杭州原与宙科技有限公司

案情介绍：《胖虎打疫苗》漫画是笔名为"不二马"（原名"马千里"）的漫画家创作并享有著作权的作品，被独家授权的原告享有该作品财产性著作权，有权制止侵权行为。"胖虎"系列漫画在网上爆红之后，原告在被告经营 Bigverse 平台上发现平台用户"anginin"私自铸造并出售以《胖虎打疫苗》为原型的 NFT 数字藏品，其认为该行为侵犯了原告享有的著作权，并提起诉讼。

本案的焦点问题之一：涉案 NFT 数字作品交易行为是否受信息网络传播权规制。

---

[1] 参见浙江省杭州市中级人民法院（2022）浙 01 民终 5272 号。

法院观点：NFT，即非同质化通证或非同质化权益凭证，是基于区块链技术的一种分散式数据存储单元，与其映射的数字化文件具有唯一关联性，具有独一无二的特征。NFT数字藏品，则是将数字化文件等底层数据上传至NFT交易平台并铸造NFT后呈现的数字内容。在底层文件为数字化作品的场合，称之为NFT数字作品，NFT数字作品是使用区块链技术进行唯一标识的特定数字化作品。《中华人民共和国著作权法》第10条第1款第12项规定："信息网络传播权，即以有线或者无线方式向公众提供，使公众可以在其选定的时间和地点获得作品的权利。"涉案Bigverse平台中NFT数字作品的交易流程为：网络用户（上传）"铸造"—上架发布—出售转让。在NFT数字作品的"铸造"阶段，网络用户将存储在终端设备中的数字化作品复制到NFT数字作品交易平台的中心化服务器上，产生了一个新的作品复制件；在NFT数字作品的上架发布阶段，NFT数字作品的铸造者（发布者）通过将NFT数字作品在交易平台上架发布的形式，使公众可以在选定的时间和地点获得该作品，此种获得既可以是不以受让为条件的在线浏览，也可以是在线受让之后的下载、浏览等方式；在NFT数字作品的出售转让阶段，交易双方完成NFT数字作品对价的支付和收取，区块链中与之对应的NFT作相应的变更记录。在上述转让交易过程中，NFT数字作品始终存在于作为"铸造者"的网络用户最初上传所至的服务器中，未发生存储位置的变动。本案中，网络用户"anginin"将其铸造的涉案NFT数字作品在公开的互联网平台发布，使公众可以在其选定的时间和地点获得该作品，属于以有线或者无线方式向公众提供作品的信息网络传播行为，受信息网络传播权规制。

本案的焦点问题之二：被告作为NFT数字作品交易平台经营者应当负有何种注意义务，以及被告在本案中是否尽到了该种注意义务。

法院观点：二审法院分别从涉案NFT数字作品交易平台提供网络服务的性质、NFT数字作品交易可能引发的侵权后果、涉案NFT数字作品交易平台的营利模式三个方面去考量。被告作为NFT数字作品交易平台的经营者，其提供的网络服务有别于《信息网络传播权保护条例》中的"自动接入、自动传输、信息存储空间、搜索、链接、文件分享技术服务"，属于一种新型的网络服务。基于NFT数字作品交易平台提供网络服务的性质、平台的控制能力、可能引发的侵权后果以及平台的营利模式，被告应当对其网络用户侵害信息网络传播权的行为负有相对于一般网络服务提供者而言较高的注意义务。NFT数字作品的铸造发布者不仅应当是该特定的数字化作品的持有者，还应当是该数字化作品的著作权人或被授权人。故而，除一般网络服务提供者应当承担的义务外，被告作为专门从事NFT数字作品交易服务的平台经营者，还应当建立起有效的知识产权审查机制，审查NFT数字作品来源的合法性，确认NFT数字作品铸造者具有适当权利。作为预防侵权的合理措施，被告的审查介入时间应当提前到用户铸造NFT数字作品之时，即应当要求NFT数字作品的铸造者在上传作品的同时提供初步的权属证明，例如涉及著作权的底稿、原件、合法出版物、著作权登记证书、认证机构出具的证明、取得权利的合同等，证明其为著作权人或享有相应权利，从而让公众对NFT作品的著作权归属有基础的认知。除了在网络服务协议中要求用户不得侵害他人知识产权外，被告还可以要求用户就其具体铸造的NFT数字作品承诺享有相应权利，并在必要的时候可要求其提供担保。关于审查的具体标准，本院认为，NFT作为区块链技术的重要应用，契合了加快发展数字经济、促进城市数字化转型的趋势和需求。借助于区块链技术构建数字作品的唯一凭证，NFT应用场景使得基于数字作品的财产性权益能够以出售或者赠予的方式发生移转，从而给互联网环境下的作品传播与商业化利用带来新的契机，亦为知识产权的保护方式提供了新的思路。构建公开透明、可信可溯源的链上数字作品新生态，一方面，需要规范NFT数字作品交易行为、促使其在法律制度框架内有序发展，另一方面，应当赋予NFT数字作品交易网络服务提供者以必要的自主决策权，由其根据具体的作品和权利类型、自身经营需要、产业发展要求等实际情形自主决定采取合乎法律规范的具体审查措施，例如自行决定设置侵权举报奖励及侵权黑名单处罚机制等。综上，原审法院采用的"一般可能性"判断标准是合理的，也就是该初步证据能够排除明显不能证明是著作权、与著作权权益有关权利人的证据、具有使得一般理性人相信存在权利的可能性即可，而非无限加重此类网络服务提供者的审查义务，从而限制数字作品的流通和数字经济的发展。

《中华人民共和国民法典》第1197条规定："网络服务提供者知道或者应

当知道网络用户利用其网络服务侵害他人民事权益,未采取必要措施的,与该网络用户承担连带责任。"本案中,用户"anginin"上传的《胖虎打疫苗》图片右下角显示有"不二马大叔"微博水印,"艺术家介绍"中显示有"不二马大叔,优秀漫画创作者"字样。被告主张其已经对用户上传的作品采取了阿里云自动识别技术与利用百度识图软件进行人工审核相结合的方式,尽到了相应的注意义务。对此,本院认为,被告采取的上述审查措施并不能替代其要求用户就涉案作品提供权属证明的措施,其既未要求该用户"anginin"对其与"不二马大叔"之间是否属于同一关系或者著作权许可关系做出声明,也未要求该用户提供初步证据证明其系作品《胖虎打疫苗》权利人,故被告未能尽到相应的注意义务,其对被诉侵权行为的发生具有主观上的过错。被告主张,涉案作品图片以白色为底色,四周留白较多,色泽与微博水印极其相近,导致其审核人员在审查作品时未注意到该水印。对此,本院认为,即使该图片上的微博水印呈现效果并非十分醒目,但涉案图片除在右下角显示有"不二马大叔"微博水印外,同时还在"艺术家介绍"中明确标示作者身份信息"不二马大叔,优秀漫画创作者",故被告未能尽到注意义务并非由于该微博水印的色泽导致,对被告的上述抗辩本院不予支持。综上,被告应当知道其网络用户利用其网络服务侵害他人信息网络传播权而未采取必要措施,主观上存在过错,应当承担帮助侵权的民事责任。

作者看法:本案是中国NFT侵权第一案,本案判决的典型之处就在于:①对于新行业所呈现的法律风险,其在现行有效的法律之中找到了解决之道。②更加严格了网络服务提供商的审查义务,对于数字藏品交易平台的经营者而言,仅尽到事后的"通知—删除"义务不足以阻却自身责任,还应当承担更高的审查注意义务,需要对用户所提供的用于制作数字藏品的图片进行事前审查。

二、区块链技术下数字版权保护

在数字化时代,数字版权保护面临着发展瓶颈和矛盾失衡的双重尴尬。[1]

---

[1] 李晶晶、王志刚:《区块链技术推动下的数字版权保护》,载《青年记者》2018年第6期。

传统的数字版权保护技术已经愈发不能产生良好的效果，从而引发诸多问题。例如，数字内容更加易于复制和传播，容易遭到盗版和侵权、版权认证和证明的难题等。[1]诸多现实困境使得数字版权保护迫切需要一种新的保护模式，基于此，区块链技术应运而生。

区块链技术的出现，为当前数字版权保护带来了新的契机，利用区块链的分布式数据存储、共识机制、加密算法和"时间戳"技术所构建去信任的数据交换环境，可以准确、及时、完整地记录数字版权从产生、使用、交易、许可及转让等一系列过程，解决数字版权确权难问题，实现作品低成本、实时确权的同时，也为侵权行为的追踪提供可能。

（一）区块链技术概述

根据中国信息通信研究院和可信区块链推进计划发布的《区块链白皮书》（2018年），区块链（Blockchain）是一种由多方共同维护，使用密码学保证传输和访问安全，能够实现数据一致存储、难以篡改、防止抵赖的记账技术，也称为分布式账本技术（Distributed Ledger Technology）。[2]也有部分学者认为区块链本质上就是一种去中心化的分布式数据库技术，通过多个节点之间的共识机制来保证数据的安全性和可信度。

（二）区块链技术在数字版权保护中的应用

1. 版权确权

数字版权保护的第一步就是确权。在实践中，数字版权确权本身是为了保护其作品权益的一种重要手段。作品通过登记确权不仅表明了作品的权利归属，而且在发生侵权纠纷时也可以作为一项有利的证据来维护版权方的权益。目前，我国传统的版权确权模式是通过第三方机构进行登记确权的中心化模式。此模式主要依托于国家版权机关来进行，从申请到审核，再到发放证书等一系列流程往往花费版权方大量的时间和金钱成本。

区块链的本质是一串串链条式相接的数据区块，在连接指针中使用哈希算法处理区块头并且给区块头赋予哈希值。[3]利用区块链技术进行版权确权主要会经历以下过程：用户在版权保护平台进行注册和实名认证后，向平台提交需

[1] 姜旭、郭富锁:《基于区块链技术的数字版权保护》，载《文化学刊》2023年第7期。
[2] 参见《区块链白皮书》（2018年），中国信息通信研究院和可信区块链推进计划编写。
[3] 郭文卓:《区块链技术下的数字版权保护研究》，西北大学2019年硕士学位论文。

要存证的文字、图片、音视频等数字内容作品，平台将作品版权相关的数据进行计算，得到作品的哈希值，并在版权区块链上进行存证。区块链技术具有不可篡改、防伪和可追溯特点，为上链作品实现证据固化。此外，用户还可以分阶段进行版权存证，以记录创作过程，这为创作周期较长、创作要素多元的影视作品提供了更好的确权路径。[1] 从上述过程可以看出，当用户为自己的作品进行确权时，其提交的所有资料将会被计算从而得到一个哈希值，而这个哈希值将代替用户提供的资料被存储到区块链上。相较于传统的版权确权模式，基于区块链技术下的版权确权既提高了效率，又增加了其可信度。

2. 版权交易

数字版权交易本身是为了促进版权经济的繁荣，但在实践中，数字版权交易同样也面临交易信息缺乏透明度、交易信用危机、监管缺失等问题，我国传统的数字作品的版权交易主要是通过可信赖的第三方中介机构进行，由双方签订合作协议，再由第三方机构与其他用户进行交易。[2] 在这样的交易模式下，一部数字作品的财产权很可能会被分别进行独立授权。由于在数字版权交易中并未有统一的平台，第三方中介机构完全处于垄断的地位，这就使得不管是版权所有者还是版权需求者很难对于其权利状态了然于心，从而引起双方的交易信任危机。

区块链技术可以为数字版权交易提供全新的交易方式。首先，可以建立基于区块链技术下的数字版权交易平台。由于其去中心化的特征，那么在数字版权交易中，交易双方并不需要一个第三方机构或者中间方来运行这场交易，可以直接进行点对点式交易模式，这也将有效地避免中间方的不利干预，降低交易成本。其次，基于区块链中的智能合约技术，可有效解决交易双方的信任问题。智能合约的功能是将区块链系统的业务逻辑以代码的形式实现、编译并部署，完成既定规则的条件触发和自动执行，最大限度地减少人工干预。[3] 从其功能可以看出，智能合约具有自动执行性，当触发相应条件时自动完成交易行为，无需中间方的过多介入，这将大大降低在数字版权交易过程中的信任危机，

---

[1] 人民网：《2021版权保护新技术应用发展报告》，载 http://baijiahao.baidu.com/s?id=1723006604820555909&wfr=spider&for=pc，最后访问日期：2024年6月12日。

[2] 刘芸含：《区块链技术背景下数字知识版权保护技术》，上海财经大学2022年硕士学位论文。

[3] 参见《区块链白皮书》（2018年），中国信息通信研究院和可信区块链推进计划编写。

实现双方的利益最大化。

3. 版权维权

在传统的数字作品维权诉讼中，举证问题是关系版权方能否维护好自己利益的关键。在本书提到的大多数案例中，当事人多采用公证的方式以确保自己能够留下有力的证据，这种维权方式的时间以及金钱成本是极高的。并且在如今的互联网时代，数字版权的侵权方式层出不穷，有些侵权方式是难以被发现的，这就使得版权方在维权的道路上步履维艰。首先，在数字版权纠纷中，由于依托于网络，电子证据通常是维权主要的证据形式，但是在实践中电子证据具有易被篡改、易被毁损和灭失的风险，往往一些有利的电子证据会被侵权者利用过之后就立即进行了销毁，这使得版权方在举证方面异常困难。其次，文中提到利用公证程序进行维权。版权方虽然可以通过公证程序提高电子证据的证明力，但程序的繁琐往往会导致时间上的滞后性，造成证据的灭失。[1]

区块链技术具有不可篡改、可追溯性等特征，这些特征可以高效地维护版权方利益。区块链技术应用于版权维权主要体现在区块链存证方面。区块链存证实质上是基于区块链的不可篡改的特征，版权方可以将该侵权证据固化到区块链上，从而形成不可篡改的电子证据。其操作流程是在算法运行过程中浏览侵权信息，通过截图或者录屏等形成电子证据，电子证据生成的同时可生成时间戳记，电子证据存储固定时通过验证哈希值来确保数据的完整性，在传输过程中则利用非对称加密技术对电子证据进行加密以保障传输安全，充分实现证据全链条的真实性和安全性。[2]

运用区块链技术进行数字版权信息存证，不仅可以降低创作者的支出成本，同时也能快速证明数字版权的权属，区块链技术平台的侵权监控功能，也能通过大数据的提取和对比快速地找到侵权信息。[3]并且在全国首例利用区块链存证的版权侵权案件中，杭州互联网法院的判决对其区块链存证给予了阐明，肯定了区块链存证的可行性。

---

[1] 魏永奇：《区块链技术视角下数字版权的法律保护》，载《传播与版权》2022年第8期。
[2] 廖柏寒：《区块链在版权存证上的技术优势与未来应用——基于"版权链＋天平链"协同取证第一案的启示》，载《出版广角》2021年第21期。
[3] 韩天时：《基于区块链技术的数字版权保护应用研究》，合肥工业大学2021年硕士学位论文。

🔍 问题与思考

网络动漫版权过滤机制

在如今的数字时代，网络动漫版权保护是不同于以往传统的版权保护，盗版、侵权现象的频繁发生，使得传统的版权保护形式已不再适应于如今的数字时代。目前，世界各国为了保护网络动漫版权，都在积极探索和建立动漫版权过滤机制，以确保动漫作品的合法权益得到有效保护。

动漫版权过滤机制主要是基于技术层面，主要是指利用技术手段对动漫作品进行保护。例如，内容识别技术，使用视频内容识别技术对上传的动漫视频进行分析和比对，以识别是否存在未经授权的动漫内容。这种技术可以识别动画片段、角色形象等，从而判断是否存在侵权行为。动漫版权过滤机制简要步骤为：首先用户会在平台上传动漫内容，内容可能包含视频、图片、音频等形式的作品。其次平台会使用各种技术，如文中提到的内容识别技术等，对上传的动漫内容进行识别和解析。这些技术可以识别动画片段、角色形象、音频等特征，从而判断是否存在未经授权的侵权内容。最后，当发现侵权内容时平台会采取相应的措施，如删除、屏蔽或禁止上传该内容，以保护版权方的权益。通过上述步骤可以看出，应用版权过滤机制不仅可以有效防止盗版和侵权行为，而且可以促进网络动漫的产业发展。

尽管网络动漫版权过滤机制会带来一定的优势，但一些不可避免的风险仍然存在于这种机制之下。首先，动漫版权过滤机制存在技术不成熟问题，在版权过滤机制中，技术是非常重要的问题，版权过滤技术可能会出现误判或漏判的情况。例如，一些内容可能因为与授权内容相似而被错误地判定为侵权，在侵权认定中，相似性是关键性问题，由于技术限制等问题，极有可能出现符合版权法的作品内容被错误处理，或者侵权内容未被有效识别等现象，从而损害了版权方或用户的权益。其次，动漫版权过滤机制可能会涉及隐私问题，在使用版权过滤技术时，平台会对用户的信息进行收集，这很可能会引发隐私保护的问题。最后，动漫版权过滤机制还存在成本问题，目前，建立版权过滤机制需要非常大的成本投入，其中涉及了技术、人工等成本。这些成本负担对于一些中小型平台来说是非常大的。

综上所述，网络动漫版权过滤机制是否属于必要措施依旧是一个争议性问题。目前"通知-删除"规则仅能达到事后版权保护的目的，针对事前的版权保护仍然存在不足。虽然学术界一直在讨论引入版权过滤机制，但是否适合于中国现阶段的社会发展也是值得我们思考的问题。

第七章　网络游戏版权

本章导读

　　随着数字时代的崛起和智能手机的不断普及，以移动游戏为主的网络游戏产业已经成为了全球娱乐产业的一个巨大组成部分。2014~2021年，我国网络游戏用户规模呈平稳增长势，截至2021年，我国游戏用户规模已经达到6.66亿人，与2014年相比，2021年游戏行业实际销售收入翻倍，达到2965.3亿元。与此同时，我国游戏市场也在逐渐向海外扩张，2021年，我国自主研发游戏海外市场实际销售收入达到180.13亿美元，同比增长16.59%。[1]截至2023年11月，在"北大法宝"司法案例数据库使用"网络游戏""知识产权"为关键词检索，可以检索到相关案例2859件。由此可以看出，网络游戏版权面临着诸多挑战：首先，数字领域的版权侵权问题不断增加，盗版游戏、非法分发游戏内容以及无授权使用游戏画面等行为已经成为严重问题，对网络游戏版权持有者的利益构成威胁；其次，网络游戏直播的崛起，涌现了新的版权挑战，直播平台的发展为玩家提供了更多互动性和趣味性的同时，也引发了有关网络游戏画面版权的争议；最后，网络游戏跨足全球市场，涉及多国法律和法规，网络游戏侵权救济逐渐成为网络游戏版权持有者、游戏玩家和相关学者重点关注的问题。

　　本章主要从网络游戏版权的客体、网络游戏版权的主体以及侵权及救济三个方面论述游戏行业的版权保护状况，帮助读者更好地理解网络游戏版权相关知识。

　　通过本章的学习，读者需要掌握网络游戏版权的客体范围及性质，主体及

---

[1] 中国人民大学国家版权贸易基地编，白连永主编：《中国数字版权保护与发展报告2022》，知识产权出版社2022年版，第130~149页。

权利归属，侵权及救济。同时，在阅读本章后，希望可以激发各位读者对于网络游戏的作品属性、游戏直播画面的可版权性等热点问题的进一步思考。

第一节　网络游戏版权客体

一、网络游戏概述

相信大家对网络游戏并不陌生，随着信息网络时代的到来，以移动游戏为主的网络游戏产业迎来了快速发展。网络游戏是以互联网为传输媒介，以游戏运营商服务器和用户计算机为处理终端，以游戏客户端软件为信息交互窗口的，旨在实现娱乐、休闲、交流的多人在线游戏。[1]

（一）基于客户端的游戏

网络游戏可以根据游戏形式分为基于客户端的游戏和基于浏览器的游戏，现称之为网络游戏的其实大多属于基于客户端的游戏，它是一种需要下载并在本地计算机或游戏机上运行的游戏，其需要玩家先下载游戏客户端，然后通过客户端与游戏服务器进行连接和交互。基于客户端的游戏又可以分为电脑端和手机端，电脑端游戏指使用电脑下载客户端软件，例如"英雄联盟""魔兽世界""剑网三"等，手机端游戏指使用手机下载客户端软件，例如"王者荣耀""原神""和平精英"等，当然，随着技术的逐渐提升和游戏公司业务的逐步扩大，手机端游戏和电脑端游戏也逐渐向着互通的趋势发展。

基于客户端的游戏通常由专业的游戏开发团队创建，以提供更加丰富和复杂的游戏体验。这些游戏通常具有高度的视觉效果、音效和交互性，以及更加高级的游戏机制和故事情节，它们通常需要玩家投入更多的时间和精力来探索游戏世界、完成任务和与其他玩家互动。在游戏开发方面，基于客户端的游戏通常需要更多的资源和技能来创建，开发者需要编写更多的代码和创建更多的模型、图案和音效，以提供更加丰富和复杂的游戏体验。此外，开发者还需要考虑游戏的优化和性能问题，以确保游戏能够在各种计算机和游戏机上流畅运行。因为基于客户端的游戏具有开发难度更大，玩法更加复杂多样等特点，在

---

[1] 识典百科：《网络游戏发展史》，载 https://shidian.baike.com/wikiid/6264102736606724311，最后访问日期：2023 年 11 月 21 日。

我们搜集到的网络游戏著作权纠纷案中,基于客户端的游戏纠纷案所占的比例更大。

基于客户端的游戏是一种非常流行的游戏形式,它提供了更加高级的游戏体验和更加逼真的游戏效果,吸引了众多玩家的关注和参与,同时其也需要更多的资源来进行创建和维护。此外,随着技术的不断进步和游戏市场的不断变化,基于客户端的游戏的未来也将充满变数和机遇。

(二)基于浏览器的游戏

基于浏览器的游戏就是我们常说的"页游",它不用下载客户端,玩家只需打开网页就可以进入游戏,这些游戏通常由 HTML5、JavaScript、CSS(Cascading Style Sheets,层叠样式表)等前端技术编写,利用浏览器提供的图形和交互能力,创造出各种丰富多彩的游戏体验。

在基于浏览器的游戏中,用户体验与传统的客户端游戏相比有着显著的不同。首先,由于游戏运行在浏览器上,因此用户无需进行复杂的安装过程,只需在网页上点击即可开始游戏。其次,基于浏览器的游戏可以跨平台运行,无论用户使用的是电脑、手机还是平板,只要能访问网页,就能进行游戏。从开发者的角度来看,基于浏览器的游戏也具有独特的优势,因为开发者可以利用 HTML5 和 JavaScript 等 Web 技术进行游戏开发,这意味着他们可以同时为多个平台开发游戏,而无需为每个平台单独编写代码。此外,由于浏览器是一个开放的环境,因此开发者可以方便地利用各种第三方服务,以增强游戏的功能和体验。在游戏类型上,基于浏览器的游戏涵盖了各种类型,从简单的文字冒险游戏到复杂的 3D 动作游戏,应有尽有,例如"功夫派""七雄争霸""洛克王国"等,它们充分利用了 Web 技术的优势,让玩家可以在任何时间、任何地点进行游戏。

总的来说,基于浏览器的游戏不仅为玩家提供了方便的游戏体验,也为开发者提供了广阔的开发空间,虽然现阶段在我国网络游戏市场上,基于浏览器的游戏份额占比远不如基于客户端的游戏,但随着技术的不断进步和浏览器环境的不断改善,基于浏览器的游戏仍有发展潜力。

二、网络游戏的作品属性

对于网络游戏作品如何定义,现如今我国著作权法还未明确规定网络游作品所属的作品类型，但毋庸置疑的是网络游戏是可以受到著作权法保护的作品。首先，网络游戏是游戏开发者们投入大量人力、物力和财力所制作的，属于人类的智力成果；其次，网络游戏是由游戏代码、游戏画面、游戏音效等构成，因此其也是文学、艺术或科学领域内的成果；再次，网络游戏可以通过客户端下载，玩家可以随时选择进入游戏，故其自然也是可被客观感知的外在表达；最后，网络游戏体现了开发者独特的思想，具有独创性，符合我国著作权法对于作品的定义。那么关于网络游戏作品的属性以及保护方式，学术界也有诸多讨论。

（一）拆分法保护

在国外对网络游戏的认识中，有一些国家对网络游戏使用拆分法进行保护。例如，巴西、法国、德国、瑞典等国家认识到网络游戏作品内容的复杂性，采取更加务实的方式，并倾向于"分布式类型"（distributive classification）的方式，即根据游戏中的每个创造性元素的特定性分别进行保护。[1]

1. 网络游戏中的视听作品

当玩家开始体验任何一款网络游戏时，首先接触到的便是游戏的视觉效果。因此在网络游戏的各部分中，最引人关注的就是网络游戏画面。游戏画面的精美程度和符合玩家审美的程度，是玩家是否愿意继续体验这款游戏的重要影响因素。

根据我国《著作权法》的规定，视听作品是由一系列有伴音或无伴音的画面组成，借助适当的方式放映或以其他方式传播的作品。[2] 有观点认为，"一系列画面"指的是动态画面，即只有具备运动感的画面才能构成视听作品。例如传统的扫雷游戏、棋牌类游戏或静态小说交互游戏，虽然它们可以展示一系列有或无伴音的画面，但它们本身相对静止，无法产生视觉上的连续效果，因此难以将其认定为视听作品。[3] 对于此，本书作者认为，应该将网络游戏画面

---

[1] See Andy Ramos Gil de la Haza: Video Games: Computer Programs or Creative Works?, at https://www.wipo.int/wipo_magazine/en/2014/04/article_0006.html，最后访问日期：2023年11月21日。

[2] 2020年《著作权法》修改后《著作权法实施条例》也将修订，但截至本书编写完成时（2023年11月23日）还未修订完成，因此是否在"视听作品"中保留其前身"电影作品和以类似摄制电影的方法创作的作品"中"摄制在一定介质之上"的要求也不得而知。

[3] 方月悦：《论游戏连续画面的著作权定性与归属》，华东政法大学2020年硕士学位论文。

看作是一个整体画面,虽然传统的扫雷游戏、棋牌类游戏在玩家没有操作的时候,是静止的画面,但是这种状态并不是持续的,只要游戏玩家开始操作,游戏画面就会呈现出一种动态。可以说,任何一款游戏,只要有用户的操作行为,其画面就不是一成不变的。[1]因此,将网络游戏画面视为视听作品进行保护是合理可行的,与将游戏中每一帧静态画面或图标视作美术作品保护并不冲突。但需要注意的是:在司法实践中,被侵权作品可以同时作为视听作品和美术作品等类别,只不过作为视听作品施以整体保护之后就不再单独对美术作品等内容判决补偿。

2. 网络游戏中的美术和图形作品

网络游戏中的美术作品是指在游戏开发过程中所涉及的视觉艺术创作,这些美术作品包括游戏中的角色设计、场景设定、特效、动画、背景图像等,它们是为了营造游戏世界的视觉风格和氛围而精心设计和制作的,这些作品的质量和精细度对于游戏的成功与否具有重要影响,因为它们直接影响到玩家的游戏体验和情感投入。我国著作权法保护作品中思想的表达而非作品蕴含的思想,显而易见,网络游戏中的美术画面是一种"表达",并且这些美术画面是由游戏公司美术部门工作人员创作的,具有独创性,因此其受到著作权法的保护,构成美术作品。网络游戏中的美术作品比较有争议的地方在于公共领域的认定,在创作过程中所选取的元素都会有相似的地方,认定作品是否构成实质性相似需要认定作品的具体表达方面,并且需要区分作品的独创性表达和公有领域部分。[2]如果作品中的相似元素属于公有领域的元素,则一般不认为是侵权。需要注意的是,在美术作品的认定中比较特殊的是 UI 界面,在实践中有的法院认为可以将 UI 界面作为美术作品整体保护,但也有法院认为 UI 界面的布局设计应当被归为思想范畴。例如在《梦幻西游》诉《仙语》案[3]中,法院认为 UI 界面属于构成要素的选择和编排,无法证明其具有独创性的表达,不能被认定为作品。

另外,近年来将游戏地图认定为图形作品也出现了较多案例。例如在《穿

---

[1] 张余瑞:《网络游戏画面的作品属性及其著作权人》,载《宁波开放大学学报》2021 年第 4 期。
[2] 罗茜雅:《美术作品的实质性相似认定刍议》,载《阜阳职业技术学院学报》2018 年第 4 期。
[3] 参见广州知识产权法院(2017)粤 73 民终 1094 号民事判决书。

越火线》诉《全民枪战》案[1]中,法院对FPS游戏场景地图的核心表达进行了审查,认为地图的关键表达在于其空间布局结构,包括由点、线、面以及各种几何图形组成的结构,而非仅仅是最终呈现的美术效果,因此,法院将这些地图界定为图形作品。有学者认为,将游戏地图视为图形作品更侧重于玩家的实际感知,这也意味着更容易鉴别抄袭情况,并遏制所谓的换皮行为。[2]

【典型案例】

《全民魔兽:决战德拉诺》与《魔兽世界》美术作品侵权案[3]

时间:2015年

原告:暴雪娱乐有限公司(以下简称暴雪公司)、上海网之易网络科技发展有限公司(以下简称网之易公司)

被告:北京分播时代网络科技有限公司(以下简称分播公司)、广州市动景计算机科技有限公司(以下简称动景公司)成都七游科技有限公司(以下简称七游公司)

原告主张:《魔兽世界》系列游戏是由暴雪公司制作的一款网络游戏,属于大型多人在线角色扮演游戏,游戏以该公司出品的战略游戏《魔兽争霸》的剧情为历史背景,依托魔兽争霸的历史事件和英雄人物,有着完整的历史背景时间线。该游戏著作权人暴雪公司授权网之易公司《魔兽世界》在中国的独家运营权,在该游戏上线后,暴雪公司和网之易公司发现由七游公司开发、分播公司独家运营、动景公司提供下载的游戏《全民魔兽》(原名《酋长萨尔》)抄袭了《魔兽世界》的故事背景、18个英雄形象以及7个怪兽形象,侵害了原告美术作品的著作权,要求三被告方承担侵权责任。

法院认为:根据本案发生时期的《中华人民共和国著作权法实施条例》(以下简称条例)第2条,作品是指文学、艺术和科学领域内具有独创性并能以某种有形形式复制的智力成果。本案中,暴雪公司、网之易公司主

---

[1] 参见广东省高级人民法院(2020)粤民终763号民事判决书。
[2] 《法院眼中的游戏「抄袭」究竟是什么样的?》,载 https://baijiahao.baidu.com/s?id=1746623664491451267&wfr=spider&for=pc,最后访问日期:2024年1月13日。
[3] 参见广东省高级人民法院(2016)粤民终1719号民事判决书。

张《魔兽世界：德拉诺之王》游戏中的18个英雄形象、7个怪兽形象、20个装备图案以及5个副本地图构成美术作品。首先，关于独创性。暴雪公司、网之易公司提交的大量图书出版物、第三方网站和暴雪公司、网之易公司中文官网中关于《魔兽世界》以及涉案人物的介绍以及暴雪公司、网之易公司庭审中关于涉案人物形象创作过程的陈述等内容相互印证，足以证明《魔兽世界》系列游戏具有独特和完整的故事背景，涉案人物形象是根据魔兽世界的故事而创作。由于魔兽世界故事对相关人物描述非常具体，不少形象特征体现了该人物的种族、身份、独特的际遇甚至所使用的武器的来源，故涉案人物形象具有较高的独创性，比如萨尔这个人物，萨尔有突出的獠牙，身穿萨满服饰，武器上有霜狼的图案。涉案装备图案和副本地图同样基于魔兽世界基本故事情节创作，在对方未能提交相反证明的情况下，法院确认其满足作品的最低独创性要求。其次，关于可复制性。《魔兽世界：德拉诺之王》游戏也是一款计算机软件作品，暴雪公司、网之易公司所主张的人物形象、装备图案和地图，实质是体现在该软件作品用户界面中的人物形象、装备图案和地图。对于计算机软件作品用户界面能否复制，已经无需论述，且当事人也无异议，故涉案人物形象、装备图案和副本地图满足可复制性要件。最后，涉案人物形象、装备图案及副本地图，均是以线条、色彩构成，并具有一定的审美意义，故构成美术作品。

3. 网络游戏中的音乐作品

网络游戏中的音乐对网络游戏来说也极为重要，尤其是需要玩家根据节奏与屏幕显示用键盘、控制器等进行回应的音乐类游戏。例如以其优美的音乐、精美的画面和富有情感的故事而受到玩家好评的游戏《Deemo（古树旋律）》，该游戏收录了各种风格和类型的音乐，包括古典、钢琴、摇滚、电子音乐等，这些音乐曲目不仅使游戏变得富有挑战性，也提供了优美动听的音乐体验。

4. 网络游戏中的文字作品

网络游戏中的文字包含人物故事、背景故事等，但并不是所有的文字都是著作权法意义上作品。首先，对于少数词语构成的游戏商品、角色名称，这些文字一般不具有著作权所要求的独创性，也就难以被认定为文字作品，因而不受到著作权法的保护。[1]例如游戏名称"羊了个羊"和"兔了个兔",因为游戏名称不能被认定为文字作品,因此其难以受到著作权法的保护,但笔者认为,这并不意味着这类少数词语构成的文字就不能受到法律保护,在实践中也许可以从反不正当竞争法的角度进行保护。其次,对于较长、较完整的网络游戏背景故事,例如由大宇资讯制作的《仙剑奇侠传》,其游戏的剧情曲折复杂、引人入胜,构建了一个独特、完整的仙侠世界观,自然拥有独创性,应该受到著作权法的保护。如果其他游戏未经授权就使用该游戏的剧情,就会构成侵权。

【理论探讨】

网络游戏规则的可版权性

网络游戏规则,也被称作网络游戏玩法,代表游戏设计者所构建的一系列指导游戏玩家在游戏过程中进行操作所必须遵循的规定。这些规则是通过程序代码等方式确定的,玩家按照规则设定的程序进行游戏操作,以达到"玩游戏"的目标,并从中获得游戏带来的乐趣。因此,网络游戏规则可视作网络游戏的核心要素,为游戏的基本运行和玩家互动提供了指引和限制。

案例引入:《炉石传说》案[2]

时间:2014 年

原告:暴雪娱乐有限公司(以下简称暴雪公司)、上海网之易网络科技发展有限公司(以下简称网之易公司)

被告:上海游易网络科技有限公司(以下简称游易公司)

原告主张:暴雪公司是全球最具影响力的娱乐游戏软件开发商和出版商。自 1994 年成立以来已推出多款畅销游戏软件,包括但不限于《魔兽世界》系列游戏。暴雪公司于 2013 年 3 月在美国游戏展上首次公布其最新开发的一款电子卡牌游戏《炉石传说:魔兽英雄传》(以下简称《炉石

---

[1] 李一帆:《网络游戏著作权保护的局限与思考》,载《河南科技》2020 年第 18 期。
[2] 参见上海市第一中级人民法院(2014)沪一中民五(知)初字第 22 号民事判决书。

传说》),后网之易公司经暴雪公司授权将《炉石传说》引入中国市场并于向中国公众开放测试。该款游戏在测试中出现了一号难求的情况,且经国内外媒体广泛报道,获得了极高的知名度。两原告发现,被告游易公司于2013年10月向公众展示了一款名为《卧龙传说:三国名将传》(以下简称《卧龙传说》)的网络游戏,该游戏全面抄袭和使用了与原告暴雪公司知名商品《炉石传说》特有游戏界面极其近似的装潢设计及其他游戏元素(包括但不限于《炉石传说》核心元素,即游戏规则)。两原告还发现被告在其公司网站上发表题为《惊现中国版〈炉石传说〉,是暴雪太慢?还是中国公司太快?》(以下简称《惊现中国版〈炉石传说〉》)的文章称《卧龙传说》是中国版的《炉石传说》,并称《卧龙传说》几乎完美的换皮复制了《炉石传说》。此外,被告已于2013年11月正式向公众开放《卧龙传说》游戏测试,并在其公司网站上公告已对外发放了30,000个游戏测试账号激活码。两原告认为,被告的上述行为已分别构成了反不正当竞争法所禁止的不正当竞争行为和著作权法所禁止的侵害著作权的行为,依法应当承担相应的民事责任。

被告主张:游戏规则无法落入知识产权保护范围,并且两款游戏平台不同,《卧龙传说》系在被告平台上独立开发的体现自身平衡性和竞技性的一款游戏,不存在抄袭。

法院认为:被告辩称游戏规则不属于著作权保护范畴,《炉石传说》游戏规则没有独创性,仅是抽象的思想,没有具体的表达形式。然而,游戏规则尚不能获得著作权法的保护,并不表示这种智力创作成果法律不应给予保护。游戏的开发和设计要满足娱乐性并获得市场竞争的优势,其实现方式并不是众所周知的事实,而是需要极大创造性的劳动。同时,现代的大型网络游戏,通常需要投入大量的人力、物力、财力进行研发,如果将游戏规则作为抽象思想一概不予保护,将不利于激励创新,为游戏产业营造公平合理的竞争环境。故对被告的辩称不予采纳。

虽然上海市第一中级人民法院运用反不正当竞争法对网络游戏规则进行保护,这对鼓励创新、促进网络游戏发展产生了积极影响。但是在游戏行业内,仍有一些游戏开发者认为网络游戏规则并未受到法律的保护,从而导致一些游戏开发者在游戏规则方面不受约束地进行模仿,造成了大量

"换皮游戏"盛行,如《我的世界》和《剑与远征》的维权事件。这种现象不仅损害了游戏市场的公平竞争和创新,还可能导致真正拥有原创游戏内容的公司为了进行维权而花费大量财力,最终可能面临破产等不良后果。

笔者认为:从著作权法保护的范围来看,并不是所有的游戏规则都应该受到著作权法的保护。根据美国汉德法官提出的抽象概括法,结合游戏制作的要求和特殊性,可以将游戏规则大致分为基础规则、具体规则和隐性规则。[1]

游戏的基础规则决定了游戏的基本玩法,例如MOBA(多人在线战术竞技游戏)的基础规则就是摧毁敌方基地或达到特定条件,如杀敌数、占领地点等;射击游戏的基本规则就是使用各种武器或工具来击败敌人;通关类游戏的基本规则就是通过关卡。基础规则更倾向于一种思想框架或设计理念,而不是具体表现形式。因此,它们被视为属于思想范畴,而不是著作权法所保护的对象。

隐性规则是玩家基于个人游戏经验所总结出的游戏规则。这些规则并未被游戏开发者明确说明,而是由玩家在游戏过程中逐渐认知和理解的。隐性规则可以被视作游戏社区中的共享知识,源自广泛的玩家经验和共同认知,因此可以说是公共智慧的产物。例如,在《英雄联盟》游戏中,每个玩家开始游戏时都需要选择一个英雄,并在游戏地图上的不同位置展开游戏。在这个过程中,玩家可以根据自己的游戏经验、策略或队友的选择来决定他们的战术和战斗位置。有些玩家可能更偏向于在上路单挑对手,有些可能更倾向于在中路进行支援或团战,这取决于玩家自身的游戏偏好和战术策略。隐性规则不是游戏设计者或开发者在游戏设计阶段就预先设定好的规则,而是玩家通过长时间的游戏实践和经验积累所总结出的适合个人的玩法和习惯。因此,这些隐性规则是玩家共同智慧的结晶,属于公共智慧,不受著作权法的保护。

根据上文分析,基础规则和隐性规则在游戏中并不受著作权法的保护,但具体规则是在基础规则之上更加详细地指导玩家如何进行游戏操作。这些具体规则不仅增强了玩家之间的互动性,还展现了严密的逻辑、复杂的

---

[1] 韩其峰、郝博文:《网络游戏规则的〈著作权法〉保护可行性探析》,载《天津法学》2021年第3期。

设计以及准确的数字运算。它们在表达方式上很独特，需要结合文字、音乐、美术等元素，通过游戏运行中的动态画面呈现出来。以电子竞技游戏《英雄联盟》为例，游戏的具体规则主要体现在英雄角色的技能设定上。比如，某个英雄的 Q 技能可造成 100 点伤害，W 技能具有减速效果，E 技能提供护盾，而 R 技能则是英雄的大招，造成范围性伤害或提供强力增益效果。这些技能的设定和效果是游戏中玩家在实战中需要了解和利用的重要规则之一。这些具体规则是最初由游戏设计者设定好的，它们结合文字、音乐、美术等元素在游戏运行中得以呈现，从而塑造出独特的表现形式。因此，这些具备独创性的具体规则符合著作权法的保护标准，能够成为受著作权法保护的对象。

【理论探讨】

游戏特效是否应当受到著作权法保护

网络游戏特效的制作集合了计算机科学、设计艺术等各个领域的知识与技术，是人类智力的一种应用和成果。但是随着科学技术的不断发展，人工智能从文字作品逐渐发展到了美术作品、音乐作品等领域，很多游戏特效也逐渐的由人工设计转向 AI 制作。根据著作权法的规定，由人工智能创作出的网络游戏特效不属于人类智力成果，当然不是作品，无法受到著作权法的保护。虽然由 AI 创作出的网络游戏特效不可以受到著作权法的保护，但是网络游戏开发者在游戏创作过程中使用 AI 创作出游戏特效，再将游戏特效与其他美术作品组合成的体现作者独特思想的游戏整体画面则可以构成作品，即用人工智能作为工具，进行了独创性的创作，那么这个创作物（此处指网络游戏整体画面）是属于作品的。

网络游戏特效具有可固定、可复制的完整表达形式。抽象的创作理念通过依靠一定的有形表达以固定和体现，方能凝结为客观世界中的具体作品，若仅处于思想形态，不具有表达形式，则无法获得著作权法保护。可复制性也同样是作品获取著作权保护的基本要件，否则便不具有保护的必要性与可行性。在历史进程中，技术的进步将不断为网络游戏特效带来新的创作方法，但无论技术如何革新，网络游戏特效都可以通过网络游戏画面以有形的形式固定和表现出来，因此，网络游戏特效能够满足著作权法中规定的能以一定形式表现的标准。

而网络游戏特效是否能够满足"智力创造"的要求，即具有独创性，还存在争议。各国对于"独创性"标准的构成要求有所差别，但基本可总结为以下几个方面：从抽象的角度理解，作品应体现作者人格，反映作者的意志、思想、情感；从经验的角度来看，作品应由作者独立创作完成，是进行智力劳动的过程的体现；在创作高度方面，一般要求作品具有"最基本创造性"或是"一定程度的创造性"。关于网络游戏特效的独创性主要存在两种反对观点：其一是"无思想性"；其二是"时间过短不能体现一定程度的创造性"。在游戏诞生初期，游戏特效设计技术水平较低，视觉较为单一，不能体现作者独特的思想，但随着技术和产业发展，一些网络游戏特效的设计已经达到非常复杂精巧的水准，凝聚了大量创意与智力劳动，其独创性并不低于传统著作权作品，因此，在特效技术较为成熟的今天，游戏特效有无思想性的问题需要开展新的讨论。还有学者认为，游戏特效仅为几秒，不构成作品，依据司法实践，涉及视听作品的侵权问题并非取决于侵权画面的时长，而在于是否使用了他人作品中独具创意的画面。但这种判断通常适用于视听作品中"截取部分帧节使用是否构成侵权"的情况，目前法律并未明确就游戏特效等仅具有少量帧数的画面作出相关解释。实际上，游戏公司在开发、设计游戏时，一般习惯把"游戏特效"作为"游戏图形界面"的一部分来看待，并未将其视为美术库的一部分。[1]这样看来，网络游戏特效似乎更适合使用《反不正当竞争法》中的"知名商品、服务的特有装潢"来进行保护。

本书作者认为，在司法实践中，将网络游戏整体画面认定为视听作品保护，比分别将每一种特效分别认定为视听作品或美术作品保护更具有效率性和合理性，但关于游戏特效的著作权保护问题，仍值得我们大家进一步的思考与探讨。

---

[1] 孙磊、曹丽萍：《网络游戏知识产权司法保护》，中国法制出版社2017年版，第206~207页。

（二）整体法保护

1. 将网络游戏看作视听作品保护

根据我国《著作权法》的规定，可以看出"视听作品"有以下几个构成要件：由一系列有伴音或无伴音的画面组成；借助适当的方式放映或以其他方式传播[1]。与前文拆分法中的视听作品不同，前者讨论的仅仅是将网络游戏的运行画面等作为视听作品保护，而此处是指将游戏运行画面、游戏内部代码等元素构成的网络游戏整体作为视听作品保护。有学者认为，尽管游戏代码、文字等内容不符合视听作品的定义，但是当网络游戏开始运行时，其中包含的美术、音乐、文字等元素会有序地配合运行，游戏中的指令代码根据玩家的操作，以成千上万种不同的方式组合，最终还是以动态游戏画面的形式呈现。[2]因此，可以将网络游戏暂时归类为"视听作品"进行保护，其著作权属于游戏开发者。

2. 将网络游戏看作汇编作品保护[3]

也有学者认为，仅仅因为游戏画面在形式和效果上与视听作品相似，就根据其外在形式将网络游戏视为视听作品予以保护，是一种"唯客体论"的思考方式。这种观点不仅简单地将玩家视为逻辑论证的工具，也在权利归属和利益分配方面无法满足现实需求。

《著作权法》中关于汇编作品的定义如下："汇编若干作品、作品的片段或者不构成作品的数据或者其他材料，对其内容的选择或者编排体现独创性的作品，为汇编作品。"网络游戏是一种复杂的作品，融合了多种艺术形式和技术媒介，游戏制作者会将图片、音乐等作品、作品片段以及不构成作品的数据等内容按照能够体现作者独特思想的方式汇编在一起。例如在"刷题"过关的游戏中，将题面和结算语的文字内容、题目的 UI 设计和美术素材、题目整体的位置顺序进行汇编。因此，将网络游戏视为汇编作品，游戏制作者视为汇编者，既能够简化权利归属，也方便使用者获取作品使用许可。这种做法

---

[1] 2020 年《著作权法》修改后《著作权法实施条例》也将修订，但截至 2023 年 10 月还未修订完成，因此是否在"视听作品"中保留其前身"电影作品和以类似摄制电影的方法创作的作品"中"设置在一定介质之上"的要求也不得而知。

[2] 魏佳敏：《网络游戏的作品属性及其权利归附》，载《知与行》2019 年第 2 期。

[3] 聂长建、杨祎朋：《玩家与算法权力：游戏作品属性的再界定》，载《北京邮电大学学报（社会科学版）》2022 年第 6 期。

既不会陷入"唯客体论"的片面思考误区,也不会违背法律对创作主体独创性的要求。

3. 将网络游戏看作计算机软件作品保护[1]

还有学者认为,网络游戏的构成部分包括引擎、元素和画面。引擎是指代码化的指令序列程序,负责识别并控制元素的结合,是连接玩家与游戏之间的关键。而元素则涵盖了情节、数据、场景、角色以及道具等各种文字、图像、音乐和美术等内容。从构成要素来看,引擎和元素都是开发者的智力成果,是游戏运行的基础,它们都是以计算机程序形式表现的,包括源代码和目标代码在内的表达一个或多个功能的程序、设计、说明等,属于计算机软件作品。而游戏画面则包含了游戏故事、角色、背景音乐、美术图画等各种元素,是作者独创性的智力成果,同时也是游戏运行的结果,是游戏不可或缺的一部分。从运行过程来看,游戏所展现的动态画面也具有作品性质。但在进行作品属性的分类时,不应将局部的作品性评价取代或割裂整体的作品性评价。引擎和元素是实现和承载游戏画面的工具,因此游戏画面也应受到计算机软件作品的保护。

【理论探讨】

网络游戏直播画面是否属于作品?

案例引入:上海耀宇诉广州斗鱼游戏直播侵权案[2]
时间:2015 年
原告:上海耀宇文化传媒有限公司(下称耀宇公司)
被告:广州斗鱼网络科技有限公司(下称斗鱼公司)

美国维尔福公司(Valve Corporation)开发了一款风靡全球的游戏 DOTA2(刀塔 2)并将国内代理运营的权利授予完美世界(北京)网络技术有限公司。2014 年,游戏代理运营商与原告耀宇公司签订协议,将 DOTA2 亚洲邀请赛的中国大陆地区独家视频转播权授予原告。

---

[1] 毛乐乐、贾小龙:《网络游戏画面的作品属性及其保护》,载《华北理工大学学报(社会科学版)》2020 年第 2 期。
[2] 参见上海市浦东新区人民法院(2015)浦民三(知)初字第 191 号民事判决书。

原告主张：原告耀宇公司是DOTA2亚洲邀请赛的独家授权直播平台，被告斗鱼公司未经授权，在斗鱼直播平台中全程同步盗播该赛事，侵犯其著作权。并且被告还散播虚假消息，严重侵犯了原告的利益，要求被告立即停止侵权行为、赔偿损失并赔礼道歉。

被告主张：目前国内的游戏直播网站大部分都采取通过客户端截取比赛画面然后将画面转给观看玩家，并配上自己平台的解说和配乐从而进行直播，游戏厂商对此亦未提过异议，本案所涉游戏客户端并无任何禁止截取画面转播的提示，根据"法无禁止即可为"的民法原则，被告通过客户端截取部分比赛画面，再配上自己独创性的评论在网上从特定观战者角度对涉案赛事进行直播，本质上是对涉案赛事进行报道，该行为没有超出游戏客户端旁观者的合理使用范围。

法院认为：比赛画面不属于著作权法规定的作品，视频转播权也不属于法定的著作权权利，因此原告关于被告侵害其著作权的主张不能成立。但法院强调，被告明知原告享有涉案赛事的独家视频转播权，还在未取得任何授权的情况下向其用户提供赛事转播，免费坐享原告公司组织运营赛事所产生的商业成果，夺取原本属于原告的观众数量，造成原告公司网站严重分流，影响其广告收益能力，损害其商业机会和竞争优势，弱化其网络直播平台的增值力，违反了反不正当竞争法中的诚实信用原则，违背了公认的商业道德，破坏了市场秩序。

本案系全国首例网络游戏赛事直播纠纷案。法院判决时参照的是反不正当竞争法，而不是利用著作权法对网络游戏直播画面进行保护，是判定网络游戏直播画面不属于作品的典型案例。但在学术界以及其他案例判决中，网络游戏直播画面是否属于作品的问题仍在被讨论。

网络游戏直播画面是指通过网络平台实时展示玩家在进行游戏时的视听内容，包括游戏画面、玩家的操作过程以及可能的解说、互动和其他附加元素。这种直播内容可以是单幅或连续的视频流，旨在吸引观众与玩家互动，分享游戏经验、技巧，或提供娱乐性的内容。

根据直播行为使用游戏画面的方式，可将网络游戏直播分为三种主要类型：一种是直播只展示原始游戏画面；另一种在游戏画面上添加简单元素但主要内容仍是游戏画面；最后一种是由游戏开发商、授权运营商或专业直播团队通过专业平台进行的直播,这种类型的关系较为复杂,但无论哪种情况,网络游戏直播画面都基于游戏的运行画面。而从著作权法的角度来看,关于网络游戏直播画面是否属于作品存在一定的争议。为了更清楚地解决这个问题,可以将网络游戏直播画面分为非创作性直播形成的画面和创作性直播形成的画面,并根据这两种形式来进行分析讨论。

非创作性直播画面是指在网络游戏直播过程中,直播内容与原始游戏画面高度相似或完全相同的情况。这种直播没有在原始游戏画面的基础上添加创新或独特的内容,仅仅是对游戏画面的复制或简单传播。非创作性直播并未对原始游戏画面进行重要变更或创作性增补,而是基本上在传播游戏的原始外观和内容。其目的是实时展示游戏过程,并与观众分享游戏体验,而非提供新颖或独特的创作元素。由于非创作性直播画面的本质是基于已存在的游戏画面的复制或简单传播,通常不具备创作性的创新要素,因此被认为不符合作品的定义,通常不被认为是作品,而更像是一种利用已存在的网络游戏画面进行传播的行为。如果网络游戏原始画面被视为著作权法意义上的作品,非创作性直播行为必须依据著作权法的规定,获得网络游戏画面著作权持有人的许可才能进行直播。如果未遵守这些规定,则直播行为实际上是对他人作品的非法使用,导致直播的画面构成侵权。然而在个人学习、研究或欣赏已发表的网络游戏画面作品等著作权法规定的限制和例外情况下,可能会免除侵权责任。需要注意的是:如果游戏画面只是对竞技结果或客观事实的唯一表达,并不能构成作品。那么进行非创作性直播的行为可能无需取得版权授权。当然,实践中是否会引发涉及著作权法以外的其他法律调整或权益争议则需要司法机关进行讨论和判断。

创作性直播画面是指在网络游戏直播过程中,直播者对原始游戏画面进行了创新性的加工,形成了新颖、独特的网络游戏直播画面,这种形式的直播画面通常展现了主播或创作者的独特视角和创造力,可能包括但不限于对游戏内容的重新演绎、创新的解说或解读、艺术性的呈现、特殊效果的应用等。例如网络游戏的赛事直播,它不仅是单纯地呈现游戏比赛,更是将游戏画面进行创新加工和专业解说,从而呈现出一种独特的节目形式。创作性网络游戏直播行为的两种可能性:第一种是演绎行为,即主播对原有的网络游戏画面作品进行改编、翻译或重新诠释，形成演绎性的直播画面作品。第二种是非演绎行为，主播通过信息网络将游戏画面原封不动地传播给公众，但在传播过程中通过直播手法或其他元素的运用增添了新的创作内容，形成了复合型的直播画面作品（也可称为直播节目）。[1] 无论是演绎的直播画面作品还是复合型的新直播画面作品，只需其呈现出独创性的特征，就会被认为符合著作权法的保护标准，但形成合格作品的前提条件是没有侵犯前文所述的网络游戏著作权人的版权。需要注意的是，如果基于并非被认定为作品的网络游戏画面进行全新的创作，形成了原创的网络游戏直播画面作品，由于这种创作性直播所依据的网络游戏画面可能不属于作品范畴，因此在创作时不需要考虑"授权——使用"的著作权法基本规则。

第二节　网络游戏作品版权主体

一、网络游戏开发者

一款网络游戏的诞生，往往需要游戏开发者们投入大量人力、物力和财力，包含了游戏规则的制定、游戏源代码的编写、游戏画面的绘制和背景故事的撰写等一系列创作。

网络游戏开发者通常是以团体或者企业的模式制作各种类型的游戏，包括动作游戏、角色扮演游戏、射击游戏、战略游戏、体育游戏、模拟器游戏等，以满足不同类型的玩家，达到大量盈利的目的。他们专注于游戏的开发、发布和维护，其包括大型跨国游戏公司、中小型独立游戏工作室、出版商等。这些团体和企业通常拥有各种专业技能的员工，包括程序员、美术设计师、音频工程师、游戏设计师、制片人、测试人员和项目经理，他们合作开发游戏，各自负责不同的方面。

根据我国《著作权法》第18条第1款的规定，自然人为完成法人或者非法

---

[1] 丛立先：《网络游戏直播画面的可版权性与版权归属》，载《法学杂志》2020年第16期。

人组织的工作任务所创作的作品是职务作品。首先,一个自然人几乎不可能独立完成一个完整的网络游戏作品,因此,无论是网络游戏创作者团队中的正式工作人员、实习生还是临时工作人员,都符合"法人或者非法人组织的工作人员"这一特点;其次,他们所创作的作品是为了完成一款网络游戏,即"因履行职务的需要创作,也即为了完成单位的工作任务而产生。"[1]例如,网络游戏开发者团队中的美术设计师在工作中的职责是为开发中的游戏设计人物形象或地图画面,该设计师为了履行这一职责所设计了一系列美术作品。因此,网络游戏开发者团队中的成员创作出的美术作品、软件作品、文字作品等,都属于职务作品。

  根据我国《著作权法》第 18 条第 2 款规定了一系列特殊职务作品:主要是利用法人或者非法人组织的物质技术条件创作,并由法人或者非法人组织承担责任的工程设计图、产品设计图、地图、示意图、计算机软件等职务作品。例如,在网络游戏的开发过程中,网络游戏引擎(Game Engine)是网络游戏中的核心部分,它是一种软件框架或开发工具,用于创建和开发电子游戏,它提供了许多功能和工具,以帮助游戏开发者设计、构建和部署游戏,包括负责渲染游戏中的图形,包括 3D 建模、动画、特效等的图形引擎;处理游戏中的物理模拟,如碰撞检测、重力、运动等的物理引擎;处理游戏中的音效和音乐的音频引擎;用于多人游戏中的网络通信,包括客户端—服务器架构、点对点连接等的网络引擎。它具有加速开发、节省成本等优点,一些知名的网络游戏引擎包括 Unity、Unreal Engine、Lumberyard、Godot 等,开发者可以根据项目需求选择适合的引擎来创建各种类型的游戏。目前,国内多家网络游戏公司需要花巨资从国外进口网络游戏引擎,有时还需要聘请国外专家进行指导,因此,网络游戏引擎是属于游戏公司为员工完成创作专门提供的资金、设备、资料等方面的支持。当网络游戏开发者团队中的成员在创作时使用到诸如网络游戏引擎等的单位物质技术条件,他们所创作的作品就符合我国《著作权法》第 18 条第 2 款规定的特殊职务作品。对于这些特殊职务作品,署名权归作者享有,而除署名权之外的著作权的其他权利由法人或者非法人组织享有,法人或者非法人组织可以给予作者奖励。

  综合上述分析,我们可以认为,当网络游戏创作者团队中的工作人员为了

---

[1] 王迁:《著作权法(第二版)》,中国人民大学出版社 2023 年版,第 580 页。

完成工作任务创作的作品（例如网络游戏中的人物形象、背景故事等）没有使用到如游戏引擎等的单位物质技术条件，那么所创作出的作品应当属于一般职务作品，其著作权归属于工作人员个人所有，网络游戏创作者团队这一法人组织只是享有优先使用权；若工作人员使用到了如游戏引擎等的单位物质技术条件，那么其创作出来的部分应当属于特殊职务作品，著作权归属于网络游戏的开发团体这一法人或非法人组织，创作出网络游戏各个部分的作者享有署名权。当然，若网络游戏的美术作品、背景音乐等元素是权利人非完成单位任务独立创作完成的，那么其基于创作行为享受完整的著作权。

二、游戏玩家

判断网络游戏玩家是否属于著作权人，就要判断其是否创作出符合著作权法规定的作品。我国《著作权法》第3条规定，"本法所称的作品，是指文学、艺术和科学领域内具有独创性并能以一定形式表现的智力成果"，同时，在《著作权法》的兜底条款中，将作品类型拓展到"符合作品特征的其他智力成果"。在网络游戏玩家的操作中，是否产生"具有独创性的表达"是判断游戏玩家是否创作出新作品的重要因素。然而，在众多类型的网络游戏面前，玩家是否属于著作权人的问题不能一概而论，我们需要对其进行分类论证，按照网络游戏是否具有独创性空间，其可分为创作类游戏、竞技类游戏和其他类游戏。[1]

在创作类游戏中，玩家得以根据个人的创意和设想设计并发展游戏，游戏本身充当了玩家的创作平台。在这些游戏中，玩家可以使用游戏提供的元素或自行导入素材，自由创作游戏内容，且其在游戏内并不受限于严格的规则框架。这种游戏赋予玩家极高的自由度，让他们将游戏视作自己发挥创意的工具。典型的代表有"我的世界""模拟人生""饥荒"等沙盒类游戏。在创作类游戏中，游戏开发商通常在用户协议中明确承认游戏画面是玩家创作的产物，规定著作权归个人玩家独立或与游戏开发商共有。这种情况类似于玩具积木的概念，游戏开发商提供了创作所需的游戏素材，而玩家则可以自由组合这些素材，形成属于自己的作品，并享有著作权。因此，创作类游戏的玩家是可以属于著作权人的。

竞技类游戏是以竞技、竞赛和对抗性游戏性为主要特征的游戏类型，玩家

---

[1] 王晓倩：《新著作权法视域下网络游戏直播行为的定性与著作权归属》，载《传播与版权》2023年第3期。

通常通过竞争来达到游戏的目标,例如"英雄联盟""王者荣耀"等多人在线战术竞技游戏(MOBA)、"守望先锋""CS:GO"等射击游戏(FPS),"魔兽世界"等扮演类游戏(RPG)。[1]在竞技类游戏中,游戏玩家通常是根据游戏开发者预设的规则进行游戏操作,而无法在游戏中创作出全新的游戏元素或场景,因此,单纯的游戏操作过程和展示,可能无法达到著作权法所要求的"独创性"标准,故竞技类游戏玩家通常不被认为是著作权人。但是随着科技发展和新游戏的不断问世,尽管竞技类游戏为玩家提供了有限的自由度,但游戏的互动性和情节愈加复杂,这为玩家提供了更大的发挥空间。[2]因此在实践中,竞技类游戏玩家是否属于著作权人需要司法机关根据实际情况进行判断。

第三节 网络游戏中的其他主体

一、游戏分发平台

游戏分发平台是指为游戏开发者和运营商提供服务的网络平台,让用户能够下载游戏应用程序的网络服务商。这些平台可以是专门提供网络游戏分发服务的平台,也可以是综合性的平台,涵盖了多种应用软件的分发,例如安卓市场、苹果App Store、腾讯应用宝、360手机助手等,其主要功能是连接游戏开发者与用户,推广游戏并促进用户下载和使用游戏,对于游戏产业具有重要意义。对网络游戏分发平台的性质有以下两种理解:

(一)信息存储空间[3]

根据《信息网络传播权保护条例》,信息存储空间是指提供信息存储的网络空间。虽然该条例未对信息存储空间给出明确的定义,但从条文中可以推断其含义,关键在于强调"存储",即这些服务商通常是相对被动地提供信息存储,并且不会主动干预平台上的作品,他们一般按照上传者的意愿向其他网络

---

[1]《MOBA、FPS等简称到底是什么意思,游戏类型还有哪些呢?》,载https://www.zhihu.com/question/278411460,最后访问日期:2024年1月10日。
[2] 邱国侠、曾成敏:《网络游戏直播著作权问题研究——以游戏整体画面性质与权利归属为对象》,载《河南工业大学学报(社会科学版)》2022年第1期。
[3] 孙磊、曹丽萍:《网络游戏知识产权司法保护》,中国法制出版社2017年版。

用户提供信息。该条例对信息存储空间服务商规定了一系列免责条件[1]，如果这些服务商未满足法定的免责条件，可能会失去在法律上的免责权利。

网络游戏分发平台向用户提供网络游戏，若将网络游戏视为广义上的信息，网络游戏分发平台当然也可被认为是提供网络游戏的"信息存储空间"，但网络游戏平台和《信息网络传播权保护条例》中的信息存储空间在以下几个方面存在区别：首先，网络游戏平台通常具有较强的主动性。它们为了推广受欢迎的游戏产品和增加收入，会对上传的游戏进行审查，这包括审查游戏中是否存在禁止传播的内容、技术要求（如游戏程序是否符合平台标准）以及初步的用户体验等。相反，《信息网络传播权保护条例》所规定的信息存储空间服务商通常是相对被动的，不会主动干预其平台上的作品，主要按上传者的意愿提供信息给其他网络用户。其次，审查的对象范围不同，信息存储空间在《信息网络传播权保护条例》中所涉及的对象范围主要限于特定类型的作品表演、录音录像制品等。而网络游戏平台提供的内容范围可能更广泛，其不仅包括了游戏本身，还可能涉及游戏的音视频、图形、文本等多种形式的信息。

（二）电子商务平台

电子商务平台是指通过信息网络（如互联网）公开传播商品或服务的交易信息，并为用户进行交易活动提供支持和服务的在线平台，这些平台通常提供交易的基础设施，包括但不限于展示商品或服务、促进交易、支付处理和交付物流等功能。典型的电子商务平台有淘宝、亚马逊、京东等，它们为买家和卖家之间的交易提供了便利的虚拟市场环境。

网络游戏分发平台具有电子商务平台的性质和特点，网络游戏分发平台主要

---

[1]《信息网络传播条例》第14条："对提供信息存储空间或者提供搜索、链接服务的网络服务提供者，权利人认为其服务所涉及的作品、表演、录音录像制品，侵犯自己的信息网络传播权或者被删除、改变了自己的权利管理电子信息的，可以向该网络服务提供者提交书面通知，要求网络服务提供者删除该作品、表演、录音录像制品，或者断开与该作品、表演、录音录像制品的链接。"第22条："网络服务提供者为服务对象提供信息存储空间，供服务对象通过信息网络向公众提供作品、表演、录音录像制品，并具备下列条件的，不承担赔偿责任：（一）明确标示该信息存储空间为服务对象所提供，并公开网络服务提供者的名称、联系人、网络地址；（二）未改变服务对象所提供的作品、表演、录音录像制品；（三）不知道也没有合理的理由应当知道服务对象提供的作品、表演、录音录像制品侵权；（四）未从服务对象提供作品、表演、录音录像制品中直接获得经济利益；（五）在接到权利人的通知书后，根据本条例规定删除权利人认为侵权的作品、表演、录音录像制品。"

为网络游戏的推广、下载、安装和支付提供服务。与传统的自营型电子商务平台不同，网络游戏分发平台不提供第三方店铺开设服务，也不从第三方购买产品再转售，但其在为用户提供游戏及相关服务的模式上，与传统电子商务平台存在相似之处。网络游戏分发平台通常与游戏开发商、运营商合作经营，共同推广游戏并在游戏销售中分享收益。其服务包括游戏的宣传推广和提供支付通道，将玩家的付费通道直接与平台连接，并根据计费程序记录的情况对相关方进行收益分成。

笔者认为，将游戏分发平台归类于电子商务平台也许在司法实践中更方便管理，据前文分析，信息存储空间通常是相对被动地提供信息存储服务，并不会主动干预平台上的作品，主要按上传者的意愿提供信息给其他网络用户。而游戏分发平台更注重游戏内容的传播和销售。因此将游戏分发平台归类为电子商务平台更有利于其在推广和销售游戏时具有更强的主动性，即对上传的游戏进行审查，并根据自身标准和需求进行管理和推广。

二、游戏 MCN 机构

MCN 全称为 Multi-Channel Network，中文译为多频道网络，产生于美国，相当于内容生产者和 YouTube 之间的中介。MCN 不生产内容，只是将众多力量薄弱的内容创作者聚合起来建立频道，帮助他们解决推广和变现的问题，最后再以一定的比例与创作者分成。[1]

游戏 MCN 机构是怎样运作的呢？首先，MCN 机构与游戏内容创作者合作，提供各种支持服务，以帮助他们在视频分享平台上建立和增加自己的粉丝群。这些服务包括视频制作、频道管理、品牌合作、法律和合规支持、社交媒体管理以及数据分析等。MCN 机构会积极寻找有潜力的游戏内容创作者，签约他们并帮助他们建立自己的在线品牌。这些创作者通常在平台上创建游戏相关内容，如实况转播、游戏评论、教程和游戏相关的娱乐视频，也可以协助游戏内容创作者与品牌、广告商和赞助商建立合作关系，以获取收入。这可以包括制作赞助视频、发布赞助信息或与游戏品牌合作。其次，MCN 机构通常提供专业的支持，如法律咨询、合同管理、内容监管、知识产权维护和风险管理，以确保内容创作者在法规遵守和品牌合规方面没有问题，也会

---

[1] 梁金池：《中国多频道网络（MCN）发展现状、问题及对策研究》，兰州财经大学 2022 年硕士学位论文。

提供数据分析工具，帮助内容创作者了解其受众、视频表现和社交媒体影响。这些数据有助于制定更有效的内容战略。最后，MCN机构可以协助内容创作者管理他们的社交媒体账户，包括Facebook、X（原Twitter）、Instagram和Twitch等，以扩大他们的在线存在，并提供培训和资源，以帮助内容创作者提高他们的技能，包括视频编辑、摄影、声音处理和社交媒体管理等，然后与内容创作者签订分成协议，根据其YouTube、Twitch或其他平台上的广告和赞助收入来分享利润。

根据上文分析，MCN机构的主要商业模式是将力量薄弱的创作者制作的游戏内容聚合起来，并通过这些内容来获得商业利润，具有盈利目的，不符合我国著作权法规定的合理使用的范畴。[1]所以MCN机构在进行游戏内容创作时需要遵循著作权法的规定，这包括不得使用游戏中受著作权保护的元素（如游戏特定的角色、场景、剧情等），或者连续动态画面（如游戏中的视频片段、特定游戏操作的截图等）。如果MCN机构在制作游戏内容作品时侵犯了游戏著作权人的权益，将可能承担侵权行为导致的法律诉讼和经济赔偿等后果。因此，MCN机构在进行游戏内容创作时需要遵循著作权法的规定，确保事先获得游戏著作权人的授权或者遵循授权的使用规则，避免侵犯游戏作品著作权，以确保其商业活动合法合规。

第四节　网络游戏版权侵权及救济

一、侵权类型

（一）直接侵权

1. 游戏私服

"游戏私服（Private Server）"指盗用原始游戏的代码私自架设的非官方网络游戏服务器，此服务器是在游戏公司未授权的情况下搭建的，与合法出版的网络游戏的底层程序相同，其利用合法游戏的名气和优势，以非法手段运营以牟取私利，究其根本，游戏私服从性质上来看就是盗版游戏的行为。

---

[1] 中国版权协会网络游戏版权工作委员会、上海交通大学知识产权与竞争法研究院：《网络游戏知识产权保护白皮书》，2020年，第40页。

与传统的单机游戏不同，单机游戏不需要依赖网络服务即可进行游戏，其盗版形式主要表现为制作和售卖盗版游戏软件，网络并非关键点；而网络游戏的盗版的形式主要表现为"私服"，因为网络游戏的关键在于提供网络服务，如果没有这些服务，游戏将失去其作为网络游戏的意义，并且也无法吸引到玩家。[1]因此，针对网络游戏的盗版行为主要指向网络服务，即原本应该被垄断运营的服务。

众所周知，网络游戏基本都是由计算机程序来支持的，当涉及到网络游戏的保护时，通常使用针对计算机软件的相关法律法规，具体而言就是我国的《计算机软件保护条例》。私服作为提供网络服务的平台，虽然在服务过程中只是为玩家提供游戏环境，但却必然需要复制和使用原始游戏程序、目标程序以及相关文档。有些私服甚至修改了这些程序和文档。这些行为实际上侵犯了著作权人的复制权、发行权、修改权、保护作品完整权等，另外，某些私服冠以自己的名义进行运营也是对著作权人署名权的侵犯。

【典型案例】

《热血传奇》游戏私服侵权案[2]

时间：2009 年

公诉机关：江苏省连云港市人民检察院

被告：赵学元、赵学保

公诉机关江苏省连云港市人民检察院控告：被告人赵学元、赵学保以营利为目的，未经《热血传奇》游戏中国运营商上海盛大网络发展有限公司许可租用网络服务器，私自架设网络游戏服务器运营"热血传奇"，用银行卡绑定支付平台，供网络游戏玩家通过网银转账、游戏点卡充值等方式付费，运营私服游戏非法获利，要求江苏省连云港市中级人民法院对两被告人依法审判。

被告赵学保等人当庭认罪态度较好，具有悔罪表现。

---

〔1〕 李晶：《从外挂、私服谈网络游戏的知识产权保护》，载《商情（教育经济研究）》2008 年第 1 期。

〔2〕 参见江苏省高级人民法院〔2012〕苏知刑终字第 0003 号刑事判决书。

法院认为：被告人赵学元、赵学保以营利为目的，未经著作权人许可，复制发行其计算机软件作品，情节严重，其二人行为均已构成侵犯著作权罪。对于非法经营额的认定，根据汇款方提供的相应证据，证实通过漯河一五一七三网络科技有限公司、北京通融通信息技术有限公司、天空支付平台、青岛雷网网络科技有限公司、盘锦久网通信网络有限公司等环节，汇入被告人账户中的相关款项均系其从事涉案私服游戏的收入，并不包含被告人从事其他业务的收入，因此，上述款项均应计入本案非法经营数额。

目前，私自设立或租用网络游戏服务器用于运营"私服"已成为侵犯著作权的主要手段之一。本案通过司法判决准确明确了这类犯罪的本质，并结合一系列证据，能够验证汇款方的性质，从而对被告人非法经营的金额做出了明确判定。这有效地保护了网络游戏作品的版权人权益，规范了互联网游戏经营行为，有力打击了此类犯罪行为。

2. 盗版游戏

盗版游戏是指未经合法授权或许可，复制未经授权的游戏软件、游戏内容或游戏产品的行为。盗版游戏的类型可根据网络游戏的运行流程进行分类，主要包括硬盘预装、光盘、互联网和用户终端消费等几种形式。而盗版的本质则来源于网络游戏产品中的各种元素，比如游戏中的人物设定、其属性特点、虚构的故事情节、虚拟的背景设置、游戏作战任务，以及对应的短暂性比赛机制和音乐等等。[1]这种行为侵犯了游戏开发者、发行商或版权持有人的知识产权。盗版游戏通常是通过非法手段获取游戏软件的副本，例如破解游戏防护措施、复制游戏光盘、下载游戏的非法拷贝等方式来获取游戏内容。

盗版游戏的存在严重损害了游戏产业的生态和利益，对游戏开发者造成了严重的经济损失。网络游戏的更新速度令人惊叹，有些游戏的寿命或许只有一年。但要开发一款成熟的软件所需的时间远超过这个周期，而且所需的费用、人力和资源投入也是相当可观的。而相比于正版游戏，山寨版游戏的

---

[1] 张爽：《评析网络游戏侵犯知识产权的相关问题》，载《法制博览》2016年第34期。

开发成本通常只有其25%左右，因此在巨大的利润诱惑下，大量人被吸引去"以身试法"。例如，在一款游戏流行起来以后，市场上立刻出现了类似的山寨版游戏，它通过非法手段获得了原版游戏的游戏内容和特色元素，并以更低的成本在市场上进行销售。若诸如此类的情况频繁发生，其不仅会影响游戏开发者的创作热情和动力，还会威胁到正规游戏公司的生存和发展，损害社会各方的利益。

【典型案例】

"巨石海南麻将"盗版"闲徕琼崖海南麻将"案[1]

时间：2018年

公诉机关：北京市海淀区人民检察院

被告人：黄明

被告单位：巨石在线（北京）科技有限公司

公诉机关北京市海淀区人民检察院控告：2016年至今，被告人黄明同他人，未经著作权人北京闲徕互娱网络科技有限公司许可，通过其经营的被告单位巨石在线（北京）科技有限公司运营与北京闲徕互娱网络科技有限公司享有著作权的"闲徕琼崖海南麻将"游戏源代码具有高度同一性的"巨石海南麻将"游戏，并通过代理人员销售用于启动游戏的虚拟货币的方式进行非法营利，非法经营数额巨大。

被告对指控的事实和罪名没有提出实质性异议。辩护人史玉梅发表辩护意见认为，巨石在线（北京）科技有限公司没有实际盈利，系初犯，愿意退交违法经营所得，认罪、悔罪态度较好，提请法庭从宽处理。

法院认为：巨石在线公司及其直接负责的主管人员黄明以营利为目的，未经著作权人许可，复制发行他人享有著作权的计算机软件，情节严重，其行为已构成侵犯著作权罪，应予惩处。

随着网络经济的飞速发展，知识产权的侵权问题已经扩展到了虚拟网络空间，尤其是在网络游戏领域。近年来，涉及复制网络游戏作品和非法

---

[1] 参见北京市海淀区人民法院（2018）京0108刑初1932号刑事判决书。

运营仿冒手机网络游戏等的侵犯计算机软件版权的案件明显增加。这些侵权案件中,大部分盗版数据存储在服务器或云端,犯罪分子通过非法手段获取利润,并采用与盗版网站经营公司账户分离的方法来逃避调查。受害单位闲徕互娱公司是一家集研发和运营于一体的知名棋牌手游公司,其涉及的游戏也是备受欢迎的知名手游。这些犯罪嫌疑人的盗版行为对社会造成了不良影响。本案的裁决对于打击这种侵权行为,特别是故意躲避侦查的新型犯罪具有重要示范意义。[1]

3. 换皮游戏

"换皮游戏"通常指的是在游戏开发中,基于一个已存在的游戏框架或核心玩法,通过替换游戏的视觉外观、美术风格、音乐或文本等表现形式,在不改变游戏的核心规则、玩法或机制的情况下,制作出一个类似但外观不同的新游戏。"游戏换皮"行为的本质就是对游戏规则的抄袭。[2]

【典型案例】

《花千骨》"换皮"抄袭《太极熊猫》案[3]

时间:2018 年

原告:苏州蜗牛数字科技股份有限公司(简称蜗牛公司)

被告:成都天象互动科技有限公司(简称天象公司)、北京爱奇艺科技有限公司(简称爱奇艺公司)

原告主张:《花千骨》手机游戏"换皮"抄袭了《太极熊猫》游戏,首先,《太极熊猫》于 2014 年 10 月 31 日上线,而《花千骨》最早版本于 2015 年 6 月 19 日上线;其次,《花千骨》游戏仅更换了游戏中的角色图片形象、配音配乐等,而在游戏的玩法规则、数值策划、技能体系、操作界面等方面与《太极熊猫》游戏完全相同或者实质性相似,侵害其

---

[1] 参见北京市高级人民法院发布 2018 年度知识产权司法保护十大案例之十。
[2] 王巧玲:《"游戏换皮"著作权法规制路径之商榷》,载《山西青年职业学院学报》2021 年第 4 期。
[3] 参见江苏省高级人民法院(2018)苏民终 1054 号民事判决书。

著作权。

被告主张：游戏的玩法规则属于思想，不能受著作权法保护；原告蜗牛公司的权利基础存在瑕疵，其向法院演示的游戏版本是其自行单独搭建的服务器，存在修改的可能性；《花千骨》游戏在人物形象、故事情节、音乐配音等方面均与《太极熊猫》游戏存在较大差异，即便部分玩法规则相同，也属于合理借鉴不属于侵权。

法院认为：涉案两款ARPG类手机游戏均具备结构庞大、复杂的玩法系统，认定在后游戏是否实质利用了在先游戏玩法规则的整体表达，应就玩法规则体系进行整体比对，先判断单个玩法系统的特定呈现方式上是否构成相同或实质近似，再看整体游戏架构中对于单个玩法系统的整体选择、安排、组合是否实质相似。整体判断时不仅应当考虑构成实质性相似的单个玩法系统的数量，还应考虑不同玩法系统对于游戏玩赏体验影响程度以及是否属于游戏设计重点、游戏盈利点等因素以综合判断。经比对，《花千骨》游戏与《太极熊猫》游戏中有29个玩法在界面布局和玩法规则上基本一致或构成实质性相似；另外《花千骨》游戏中47件装备的24个属性数值与《太极熊猫》游戏呈现相同或者同比例微调的对应关系；《花千骨》V1.0版游戏软件的计算机软件著作权登记存档资料中，功能模块结构图、功能流程图以及封印石系统入口等全部26张UI界面图所使用的均为《太极熊猫》游戏的元素和界面。同时，在新浪微博以及IOS系统《花千骨》游戏用户评论中，亦有大量游戏玩家评论两游戏非常相似。通过上述比较，法院认为被告天象公司、爱奇艺公司侵犯了原告公司的著作权。

本案是国内第一起认可游戏规则可以构成表达，将游戏规则纳入著作权法保护范围的案例，是"互联网+"背景下司法裁判积极响应技术进步和行业需求的例证，展现了法律对新技术发展的应对能力。本案裁判充分考虑到"换皮"游戏作品侵权手法的多样性和隐蔽性，有效地规避了游戏规则的抄袭问题。法院的判决以促进创新、维护公平竞争、保护消费者长期利益为导向，对于解决网络游戏知识产权保护问题进行了有益的尝试，这对网络游戏知识产权保护问题进行了有益探索，对支持新兴产业的发展壮大、推动行业健康发展都具有重要意义。[1]

4.游戏模拟器侵权

游戏模拟器是一种软件或硬件设备，能够模拟游戏机或游戏平台的功能，使得玩家可以在电脑、手机、平板电脑或其他设备上运行原本不兼容的游戏。

游戏模拟器主要有两种类型：

传统的硬件模拟器：这种模拟器是基于硬件的实际工作原理而设计的。它通常需要一个专用的硬件设备，例如MAME（多合一街机模拟器），它可以模拟多种街机游戏机的运行。这些设备可以通过连接游戏控制器来在电视、计算机或其他显示屏上播放游戏。

新业态下的软件模拟器：这种模拟器是一种在计算机或移动设备上运行的软件程序，能够模拟特定游戏机的操作系统、游戏引擎和硬件功能。例如，PCSX2和Dolphin是两种常见的软件模拟器，可以在计算机上模拟PlayStation 2和Wii游戏机的功能，这些模拟器通常需要原始游戏光盘或ROM映像文件作为输入，以便模拟运行游戏。

新业态下的游戏模拟器旨在为玩家提供类似游戏的模拟平台，以提升玩家在原始游戏中的游戏体验。然而，在市场竞争中，游戏模拟器是否通过模仿原游戏的设计来增强自身在网络游戏市场中的竞争优势，抢占其他游戏的市场份额，吸引客户，并对他人的利益造成损害以谋求自身利益，在司法实践中往往难以取证或提供证据证明。[2]由于游戏玩家是自愿选择使用模拟器进行游戏的，并且游戏模拟器的发布者没有通过虚假宣传来吸引玩家，因此并没有违反诚实信用原则。但是，作为新型游戏模拟器的服务提供者也有责任明确自己的权利和义务，并且清楚划定模拟器使用与侵权之间的界限。就著作权保护而言，未经著作权人许可的游戏模拟器并不具备独创性，因为它是依附于原游戏而存在的，这可能构成著作权侵权。

---

〔1〕参见最高人民法院发布2019年中国法院10大知识产权案件之七。
〔2〕赵丽莉、祝晓璐：《游戏模拟器著作权侵权认定研究——基于全国首例游戏模拟器侵权案》，载《东莞理工学院学报》2023年第4期。

【典型案例】

《率土模拟器》侵权案[1]

时间：2015年
原告：杭州网易雷火科技有限公司（以下简称"网易雷火公司"）
被告：杭州千陌科技公司（以下简称"千陌公司"）

原告主张：《率土之滨》游戏是原告网易雷火公司自主研发、运营的手游，国内知名度高，用户数量庞大。被告千陌公司开发运营的《率土模拟器》抄袭《率土之滨》游戏相关文字内容及图片，严重侵犯原告的著作权，同时也主张《率土模拟器》提供队伍配置、模拟对战、阵容评分和模拟配将等功能，与《率土之滨》游戏各个赛季相匹配，完全模拟《率土之滨》相关游戏内容，玩家使用《率土模拟器》会严重缩短游戏产品寿命，给使用者带来不正当优势，严重违背公平、诚信原则和商业道德，破坏了公平竞争的市场秩序，属于不正当竞争行为。

法院认为：其一，可以认定《率土之滨》游戏武将战法文字内容中根据三国历史故事并结合三国类开荒战法游戏规则创作而成具有独创性的部分符合著作权法文字作品的要求，原告作为独占被许可人依法对上述武将战法文字内容享有著作权。原告享有卡牌角色图片，并以三国中的历史人物为创作原型，每个角色人物都栩栩如生，具有较高的审美意义，符合著作权法意义上的美术作品。其二，单纯网络游戏中的功能模块应属于著作权法保护范畴，一般不宜纳入反不正当竞争法保护范围。故此，原告针对游戏中的功能模块直接主张反不正当竞争法保护，明显缺乏法律依据。

判决如下：判决被告千陌公司立即停止对原告网易雷火公司《率土之滨》游戏涉案472条武将战法文字作品、涉案154幅武将卡牌美术作品的侵权行为，并赔偿原告因侵犯涉案文字作品、美术作品经济损失及合理开支。

从立先教授对本案点评道[2]：本案对于准确判断网络游戏相关内容的

---

[1] 参见杭州互联网法院2020年度知识产权司法保护十大案例之六。
[2] 参见杭州互联网法院2020年度知识产权司法保护十大案例之六。

著作权和反不正当竞争保护的内涵和范围具有重要意义。一方面，本案判决明确了"游戏规则"和"游戏功能模块"是整个网络游戏作品的组成部分，应该具体问题具体分析。在构成具体作品表达的情况下，可受著作权法保护，也就是构成文字作品的游戏规则和构成美术作品的游戏角色形象受到著作权法保护。另外，本案被告采用"游戏模拟器"的方式，使得玩家可以在更少游戏时间和经济成本投入的情况下获得同样的游戏技能和技巧。对于被告的行为是否损害了原告合法竞争性利益、构成不正当竞争行为，本案判决也进行了有益探索，认为在著作权法已对相同法益提供保护的情况下，不宜重复进行反不正当竞争法保护，此认定值得肯定。

5. 云游戏侵权[1]

云游戏是一种基于云计算的游戏方式，其基本原理是将游戏主机部署在云端服务器上。在云游戏中，游戏的画面和声音通过网络传输到每位玩家的本地设备，再通过玩家的本地设备进行游戏操作，将这些操作通过网络传输回云端主机执行。云游戏的关键特点在于玩家的本地设备无需高性能处理器和显卡，仅需具备基本的视频解压能力。这种架构使得玩家使用配置不高的本地设备，就能通过云端主机享受到高品质的游戏画面和内容，从而降低了玩家的硬件投资成本。

关于云游戏的侵权行为主要集中于侵犯信息网络传播权和复制权。首先，云游戏将游戏作品置于云端服务器，用户通过云游戏平台发出操作指令，而作品提供者通过 5G 技术将渲染后的游戏画面或指令压缩后传送给用户，本质上为交互性的在线视频流，当作品被置于云服务器以通过不同终端的云游戏平台向用户传播作品时，用户可以在个人选定的时间和地点使用操作指令来点击、浏览、运行。因此，当作品提供者在未经授权的情况下通过云游戏平台向用户传播作品，就可能涉及对权利人信息网络传播权的侵犯。其次，根据云游戏的工作方式，云游戏厂商需要事先在他们的云游戏服务器上安装游戏，然后根据用户的操作指令从本地服务器上调取相应的游戏内容，以实现商业化的使

---

[1] 中国版权协会网络游戏版权工作委员会、上海交通大学知识产权与竞争法研究院：《网络游戏知识产权保护白皮书》，2020 年，第 43~44 页。

用。根据最高人民法院《关于审理著作权民事纠纷案件适用法律若干问题的解释》第21条规定:"计算机软件用户未经许可或者超过许可范围商业使用计算机软件的,依据著作权法第四十八条第(一)项、《计算机软件保护条例》第二十四条第(一)项的规定承担民事责任。"云游戏厂商事先安装游戏的行为已经构成著作权法(2010年)[1]第48条第①项规定"未经著作权人许可,复制其作品"[2]、《计算机软件保护条例》第24条第①项规定"复制或者部分复制著作权人的软件"[3]之情形,侵害游戏开发商拥有的计算机软件著作权中的复制权。

【典型案例】

"5G芝麻"云平台侵权案[4]

时间:2020年

原告:深圳市腾讯计算机系统有限公司(以下简称腾讯公司)

被告:杭州棋韵网络科技有限公司(以下简称棋韵公司)、广州优视网络科技有限公司(以下简称优视公司)

> 原告主张:原告腾讯公司经授权取得"英雄联盟""QQ飞车""逆战""地下城与勇士""穿越火线"(以下简称涉案网络游戏)等知名游戏

---

[1] 在《著作权法》(2020年)中,相关内容见第53条。

[2] 《著作权法》(2010年)第48条第①项:"有下列侵权行为的,应当根据情况,承担停止侵害、消除影响、赔礼道歉、赔偿损失等民事责任;同时损害公共利益的,可以由著作权行政管理部门责令停止侵权行为,没收违法所得,没收、销毁侵权复制品,并可处以罚款;情节严重的,著作权行政管理部门还可以没收主要用于制作侵权复制品的材料、工具、设备等;构成犯罪的,依法追究刑事责任:(一)未经著作权人许可,复制、发行、表演、放映、广播、汇编、通过信息网络向公众传播其作品的,本法另有规定的除外。"

[3] 《计算机软件保护条例》第24条第①项:"除《中华人民共和国著作权法》、本条例或者其他法律、行政法规另有规定外,未经软件著作权人许可,有下列侵权行为的,应当根据情况,承担停止侵害、消除影响、赔礼道歉、赔偿损失等民事责任;同时损害社会公共利益的,由著作权行政管理部门责令停止侵权行为,没收违法所得,没收、销毁侵权复制品,可以并处罚款;情节严重的,著作权行政管理部门并可以没收主要用于制作侵权复制品的材料、工具、设备等;触犯刑律的,依照刑法关于侵犯著作权罪、销售侵权复制品罪的规定,依法追究刑事责任:(一)复制或者部分复制著作权人的软件的。"

[4] 参见广州互联网法院(2020)粤0192民初20405号民事判决书。

软件及全部游戏内元素的著作权。同时，原告也在开展 START 云游戏等游戏云平台业务。但是，被告棋韵公司在"5G 芝麻"平台未经其授权，在该平台上预装涉案网络游戏，供用户在该平台上操作；利用上述游戏的知名度和吸引力来夺取本应属于原告的用户和流量、游戏云平台市场份额，分别构成著作权侵权和不正当竞争。同时，被告优视公司提供"5G 芝麻"APP 的下载和分发服务，对被告棋韵公司的侵权提供帮助，构成共同侵权。

被告主张：其一，被告棋韵公司预装的软件来源于腾讯公司公开免费的下载渠道，预装的目的在于帮助用户解决硬件技术限制，该使用方法未超出原告的授权范围，属于合理使用，未侵犯原告的著作权。其二，被告棋韵公司作为网络信息技术服务提供者，仅为用户提供"云电脑"的技术服务。在提供"云电脑"服务过程中，除为即时演算传输的需要，被告棋韵公司不会收集、截取、修改、储存用户的数据，未以任何方式代替原告向用户提供与游戏相关的运营服务，更未分流原告的游戏用户，不构成不正当竞争。而被告优视公司提供的则是信息存储空间、链接等中立的网络服务或相关中立的技术支持服务，开发者可自主发布、运营、推广其应用等，其不进行人工干预、排名、编辑等，也及时下架"5G 芝麻"APP，故没有侵权。

法院认为：被告棋韵公司未经原告许可，在网络上下载涉案五款网络游戏软件上传到"5G 芝麻"平台，以云计算为基础，通过交互性的在线视频流，使游戏在云端服务器上运行，并将渲染完毕后的游戏画面或指令压缩后通过网络传送给用户，致使社会公众可以在其选定的时间和地点获得并运行涉案五款网络游戏，侵犯了原告作品的信息网络传播权。由于该行为不属于行使复制权的行为，故对原告侵犯复制权的主张不予支持。对于被告棋韵公司提出的合理使用抗辩，《腾讯游戏用户协议》规定仅可为非商业目的使用包括接收和下载在内的腾讯游戏服务，尽管被告棋韵公司声称其未向用户收取相关费用，但是其已为商业运行进行了相关设计，并在庭审中表示计划增加"一元租号"等商业付费服务，系为商业目的使用，超出了原告的授权许可范围。而且，被告棋韵公司的行为不属于著作权法所规定的任何一种合理使用的情形，被告棋韵公司的抗辩不能成立。

本案判决对云游戏模式下的信息网络传播权的侵权审查标准以及著作权与反不正当竞争保护边界进行了有益的探索。在云游戏商业模式下，云技术服务商在提供服务时必须遵守我国的著作权法和反不正当竞争法等法律规定，以确保其不会侵犯游戏开发者的知识产权。如果云技术服务提供商以技术创新的名义侵犯他人权益，就与我国互联网环境下的知识产权保护理念相违背，也不符合互联网所倡导的竞争和创新精神，将可能面临知识产权侵权和不正当竞争的风险。在尊重并保障游戏权利人的合法权益的前提下进行技术创新，有利于推动游戏产业的创新发展，也有助于构建一个有序公正的产业生态。

6. 改编游戏侵权

改编游戏是指在现有的游戏基础上进行修改、衍生或重制，以创造出新的游戏作品，这种行为通常是基于原始游戏的元素、故事情节、角色设定或游戏机制，但在某种程度上进行了修改、扩展或重新设计，以创建具有独特性或不同玩法的新游戏。但需要注意的是，即使在某些情况下游戏内容发生了独创性修改，但如果这些修改是基于原始作品并且未经授权，仍可能构成侵权。

【典型案例】

《武侠Q传》侵害改编权案[1]

时间：2018年

原告：明河社出版有限公司（简称明河社）、完美世界（北京）软件有限公司（简称完美世界公司）

被告：北京火谷网络科技股份有限公司（简称火谷网）、昆仑乐享网络技术有限公司（简称昆仑乐享公司）、昆仑万维科技股份有限公司（简称昆仑万维公司）

---

[1] 参见北京市高级人民法院（2018）京民终226号民事判决书。

原告主张：明河社是"射雕英雄传""神雕侠侣""倚天屠龙记""笑傲江湖"等作品在中国境内的专有使用权人。经明河社同意，查良镛（金庸）将上述作品部分区域和期间内移动终端游戏软件改编权及后续软件的商业开发权独家授予完美世界公司。两原告发现，由被告火谷网开发，昆仑乐享公司独家运营的网络游戏"武侠Q传"在人物描述、武功描述、配饰描述、阵法描述、关卡设定等多个方面与涉案武侠小说中的相应内容存在对应关系或相似性。

被告主张：查良镛与完美世界公司就涉案作品签订《移动终端游戏软件改编授权合约》第15条约定的内容，"完美世界公司知悉及明白，查良镛于签订本合约书之前或之后，可能已把涉案作品的游戏改编权利、出版发行权利、或类似权利授给第三者（除本合约书（二）另有规定外），查良镛将不需就此负责或向乙方作出任何赔偿"，可以证明原告完美世界公司对涉案作品不享有独家改编权。

法院认为：涉案游戏构成对权利人作品的改编，被告火谷网构成对原告明河社和完美世界公司享有权利作品移动终端游戏软件改编权的侵害。被告火谷网作为开发者，昆仑乐享公司、昆仑万维公司作为游戏运营者，三者应共同承担侵权责任。由于已经认定涉案游戏构成对权利人改编权的侵害，故不再适用反不正当竞争法对被诉侵权行为进行评述。

本案是一起擅自将他人武侠小说改编为网络游戏的典型案例。对此，孙国瑞教授点评道[1]：被告的行为是否构成侵害作者的改编权是本案的争议核心，法院采用"整体比对法"，并未先行剔除属于公有领域的部分或不受著作权法保护的成分，也未对单部武侠小说中被利用的内容进行量化计算，而是在引导当事人充分举证、阐述的基础上，根据高度盖然性证明标准和证据优势原则对实质性相似内容作出归纳和认定，在该事实基础上，对相似性内容是否属于受著作权法保护的独创性表达和被告涉案使用行为的属性进行分析，并在进行价值判断和利益衡量后，得出了被告的涉案游戏构成侵犯涉案武侠小说改编权的

---

[1] 参见最高人民法院发布互联网十大典型案例之七，[法宝引证号] CLI.C.317697447。

结论。本案判决进一步明确了改编权的保护范围,为知名文学作品的市场开发和游戏产业的规范运营提供了指引,对类似案件的审理具有借鉴指导意义。

(二)间接侵权[1]

随着游戏市场的不断发展成熟,各种游戏推荐平台或者游戏应用商店逐渐成为玩家获悉和下载热门游戏的主要渠道。就游戏分发平台的法律责任而言,应该根据平台在传播游戏内容中的具体行为性质进行认定。游戏分发平台主要提供游戏下载服务,作为中介平台为游戏主播、游戏玩家等提供服务,因此其被视为网络服务提供商。在司法实践中,通常会适用著作权侵权案件中的"避风港"原则,意味着平台在提供服务时一般不直接对用户上传的游戏内容承担著作权侵权责任,享有一定的法律免责保护。

我国《信息网络传播权保护条例》第14条[2]、第22条[3]和第23条[4]体现了避风港原则。简单来说,游戏分发平台上有成千上万款游戏,一般情况下,

---

[1] 中国版权协会网络游戏版权工作委员会、上海交通大学知识产权与竞争法研究院:《网络游戏知识产权保护白皮书》,2020年,第41~42页。

[2] 《信息网络传播权保护条例》第14条:"对提供信息存储空间或者提供搜索、链接服务的网络服务提供者,权利人认为其服务所涉及的作品、表演、录音录像制品,侵犯自己的信息网络传播权或者被删除、改变了自己的权利管理电子信息的,可以向该网络服务提供者提交书面通知,要求网络服务提供者删除该作品、表演、录音录像制品,或者断开与该作品、表演、录音录像制品的链接。通知书应当包含下列内容:(一)权利人的姓名(名称)、联系方式和地址;(二)要求删除或者断开链接的侵权作品、表演、录音录像制品的名称和网络地址;(三)构成侵权的初步证明材料。权利人应当对通知书的真实性负责。"

[3] 《信息网络传播权保护条例》第22条:"网络服务提供者为服务对象提供信息存储空间,供服务对象通过信息网络向公众提供作品、表演、录音录像制品,并具备下列条件的,不承担赔偿责任:(一)明确标示该信息存储空间是为服务对象所提供,并公开网络服务提供者的名称、联系人、网络地址;(二)未改变服务对象所提供的作品、表演、录音录像制品;(三)不知道也没有合理的理由应当知道服务对象提供的作品、表演、录音录像制品侵权;(四)未从服务对象提供作品、表演、录音录像制品中直接获得经济利益;(五)在接到权利人的通知书后,根据本条例规定删除权利人认为侵权的作品、表演、录音录像制品。"

[4] 《信息网络传播权保护条例》第23条:"网络服务提供者为服务对象提供搜索或者链接服务,在接到权利人的通知书后,根据本条例规定断开与侵权的作品、表演、录音录像制品的链接的,不承担赔偿责任;但是,明知或者应知所链接的作品、表演、录音录像制品侵权的,应当承担共同侵权责任。"

平台无法逐一审核所有游戏，因此法律免除了平台对所有游戏的审核义务。然而，一旦权利人通知平台上的某款游戏侵犯了其著作权，平台就有责任立即删除侵权游戏，否则将承担赔偿责任。目前，一些游戏分发平台还具备推荐游戏等功能。在这种情况下，根据最高人民法院《关于审理侵害信息网络传播权民事纠纷案件适用法律若干问题的规定》第10条[1]和第11条[2]的规定，如果游戏分发平台从推荐游戏的广告位中获得了经济利益，那么就应当对其推荐的游戏有更高的注意义务，不能以不知道推荐游戏侵权来主张自己是善意的，逃避责任。以知名的游戏分享平台"TapTap"为例，其首页推荐中的第一条内容便来自广告赞助商。"TapTap"通过在首页推荐中售卖广告赞助位来获取盈利。因此，"TapTap"在审核首页推荐的游戏是否侵权方面应当承担更高的谨慎审查义务。除此之外，游戏分发平台在利用技术手段根据用户兴趣自行推荐游戏时表现出主动性，因为这种行为旨在吸引更多用户流量，间接实现商业获利。在这种情况下，游戏分发平台对自行推荐的游戏内容应负有更严格的审查义务。如果自行推荐的游戏内容侵犯了游戏著作权人的权益，平台不能以技术中立为由逃避责任，而应当认定其在主观上具有过错，并需要与上传该内容的用户一同承担连带责任。

游戏分发平台的另一种商业模式是联运模式，指的是游戏分发平台与游戏公司签订联合运营协议，双方按照协议中规定的比例共享游戏的运营收入，此时游戏分发平台既充当了分发平台的角色，又与游戏开发者共享游戏的经济利益。因此在联运模式中，平台需要对联运游戏是否侵犯第三方权利进行审查，确保其合法性，并在侵权问题发生时共同负担责任，这体现了权利和义务的对应性。在司法实践中，一些法院会考虑联运平台方的责任，将其作为连带责任

---

[1]《关于审理侵害信息网络传播权民事纠纷案件适用法律若干问题的规定》第10条："网络服务提供者在提供网络服务时，对热播影视作品等以设置榜单、目录、索引、描述性段落、内容简介等方式进行推荐，且公众可以在其网页上直接以下载、浏览或者其他方式获得的，人民法院可以认定其应知网络用户侵害信息网络传播权。"

[2]《关于审理侵害信息网络传播权民事纠纷案件适用法律若干问题的规定》第11条："网络服务提供者从网络用户提供的作品、表演、录音录像制品中直接获得经济利益的，人民法院应当认定其对该网络用户侵害信息网络传播权的行为负有较高的注意义务。网络服务提供者针对特定作品、表演、录音录像制品投放广告获取收益，或者获取与其传播的作品、表演、录音录像制品存在其他特定联系的经济利益，应当认定为前款规定的直接获得经济利益。网络服务提供者因提供网络服务而收取一般性广告费、服务费等，不属于本款规定的情形。"

方，与游戏公司一同对赔偿数额承担责任。

【典型案例】

《葵花宝典》诉《群侠传》案[1]

时间：2014 年

原告：上海游奇网络有限公司（以下简称上海游奇公司）

被告：北京奇客创想信息技术有限公司（以下简称北京奇客公司）、网际傲游（北京）科技有限公司（以下简称傲游公司）

　　原告主张：进入被告傲游公司经营的傲游今日网站（i.maxthon.cn），点击"经典页游"页面下"群侠传"字样的图片链接，打开页面为网页游戏《群侠传》宣传页面，页面有张无忌、黄药师、周伯通、洪七公、杨逍、周芷若、东方不败、令狐冲、岳灵珊共9个武侠人物形象，页面左下角有"快速入口"，"快速入口"的页面亦有上述人物形象。通过新闻出版总署游戏出版登记内容查询，该游戏的运营单位为被告北京奇客公司。因此，被告北京奇客公司与傲游公司在宣传《群侠传》网络游戏的过程中，非法使用了原告公司网页游戏《葵花宝典》的武侠人物形象进行网络宣传，导致公众混淆游戏来源，给原告公司造成巨大的经济损失，侵犯原告公司享有的美术作品的著作权。

　　被告主张：被告公司其主要运营项目为傲游浏览器及相关业务，与主营游戏的原告没有业务竞争关系，也没有实施原告所称的侵权行为。诉争的页面是特定游戏，相关宣传素材由该游戏的权利人和运营商北京奇客公司提供，傲游公司仅提供链接入口，没有侵权，不同意原告的诉讼请求。

　　被告北京奇客公司辩称：原告公司公证书显示其主张的侵权行为均发生在傲游公司网站，奇客公司涉案游戏的上线时间较短，被诉图片非奇客公司提供，游戏本身亦没有使用，仅用于宣传，现上述内容已删除，不应承担侵权责任。

---

[1] 参见北京市第一中级人民法院（2015）一中民（知）终字第876号民事判决书。

法院认为：在一审判决中，被告北京奇客公司与傲游公司在"傲游游戏"平台上，联合运营《群侠传》游戏，并按约定比例分享游戏运营收入。在傲游网站有《群侠传》游戏的宣传页面和入口，被诉侵权的《葵花宝典》武侠游戏人物形象即在宣传页面和入口使用，实际进入游戏后再无上述形象。被告傲游公司仅在其网站放置了被告北京奇客公司提供的宣传内容，又在得知上述内容侵权后直接进行了删除，其行为并无主观过错，审查能力有限，不应与被告北京奇客公司共同承担侵权责任。

但二审法院认为：根据《最高人民法院关于审理侵害信息网络传播权民事纠纷案件适用法律若干问题的规定》第4条规定，有证据证明网络服务提供者与他人以分工合作等方式共同提供作品，构成共同侵权行为的，人民法院应当判令其承担连带责任。被告傲游公司与北京奇客公司共同实施了使用被诉侵权的武侠游戏人物形象的行为，应承担连带责任。故依据二审新查明的事实，依法改判被告北京奇客公司与傲游公司承担连带责任。

本案考虑了游戏分发平台应承担的责任，并将其作为连带责任方，这警示了各个游戏分发平台，对加强游戏分发平台对于侵犯著作权的审查起到了促进作用，有利于减少网络游戏的间接侵权行为。

虽然游戏分发平台在大多数情况下还是属于网络服务提供商，具有信息存储空间和电子商务平台的性质，一般不承担直接侵权责任，但随着游戏分发平台的发展，也出现了部分游戏分发平台不再单单具备网络服务提供商的角色，还有可能作为内容提供者承担直接侵权责任的情况。当游戏分发平台自行将相关游戏内容上传并以此吸引流量、达到盈利的商业目的时，该行为应当认定为作品提供行为。若相关游戏内容未获游戏著作权人授权或委托，则游戏分发平台应当对其上传的游戏内容的版权问题对外承担直接的侵权责任。例如，某平台自行上传了一些游戏内容，以此吸引流量，实现盈利，此时该行为就应当被视为作品提供行为。总而言之，若游戏分发平台推荐的游戏内容并未经过游戏著作权人的授权或委托，就意味着平台在侵犯著作权方面有直接的过错，需要对其自行上传的游戏内容承担直接的侵权责任。

二、网络游戏侵权诉讼中的行为保全[1]

行为保全是指在民事诉讼的概念中,为避免当事人或者利害关系人的利益受到不应有的损害或进一步的损害,法院得依他们的申请在案件审理之前采取的暂时性措施。[2]《中华人民共和国民事诉讼法》(以下称《民诉法》)第103条[3]与第104条[4]分别规定了诉前行为保全与诉中行为保全。据此,最高人民法院公布《最高人民法院关于审查知识产权纠纷行为保全案件适用法律若干问题的规定》(以下简称《关于行为保全案件的规定》),其中第7条明确规定:"(一)申请人的请求是否具有事实基础和法律依据,包括请求保护的知识产权效力是否稳定;(二)不采取行为保全措施是否会使申请人的合法权益受到难以弥补的损害或者造成案件裁决难以执行等损害;(三)不采取行为保全措施对申请人造成的损害是否超过采取行为保全措施对被申请人造成的损害;(四)采取行为保全措施是否损害社会公共利益;(五)其他应当考量的因素。"从制度规定来看,《民事诉讼法》和《关于行为保全案件的规定》为知识产权侵权案件的行为保全建立了一套完整的体系,明确了在诉讼前和诉讼中对行为保全的不同要求和考虑因素。然而,在司法实践中,行为保全的落实效应仍然值得深入思考。

在数字时代,行为保全具有极其重要的意义。数字化环境下的信息传播速

---

[1] 中国版权协会网络游戏版权工作委员会、上海交通大学知识产权与竞争法研究院:《网络游戏知识产权保护白皮书》,2020年,第45页。

[2] 《行为保全》,载 https://baike.baidu.com/item/%E8%A1%8C%E4%B8%BA%E4%BF%9D%E5%85%A8/10571067,最后访问日期:2023年11月17日。

[3] 《中华人民共和国民事诉讼法》第103条:"人民法院对于可能因当事人一方的行为或者其他原因,使判决难以执行或者造成当事人其他损害的案件,根据对方当事人的申请,可以裁定对其财产进行保全、责令其作出一定行为或者禁止其作出一定行为;当事人没有提出申请的,人民法院在必要时也可以裁定采取保全措施。人民法院采取保全措施,可以责令申请人提供担保,申请人不提供担保的,裁定驳回申请。人民法院接受申请后,对情况紧急的,必须在四十八小时内作出裁定;裁定采取保全措施的,应当立即开始执行。"

[4] 《中华人民共和国民事诉讼法》第104条:"利害关系人因情况紧急,不立即申请保全将会使其合法权益受到难以弥补的损害的,可以在提起诉讼或者申请仲裁前向被保全财产所在地、被申请人住所地或者对案件有管辖权的人民法院申请采取保全措施。申请人应当提供担保,不提供担保的,裁定驳回申请。人民法院接受申请后,必须在四十八小时内作出裁定;裁定采取保全措施的,应当立即开始执行。申请人在人民法院采取保全措施后三十日内不依法提起诉讼或者申请仲裁的,人民法院应当解除保全。"

度极快，这意味着一旦个人或组织遭受侵害，其损失可能在极短的时间内扩大，并且难以预估。此外，数字化行为保全的重要性还在于保护个人隐私不受侵犯，防止个人数据被滥用或泄露。随着技术的发展，网络犯罪也变得更加隐蔽和普遍，因此行为保全措施对于防止网络攻击、数据泄露和欺诈行为至关重要。最后，数字时代的行为保全不仅仅关乎个人，也牵涉到社会整体的稳定与安全，因为恶意行为和不当操作可能对社会造成广泛而深远的负面影响。因此，有效的数字时代行为保全措施对于确保个人、组织和整个社会的安全与稳定至关重要。例如在网络游戏侵权案件中，如果游戏开发者能够证明自己对涉案游戏享有权益，并且被申请人未经授权擅自利用游戏画面或游戏相关元素作品进行直播或视频分享，就应当有权申请行为保全，以防止权益损害的进一步扩大。

【典型案例】

《王者荣耀》直播案行为保全申请[1]

时间：2018 年

申请人：腾讯科技（成都）有限公司（以下简称腾讯成都公司）、深圳市腾讯计算机系统有限公司（以下简称腾讯深圳公司）

被申请人：运城市阳光文化传媒有限公司（以下简称阳光文化公司）、今日头条有限公司（以下简称今日头条公司）、北京字节跳动科技有限公司（以下简称字节跳动公司）、广州优视网络科技有限公司（以下简称优视公司）

申请人主张：腾讯成都公司是手游《王者荣耀》的研发者，对《王者荣耀》游戏软件及全部游戏内元素享有著作权。经腾讯成都公司授权，腾讯深圳公司运营及使用《王者荣耀》游戏，并享有以自己名义维权的权利。《王者荣耀》用户协议明确约定，未经腾讯许可，不得以任何方式录制、直播或向他人传播腾讯游戏内容，不得将账号借与他人用于直播等。阳光文化公司、今日头条公司、字节跳动公司未经申请人许可，通过其经营的"西瓜视频"APP 招募、组织主播直播《王者荣耀》游戏并获得巨额收益，

---

[1] 参见广州知识产权法院（2018）粤 73 民初 2858 号之一民事裁定书。

严重侵害了申请人对《王者荣耀》享有的著作权。优视公司提供西瓜视频的分发、下载服务，扩大了侵权行为的影响力，构成共同侵权。同时，腾讯深圳公司亦运营《王者荣耀》的直播业务，阳光文化公司、今日头条公司、字节跳动公司通过"西瓜视频"APP直播《王者荣耀》游戏，主观上具有攀附《王者荣耀》知名度及市场竞争优势吸引观众的故意，客观上获得巨大的商业利益，对腾讯深圳公司直播市场的运营造成重大损失，构成不正当竞争。如果上述侵权及不正当竞争行为不予立即制止将导致申请人的损失无限扩大，难以弥补，故向法院申请行为保全。

被申请人主张：首先，被申请人的行为并不会造成将来判决的难以执行或造成申请人的其他损害，更不会使申请人的合法权益受到难以弥补的损害。游戏直播不会对游戏造成负面影响，反而会使游戏直播的观众转化为游戏玩家，增加游戏知名度和收入，不会对申请人造成损害，即便认为被申请人的行为构成侵权，申请人的损害完全可以通过金钱赔偿的方式获得救济，其损失并非不可弥补。其次，本案不存在需要采取行为保全措施的紧迫性。从申请人提交的证据看，申请人早在2018年6月就已经知悉被诉侵权行为的存在，但并未及时寻求司法救济，直至2018年9月才首次与被申请人进行交涉，被申请人所提交的证据显示目前国内的直播平台进行《王者荣耀》游戏直播的至少还有17家，申请人对此类直播行为并没有积极行使权利，甚至是怠于行使权利，不符合行为保全的紧迫性要求。最后，采取保全造成的损害明显超过不采取保全给被申请人造成的损害。综上，本案不应当采取行为保全措施。

法院认为：关于申请人的行为保全申请是否有依据的问题。首先，涉案游戏《王者荣耀》是受著作权法保护的多种作品的复合体，具有较高的稳定性。其次，根据申请人提交的公证书等证据，足以证明阳光文化公司在其运营的西瓜视频上的《王者荣耀》直播并非游戏用户利用该网络平台的单方行为，阳光文化公司、字节跳动公司、今日头条公司存在共同侵犯涉案游戏著作权的可能性。最后，《王者荣耀》游戏在《用户协议》多个条款中明确告知"不得未经腾讯许可以任何方式录制、直播或向他人传播腾讯游戏内容，包括但不限于不得利用任何第三方软件进行网络直播、传播等"。被申请人无视这些协议内容，擅自组织商业化直播，并从中获取商业利益，损害申请人基于合同法律关系所享有的权益，攫取《王者荣耀》游戏的直播市场和用户资源，违反诚实信用原则和公认的商业道德，具有不正当竞争的可能性。

关于被诉侵权行为是否使申请人受到难以弥补的损害的问题。首先，网络游戏及其直播市场具有开发成本高、市场生命周期短、传播速度快、影响范围广的特点，如不及时制止被诉侵权行为可能会导致申请人的市场份额减少和市场机会丧失，给申请人造成难以计算和量化的损害。其次，被申请人阳光文化公司、今日头条公司、字节跳动公司持续组织直播涉案游戏，挤占申请人的市场份额，如不及时制止被诉侵权行为可能会显著扩大申请人的损害。再次，司法救济程序由于制度的设计，从申请人起诉到法院作出终审判决需要一定的时间周期。而网络游戏及其直播时效性较强，市场生命周期较短，如不及时制止被诉侵权行为可能会导致申请人胜诉后已经过了网络游戏及其直播的有效市场生命期，给申请人造成难以弥补的损害。

关于利益平衡问题。申请人投资开发、运营的涉案《王者荣耀》游戏已经成为市场知名游戏，该游戏的成功在很大程度上得益于申请人在游戏研发测试、运营推广等方面的巨大投入。如上文所论述，网络游戏及其直播市场具有开发成本高、市场生命周期短等特性，如不及时制止被诉侵权行为可能会对申请人造成难以计算和量化的损害。被申请人阳光文化公司、今日头条公司、字节跳动公司对《王者荣耀》游戏的研发、运营没有投入，在组织直播《王者荣耀》游戏获取商业利益时也没有获得著作权人的许可并支付对价。本案所采取的行为保全措施仅涉及被申请人阳光文化公司、今日头条公司、字节跳动公司停止通过其经营的"西瓜视频"APP以直播方式传播《王者荣耀》游戏内容，并不涉及西瓜视频APP中其他无关内容的播放。故本案采取行为保全措施不会影响被申请人阳光文化公司、今日头条公司、字节跳动公司经营的"西瓜视频"APP其他业务的正常开展，对被申请人阳光文化公司、今日头条公司、字节跳动公司的合法权益损害有限。综上，不采取行为保全措施对申请人造成的损害显然超过采取行为保全措施对被申请人阳光文化公司、今日头条公司、字节跳动公司造成的损害。

关于采取行为保全措施是否损害社会公共利益问题和担保问题。本案所采取的行为保全措施仅涉及被申请人阳光文化公司、今日头条公司、字节跳动公司停止通过其经营的"西瓜视频"APP以直播方式传播《王者荣耀》游戏内容,并不涉及西瓜视频 APP 中其他无关内容的播放,也不存在影响消费者利益的情况。本案中,被申请人没有举证证明其可能因执行行为保全措施所遭受的损失,申请人腾讯成都公司、腾讯深圳公司在其诉讼请求范围内提供了 5020 万元人民币的全额担保。

综上所述,上述担保已经初步符合本案要求。在本裁定执行过程中,如有证据证明被申请人阳光文化公司、今日头条公司、字节跳动公司因停止涉案行为造成更大损失的,本院将责令申请人腾讯成都公司、腾讯深圳公司追加相应的担保,不追加担保的,本院将解除保全。

裁定如下:被申请人运城市阳光文化传媒有限公司、今日头条有限公司、北京字节跳动科技有限公司停止通过其经营的"西瓜视频"APP以直播方式传播《王者荣耀》游戏内容的行为,效力维持至本案判决生效日止,期间不影响其为用户提供余额查询及退费等服务。

通过本案,我们可以知道在法院是否裁定适用行为保全措施,主要从申请人的行为保全申请是否有依据、被诉侵权行为是否使申请人受到难以弥补的损害、利益平衡、行为保全措施是否损害社会公共利益问题和担保问题等方面分析。但本书作者认为,是否裁定适用行为保全措施还需要判断是否符合法定程序,根据《最高人民法院关于审查知识产权纠纷行为保全案件适用法律若干问题的规定》第 5 条规定:"人民法院裁定采取行为保全措施前,应当询问申请人和原裁定申请人,但因情况紧急或者询问可能影响保全措施执行等情形除外。"第 6 条规定:"有下列情况之一,不立即采取行为保全措施即足以损害申请人利益的,应当认定属于民事诉讼法第一百条、第一百零一条规定的'情况紧急':(一)申请人的商业秘密即将被非法披露;(二)申请人的发表权、隐私权等人身权利即将受到侵害;(三)诉争的知识产权即将被非法处分;(四)申请人的知识产权在展销会等时效性较强的场合正在或者即将受到侵害;(五)时效性较强的热播节目正在或者即将受到侵害;(六)其他需要立即采取行为保全措施的情况。"参照重庆市第一中级人民法院(2021)渝 01 行保 1 号之一《斗罗大陆》行为保全案,动漫作品《斗罗大陆》系连载型动漫作品,于每周六上午十点更新,剧情具有较强的连贯性和整体性,在腾讯视频的总播放量超过295亿次,属于时效性较强的热播节目。且从现有证据来看,腾讯视频更新动漫作品《斗罗大陆》后,抖音用户几乎同步上传了大量被控侵权视频,且播放量较大。上述情况如不及时制止,将很可能使原裁定申请人的权益持续受到损害。因此,此案采取诉前行为保全措施符合民事诉讼法所规定的"情况紧急"情形,可以不询问双方当事人即作出诉前行为保全裁定。而在本案中,《王者荣耀》在全球 App Store 和 Google Play 吸金 1.98亿美元,蝉联全球手游畅销榜冠军[1],属于玩家基数较大的热门游戏。而"西瓜视频"在 2018 年 2 月,累计用户人数超过 3 亿,日均使用时长超过 70 分钟,日均播放量超过 40 亿。[2]而且网络直播具有即时传输、实时互动的特点,能够快速、直接地呈现当前事件或内容。因此,"西瓜视频"的《王者荣耀》直播属于时效性较强的热播节目,本案符合"时效性较强的热播节目正在或者即将受到侵害"这一情况,适用于民事诉讼法所规定的"情况紧急"情形,可以不询问双方当事人即作出诉前行为保全裁定。

在信息网络时代,由于数字作品的特殊性,数字作品的著作权较传统作品更容易被侵害,也更容易造成损失,因此,行为保全是数字版权侵权救济中的重要部分,本案为其他网络游戏著作权主体申请行为保全提供了参考价值。

🔍 问题与思考

游戏解包行为是否侵犯了著作权法?

接触网络游戏的读者应该都听说过游戏解包行为,在游戏开发和修改中,游戏通常会被打包成特定的文件格式,这些文件包含了游戏所需的各种资源,

---

[1]《王者荣耀》,载 https://baike.baidu.com/item/%E7%8E%8B%E8%80%85%E8%8D%A3%E8%80%80/18752941,最后访问日期:2023 年 11 月 30 日。
[2]《西瓜视频》,载 https://baike.baidu.com/item/%E8%A5%BF%E7%93%9C%E8%A7%86%E9%A2%91/20843304,最后访问日期:2023 年 11 月 30 日。

比如图形、音频、代码等，游戏解包行为是指对这些游戏资源进行解码或解压缩，它常见于开发人员想要访问、编辑或查看游戏内部的内容而进行解包；玩家想要提前了解游戏更新内容而进行解包；游戏初学者想学习游戏工作原理而进行解包等。游戏解包本身不一定违法，但当这种行为侵犯到游戏开发者的合法权益时，我们应该怎样保护？是否应当适用著作权法来进行维权？

　　本书作者认为，这需要具体问题具体分析。著作权法通常适用于游戏中包含的各种元素，例如图形、音频、文本、代码等原创内容，根据著作权法，游戏开发者创作的原创内容在游戏解包行为中仍然受到著作权的保护。如果解包行为涉及未经授权地访问、复制、修改或传播游戏中受著作权保护的内容，则其可能构成侵犯著作权，然而，著作权法也包含一些例外和限制，比如合理使用原则，这些情况下可能允许对受版权保护的内容进行一定程度的使用或分析，这些例外通常有特定的条件和限制，并非所有的游戏解包行为都能够符合这些例外规定。

　　当然，一些游戏解包行为并不侵犯著作权法，那么这时就还要考虑到游戏是否可能涉及其他法律领域的保护，比如反不正当竞争法或合同法。在某些情况下，游戏开发者的竞争者解包游戏更新内容，虽然这可能没有涉及到游戏原创内容的著作权侵权，但并不意味着这是一种合法行为，它可能违反了反不正当竞争法，反不正当竞争法旨在保护市场秩序和商业竞争的公平性，规范企业之间的竞争行为，禁止某些不合理的竞争手段。其他竞争对手在了解游戏开发商的商业计划或发布时间表后，就可能会进行对该游戏公司不利的市场推广或更新，造成不公平的竞争环境。游戏解包行为还可能触及合同法方面的问题，特别是如果相关信息在保密协议或合同中受到了保护，解包这些信息就违反了合同法的规定。

　　总的来说，游戏解包行为可能会侵犯著作权法、反不正当竞争法或合同法等，被侵权者究竟应该适用什么法律法规进行维权，则需要司法机关和读者们在实践中结合具体情况做出思考。

参考文献

一、著作类

1. 赵为学、尤杰、郑涵主编：《数字传媒时代欧美版权体系重构》，上海交通大学出版社 2015 年版。

2. 姚鹤徽：《数字网络时代著作权保护模式研究》，中国人民大学出版社 2018 年版。

3. 陈兴芜主编：《互联网时代的数字版权保护研究》，人民交通出版社 2020 年版。

4. 李晶晶：《数字环境下中美版权法律制度比较研究》，人民日报出版社 2016 年版。

5. 王迁：《网络环境中的著作权保护研究》，法律出版社 2011 年版。

6. 孙那：《中美数字内容产业版权政策与法律制度比较》，知识产权出版社 2018 年版。

7. 王迁：《著作权法（第二版）》，中国人民大学出版社 2023 年版。

8. 石必胜：《数字网络知识产权司法保护》，知识产权出版社 2016 年版。

9. 崔恒勇、高正熙：《中国数字音乐 IP 发展现状与版权问题研究》，知识产权出版社 2020 年版。

10. ［美］约翰·弗兰克·韦弗：《机器人也是人——人工智能时代的法律》，郑志峰译，元照出版有限公司 2018 年版。

11. 中国人民大学国家版权贸易基地编，白连永主编：《中国数字版权保护与发展报告 2022》，知识产权出版社 2022 年版。

12. 王迁：《知识产权法教程》，中国人民大学出版社 2019 年版。

13. 李扬：《著作权法基本原理》，知识产权出版社 2019 年版。

14. 孙磊、曹丽萍：《网络游戏知识产权司法保护》，中国法制出版社 2017 年版。

二、论文类

1. 韩雨潇：《网络时代有声读物版权保护的新思路》，载《出版广角》2017 年第 15 期。

2. 吴汉东：《网络版权的技术革命、产业变革与制度创新》，载《中国版权》2016 年第 6 期。

3. 丛立先、李泳霖：《生成式 AI 的作品认定与版权归属——以 ChatGPT 的作品应用场景为例》，载《山东大学学报（哲学社会科学版）》2023 年第 4 期。

4. 刘昕凯：《非独创性数据库法律保护模式的国际比较及我国应对》，载《上海法学研究》集刊 2023 年第 3 卷。

5. 严永和、马若昀：《论有声读物的法律属性与侵权判定》，载《西部法学评论》2021 年第 2 期。

6. 孜里米拉·艾尼瓦尔：《聚焦"5G+ 智能"时代：数字出版著作权法治理困境及应对》，载《科技与法律（中英文）》2020 年第 4 期。

7. 李自柱：《著作权归属认定的一般规则》，载《中国出版》2020 年第 13 期。

8. 林威：《数字化时代著作权署名推定规则的误读与纠正》，载《出版发行研究》2022 第 8 期。

9. 范文婷、张志强：《多边数字阅读平台：概念、分类与多维属性》，载《现代出版》2023 第 2 期。

10. 贾引狮、林秀芹：《互联网环境下版权许可格式合同的兴起与应对》，载《大连理工大学学报(社会科学版)》2019 第 6 期。

11. 李明霞、段嘉乐：《平台经济视角下网络文学出版平台"异化"现象研究》，载《中国编辑》2020 年第 11 期。

12. 冯晓青：《我国著作权合同制度及其完善研究——以我国《著作权法》第三次修改为视角》，载《法学杂志》2013 第 8 期。

13. 郭亮、崔蕊麟：《"版权蟑螂"的性质界定及著作权法规制》，载《中国政法大学学报》2023 年第 1 期。

14. 杨非、吕自愉、刘超:《网络文学作品全版权运营中的合同优化研究》,载《科技与出版》,2021 年第 10 期。

15. 马瑞洁:《从"直接侵权"到"间接侵权"——数字时代著作权保护的新平衡》,载《出版广角》2013 第 21 期。

16. 何培育、马雅鑫:《网络文学全产业链开发中的版权保护问题研究》,载《出版广角》2018 年第 21 期。

17. 彭桂兵:《网络文学版权保护:侵权形态与司法认定——兼评近期的几个案例》,载《出版科学》2018 年第 4 期。

18. 费安玲、杨德嘉:《〈著作权法〉修改视域下保护作品完整权的权利边际》,载《法律适用》2022 年第 4 期。

19. 梁九业:《论影视"改编"作品中保护作品完整权的侵权认定——以"九层妖塔"案为例》,载《出版发行研究》2020 年第 1 期。

20. 孙山:《改编权与保护作品完整权之间的冲突及其化解》,载《科技与出版》2020 年第 2 期。

21. 易玲:《数字时代保护作品完整权的功能更代及存废思考》,载《法学研究》2023 年第 5 期。

22. 张博文:《论图书馆数字化服务中的著作权侵权责任》,载《数字图书馆论坛》2022 年第 11 期。

23. 李萍:《网络服务提供商发展将面临新问题——技术的发展与避风港原则的适用》,载《科技与出版》2014 年第 5 期。

24. 李宗辉:《网络时代版权合同关系的法律重构》,载《出版发行研究》2021 年第 8 期。

25. 王磊:《从〈电子商务法〉视角看平台知识产权保护义务》,载《中国出版》2019 年第 2 期。

26. 叶菊芬、桑清圆:《转码小说网页后的存储构成侵权》,载人民法院报。

27. 张韬略:《小说转码阅读服务的著作权侵权认定——以我国司法实践为视角》,载微信公众号:网络法实务圈。

28. 舒真:《数字时代版权合理使用制度探析》,载《情报杂志》2011 年第 7 期。

29. 顾亚慧 陈前进:《新〈著作权法〉中惩罚性赔偿条款的正当性及适用》,

载《出版发行研究》2022 年第 4 期。

30. 刘玲武 曹念童:《网络文学版权治理困境及版权制度应对刍议》,载《出版与印刷》2023 年第 4 期。

31. 熊琦:《音乐产业"全面数字化"与中国著作权法三十年》,载《法学评论》2023 年第 1 期。

32. 黄德俊:《新媒体时代我国数字音乐产业的发展途径》,载《理论月刊》2012 年第 8 期。

33. 王阿蒙:《MV 的概念界定、分类和五个发展阶段》,载《音乐传播》2013 年第 2 期。

34. 崔恒勇,左茜瑜:《在线 KTV 的版权价值转化研究》,载《北京印刷学院学报》2018 年第 5 期。

35. 刘戈:《音乐综艺节目的调整和转型方式》,载《新闻战线》2018 年第 12 期。

36. 崔恒勇、程雯:《秀场直播中的音乐侵权问题研究》,载《现代出版》2017 年第 6 期。

37. 文汇:《对人工智能技术与音乐教育交互的思考》,载《四川戏剧》2021 年第 9 期。

38. 王迁:《论人工智能生成的内容在著作权法中的定性》,载《法律科学》2017 年第 5 期。

39. 李菊丹:《"人工智能创作物"著作权保护探析》,载《中国版权》2017 年第 6 期。

40. Ana Ramalho, "Will Robots Rule the (Artistic) World?: A Proposed Model for the Legal Status of Creations by Artificial Intelligence Systems", Journal of Internet Law, 2017.

41. 宋红松:《纯粹"人工智能创作"的知识产权法定位》,载《苏州大学学报(哲学社会科学版)》2018 年第 6 期。

42. 彭彦:《对音乐作品侵权的思考》,载《北方音乐》2017 年第 17 期。

43. 刘银燕:《我国电视综艺节目模式版权保护研究——从河南卫视"中国节日"系列节目谈起》,载《河南科技》2022 年第 24 期。

44. 王艳玲、韩旻彤、陈雪颖:《我国电视综艺节目著作权的争议焦点及保护途径探讨》，载《出版广角》2020 年第 17 期。

45. 张志远：《数字音乐对传统唱片业的冲击与革新》，载《艺术评论》2008 年第 10 期。

46. 金春阳、邢贺通：《区块链在数字音乐版权管理中应用的挑战与因应》，载《科技管理研究》2022 年第 9 期。

47. 郭荣隆、张志勋：《论数字音乐作品的著作权保护》，载《江西社会科学》2018 年第 9 期。

48. 左梓钰：《论合作作品的著作权法规范》，载《知识产权》2020 年第 7 期。

49. 曹新明：《合作作品法律规定的完善》，载《中国法学》2012 年第 3 期。

50. 黄德俊、吴刚：《音乐版权终止制度的价值研究》，载《人民音乐》2016 年第 3 期。

51. 孙敏洁、漆诣；《美国版权终止制度评述》，载《电子知识产权》2007 年第 8 期。

52. 李小月、王士君、浩飞龙：《中国现场音乐演出空间特征及成因》，载《人文地理》2020 年第 5 期。

53. 郑皓瀛：《数字化背景下混音音乐作品的著作权保护》，载《现代商贸工业》2021 年第 27 期。

54. 袁旺然：《重混音乐创作中利用他人作品行为的法律规制》，载《山东科技大学学报（社会科学版）》2020 年第 1 期。

55. 王迁、马妙苗：《论播放作品法定许可的适用范围》，载《版权理论与实务》2023 年第 1 期。

56. 彭译萱：《我国数字音乐版权交易模式研究》，载《出版广角》2020 年第 23 期。

57. 王迁：《著作权法限制音乐专有许可的正当性》，载《法学研究》2019 年第 2 期。

58. 熊琦：《音乐产业"全面数字化"与中国著作权法三十年》，载《法学评论》2023 年第 1 期。

59. 蒋一可：《数字音乐著作权许可模式探究——兼议法定许可的必要性及其制度构建》，载《东方法学》2019 年第 1 期。

60. 吴钰琦：《短视频平台的内容生产模式研究》，载《内蒙古科技与经济》

2019 年第 6 期。

61. 王迁:《论视听作品的范围及权利归属》,载《中外法学》2021 年第 3 期。

62. 倪春桦:《网络短视频著作权的认定及保护——以"抖音短视频"平台为例》,载《科技传播》2022 年第 24 期。

63. 谢雯鹏:《短视频模板独创性认定与保护研究——以首例短视频模板侵权案为分析视角》,载《湖北第二师范学院学报》2022 年第 12 期。

64. 何渊:《计算机软件用户界面是否构成"作品"》,载《电子知识产权》2005 年第 10 期。

65. 王粟:《流媒体时代视听作品的独创性判断》,载《柳州职业技术学院学报》2022 年第 6 期。

66. 朱雪寒:《互联网环境下体育赛事节目的著作权保护》,载《劳动保障世界》2017 年第 26 期。

67. 袁媛:《智媒体时代的新闻产业链重构》,载《传媒》2018 年第 8 期。

68. 李宗辉:《论移动网络时代新闻传播中的版权保护》,载《南京航空航天大学学报(社会科学版)》2020 年第 1 期。

69. 梅术文、宋歌:《新兴媒体发展中时事性文章的认定》,载《中国出版》2019 年第 12 期。

70. 吴伟超:《融媒体时代新闻作品的认定与保护》,载《中国广播》2017 年第 8 期。

71. 王小夏、付强:《人工智能创作物著作权问题探析》,载《中国出版》2017 年第 17 期。

72. 杨帆:《新闻专题片叙事手法及编辑技巧研究》,载《新闻传播》2022 年第 20 期。

73. 袁方:《论电视新闻访谈节目的现状及发展》,载《电视指南》2018 年第 14 期。

74. 徐峰:《"黑洞照片侵权事件"背景下我国网络图片著作权保护研究》,载《中国出版》2019 年第 21 期。

75. 阚敬侠:《从视觉中国"黑洞照片门"事件看我国图片版权保护问题》,载《传媒》2021 年第 17 期。

76. 徐春成、林腾龙:《我国〈著作权法〉(2020 修正)对新闻图片的版权保护》,载《出版广角》2023年第3期。

77. 何蓉:《H5交互动画在新闻报道中的应用和趋势——以党的十九大会议和2018年全国两会报道为例》,载《新闻研究导刊》2018年17期。

78. 喻国明、张文豪:《VR新闻:对新闻传媒业态的重构》,载《新闻与写作》2016年12期。

79. 孙振虎、李玉荻:《"VR新闻"的沉浸模式及未来发展趋势》,载《新闻与写作》2016年9期。

80. 赵如涵、陈梓鑫:《全球数据新闻报道的创新路径——以"数据新闻奖"获奖作品为例》,载《新闻与写作》2018年第11期。

81. 张超:《数据分析在数据新闻生产中的应用、误区与提升路径》,载《编辑之友》2019年第6期。

82. 翟红蕾、夏铭泽、谢晓枫等:《数据新闻的版权问题及侵权规避》,载《武汉理工大学学报(社会科学版)》2023年第2期。

83. 翟红蕾、陈心怡、黄子吟:《数据新闻作品版权辨析》,载《新闻前哨》2017年第2期。

84. 杨林:《媒体发展应避免"黄色新闻"泛滥——关于媒体"故事化"叙事的反思》,载《今传媒》2015年第3期。

85. 张余瑞:《网络游戏画面的作品属性及其著作权人》,载《宁波开放大学学报》2021年第4期。

86. 罗茜雅:《美术作品的实质性相似认定刍议》,载《阜阳职业技术学院学报》2018年第4期。

87. 李一帆:《网络游戏著作权保护的局限与思考》,载《河南科技》2020年第18期。

88. 蒋利玮:《论商品化权的非正当性》,载《知识产权》2017年第3期。

89. 刘丽娟:我国司法如何确认商品化权(上),载《电子知识产权》2017年第10期。

90. 李晶晶、王志刚:区块链技术推动下的数字版权保护,载《青年记者》2018年第6期。

91. 姜旭、郭富锁:《基于区块链技术的数字版权保护》,载《文化学刊》2023年第7期。

92. 韩其峰、郝博文：《网络游戏规则的〈著作权法〉保护可行性探析》，载《天津法学》2021年第3期。

93. 魏佳敏：《网络游戏的作品属性及其权利归附》，载《知与行》2019年第2期。

94. 聂长建、杨祎朋：《玩家与算法权力：游戏作品属性的再界定》，载《北京邮电大学学报（社会科学版）》2022年第6期。

95. 毛乐乐、贾小龙：《网络游戏画面的作品属性及其保护》，载《华北理工大学学报（社会科学版）》2020年第2期。

96. 丛立先：《网络游戏直播画面的可版权性与版权归属》，载《法学杂志》2020年第6期。

97. 王晓倩：《新著作权法视域下网络游戏直播行为的定性与著作权归属》，载《传播与版权》2023年第3期。

98. 邱国侠、曾成敏：《网络游戏直播著作权问题研究——以游戏整体画面性质与权利归属为对象》，载《河南工业大学学报（社会科学版）》2022年第1期。

99. 李晶：《从外挂、私服谈网络游戏的知识产权保护》，载《商情（教育经济研究）》2008年第1期。

100. 张爽：《评析网络游戏侵犯知识产权的相关问题》，载《法制博览》2016年第34期。

101. 王巧玲：《"游戏换皮"著作权法规制路径之商榷》，载《山西青年职业学院学报》2021年第4期。

102. 赵丽莉、祝晓璐：《游戏模拟器著作权侵权认定研究——基于全国首例游戏模拟器侵权案》，载《东莞理工学院学报》2023年第4期。

103. 严慧雯：《"互联网+"背景下的国内动漫产业发展研究》，载《河北企业》2017年第12期。

104. 李文丽：《"互联网+"背景下网络动漫产业的发展》，载《现代信息科技》2019年第7期。

105. 詹新惠：《"新黄色新闻"的源头之治》，载《青年记者》2023年。

106. 窦锋昌、孙萌：《消遣型新闻的新闻价值与底层逻辑》，载《青年记者》2023年13期。

107. 王希忠:《警惕"新黄色新闻"消解新闻价值》,载全媒体探索青年记者》2023年8期。

108. 赵振宇:《进一步厘清虚假新闻概念的几个层次》,载《新闻记者》2011年6期。

109. 许黎:《人工智能生成内容可版权性的判断路径》,载《梧州学院学报》2021年2期。

110. 于芳:《网络新闻作品的著作权问题分析》,载《绥化学院学报》2020年2期。

111. 邵亚萍:《网络转载中的版权保护问题及其对策》,载《中国出版》2016年12期。

112. Pamela Samuelson, Generative AI meets copyright, Science, 381 (2023).

113. 李欲晓;吴敏:《深层链接与信息网络传播权关系之探析》,载《电子知识产权》2015年10期。

114. 王霞;汪莉:《新媒体时代新闻作品版权的侵权方式与解决方案》,载《新媒体研究》2018年17期。

115. 刘志颖,崔子瑶:《网络新闻版权问题研究》,载《传播力研究》2019年7期。

116. 陈星:《媒体融合时代新闻作品版权法定许可制度完善对策》,载《传媒》2022年17期。

117. 魏永奇:《区块链技术视角下数字版权的法律保护》,载《传播与版权》2022年第8期。

118. 廖柏寒:《区块链在版权存证上的技术优势与未来应用——基于"版权链+天平链"协同取证第一案的启示》,载《出版广角》2021年第21期。

119. 郝明英:《融合出版时代我国视听作品的界定与权属分析》,载《科技与出版》2022年第11期。

120. 史琰:《视听作品著作权归属研究》,北方工业大学2023年硕士学位论文。

121. 陈美玲:《视听作品著作权问题研究》,四川师范大学2021年硕士学位论文。

122. 姜彬彬：《视听作品著作权归属研究》，东北林业大学2023年硕士学位论文。

123. 李阳：《影视剧本的著作权侵权问题研究》，黑龙江大学2017年硕士学位论文。

124. 梁金池：《中国多频道网络（MCN）发展现状、问题及对策研究》，兰州财经大学2022年硕士学位论文。

125. 李扬：《动漫角色版权保护法律问题研究》，北方工业大学2013年硕士学位论文。

126. 门睿智：《动漫形象商品化权知识产权法的多元化保护》，吉林大学2015年硕士学位论文。

127. 郭文卓：《区块链技术下的数字版权保护研究》，西北大学2019年硕士学位论文。

128. 刘芸含：《区块链技术背景下数字知识版权保护技术》，上海财经大学2022年硕士学位论文。

129. 韩天时：《基于区块链技术的数字版权保护应用研究》，合肥工业大学2021年硕士学位论文。

130. 方月悦：《论游戏连续画面的著作权定性与归属》，华东政法大学2020年硕士学位论文。

131. 穆围围：《数字时代新闻作品合理使用制度研究》，广西民族大学2022年硕士学位论文。

132. 袁静：《网络时代新闻作品著作权问题案例分析》，兰州大学2017年硕士学位论文。

133. 吴伟光：《数字技术环境下的版权法——危机与对策》，中国社会科学院2008年博士学位论文。

134. 文博：《论英国现代版权制度的形成》，华东政法大学2019年硕士学位论文。

135. 田莹：《新媒体时代有声读物的发展问题与对策分析》，河南大学2013年硕士学位论文。

136. 王优：《网文平台独家授权格式合同的著作权法规制》，西北政法大学2021年硕士学位论文。

137. 刘文琪：《网络文学作品影视改编的著作权保护问题研究》，广西师范大学 2021 年硕士学位论文。

138. 费雪儿：《数字时代著作权法合理使用制度问题研究》，西南科技大学 2023 年硕士学位论文。

139. 颜宇彤：《网络文学作品的著作权保护研究》，湖南工业大学 2022 年硕士学位论文。

140. 贾俱文：《网络环境下新闻作品的著作权保护问题研究》，兰州大学 2019 年硕士学位论文。

三、报告类

1.《2020 中国 IP 泛娱乐开发报告》，报告来源：CC-Smart 新传智库。

2.《2021 年中国游戏直播行业研究报告》，报告来源：艾瑞咨询。

3.《CSC：网络游戏知识产权保护白皮书》，报告来源：中国版权协会网络游戏版权工作委员会 上海交通大学知识产权与竞争法研究院。

4.《中国社交娱乐视频报告》，报告来源：艾瑞咨询。

5.《中国网络版权产业发展报告 2020》，报告来源：国家版权局网络版权产业研究基地。

6.《中国网络视频年度报告》，报告来源：易观分析。

7.《2019 年度中国数字音乐商用版权市场研究报告》，报告来源：艾瑞咨询。

8.《数字阅读年度报告 2019》，报告来源：艾瑞咨询。

9.《中国动画行业报告 2017》，报告来源：艾瑞咨询。

10.《中国泛娱乐版权保护研究报告》，报告来源：艾瑞咨询。

11.《中国网络视听发展研究报告 2023》，报告来源：中国网络视听节目服务协会。

12.《网络游戏知识产权保护白皮书 2020》，报告来源：中国版权协会网络游戏版权工作委员会、上海交通大学知识产权与竞争法研究院。

后 记

历经半年的正式写作,本书终于成型,即将交付出版,内心激动的同时,也是有点忐忑,有不足之处,还望同行们不吝赐教,未来我们也将进一步完善。

感谢我们的研究生们的努力,尤其是案例收集方面。他们的名字是(排名不分先后):陶秀秀、陈森、陈松玲、胡颖、蒋汉伟、葛镇瑜、陈春瑶、王韵菲、章文晖。